教师教育系列教材

PUTONGHUA YU JIAOSHI YUYAN

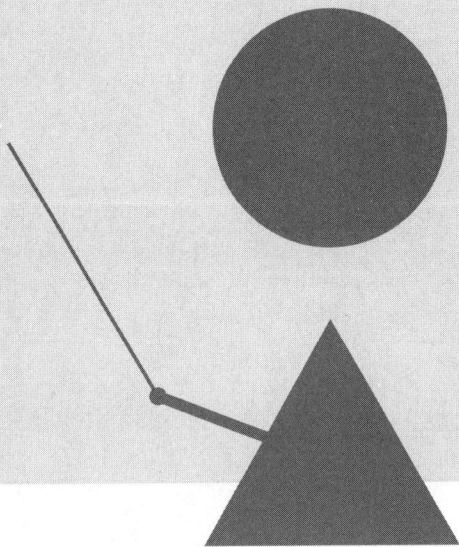

主 编 肖海凤

副主编 梁继超 黄年丰

徐天云 张世晶

普通话与教师语言

（第二版）

中国教育出版传媒集团

高等教育出版社·北京

内容提要

本书为教师教育系列教材之一。

本书共分为五章，包含普通话概述、普通话语音训练、普通话朗读训练、命题说话、教师语言。全书系统讲解理论知识，并配合实践训练项目，引导学生进行自主练习，有效提高学生的普通话水平和口语运用能力。

本书适合作为师范院校师范生学习普通话的教材，也可作为普通话水平测试辅导用书。

图书在版编目(CIP)数据

普通话与教师语言 / 肖海凤主编. -- 2版. -- 北京：高等教育出版社，2025.1. -- ISBN 978-7-04-063279-8

Ⅰ. H102；H193.2

中国国家版本馆 CIP 数据核字第 202432N8U3 号

| 策划编辑 | 张晶晶 | 责任编辑 | 叶也琦 | 封面设计 | 张文豪 | 责任印制 | 高忠富 |

出版发行	高等教育出版社	网　　址	http://www.hep.edu.cn
社　　址	北京市西城区德外大街 4 号		http://www.hep.com.cn
邮政编码	100120	网上订购	http://www.hepmall.com.cn
印　　刷	杭州广育多莉印刷有限公司		http://www.hepmall.com
开　　本	787mm×1092mm　1/16		http://www.hepmall.cn
印　　张	13.75	版　　次	2020 年 8 月第 1 版
字　　数	310 千字		2025 年 1 月第 2 版
购书热线	010-58581118	印　　次	2025 年 1 月第 1 次印刷
咨询电话	400-810-0598	定　　价	36.00 元

第二版前言

一个国家文化的魅力、一个民族的凝聚力主要通过语言表达和传递。党的二十大报告指出,要加大国家通用语言文字推广力度。因此,推动国家通用语言文字高质量推广普及,实现国家通用语言文字高质量发展,增进人民群众对中华民族大家庭的归属感、认同感和自豪感,是实现教育强国和文化强国的重要途径,也是铸牢中华民族共同体意识,凝聚中华民族伟大复兴磅礴伟力的重要举措。

普通话作为国家通用语言不仅是汉民族用来交际的共同语,也是汉族和兄弟民族交际的共同语,我们国家是人口众多,方言繁多且差异很大的国家,普通话作为民族共同语已经越来越不可或缺。在当前社会经济和信息技术高速发展的新时代,普通话能力已经逐渐成为现代中国人的一项基本的语言素养。而要学习和普及普通话知识,提高普通话水平,主要从学校开始,学校是语言文字工作的基础阵地,高等学校在其中发挥着重要作用。教师职业特点决定了教师的语言是用标准的普通话表达符合教育、教学要求的专业语言。因此,普通话表达能力是师范生必备的职业基本技能。

"普通话与教师语言"是适应新时代教育发展要求,深化教师教育改革,培养造就高素质专业化教师队伍而开设的课程。《普通话与教师语言(第二版)》根据《普通话水平测试管理规定》(教育部令第 51 号)、《普通话水平测试实施纲要》(2021 年版)、《国家语委关于印发〈普通话水平测试规程〉的通知》的文件精神,在坚持原有教材的针对性、实践性和时代性等特点的基础上,紧跟时代发展需求,为更好地贯彻党的二十大精神,加大国家通用语言文字推广力度,更新了部分内容:更新了最新普通话水平测试用朗读篇目、命题说话大纲与实训内容,新增样卷配套朗读录音,为学生提供标准发音参考。

《普通话与教师语言(第二版)》包括普通话概述、普通话语音训练、普通话朗读训练、命题说话和教师语言等内容,书中不仅有理论知识的讲解,还有大量的实践训练,能帮助读者有效提升普通话水平。本书内容全面、实用,适合不同水平的读者使用。

本书编写分工如下:第一章由肖海凤编写;第二章由黄年丰和徐天云编写;第三章由

梁继超编写;第四章由黄年丰编写;第五章由张世晶编写。

本书在编写过程中参考了前人和时贤的不少成果,因行文篇幅有限,未能一一标注,敬请见谅。

编　者

2025 年 1 月

第一版前言

"普通话与教师语言"是为深化教师教育改革,培养造就高素质专业化教师队伍而开设的课程。培养高素质专业化的教师队伍,是人才强国战略的主要任务,是新时代中国特色社会主义事业的客观需要,是中华民族实现伟大复兴的前提和基本工作。

语言是人类最重要的交际工具和思维工具。运用语言进行社会交际和信息传递,是人类最基本、最重要的一种生存能力和社会能力。普通话不仅是汉民族用来交际的共同语,也是汉族和兄弟民族用来交际的语言。特别是在这个经济和信息高速发展的时代,在我们这个人口众多、方言繁多且差异很大的国家,普通话作为民族共同语已经越来越不可或缺,普通话能力对于现代中国人来说已经逐渐成为一项基本的语言素养。普通话水平测试是考查应试人的普通话规范程度、熟练程度,认定其普通话水平等级标准的参照性考试。以普通话为工作语言的播音员、节目主持人、影视剧演员、教师和国家机关工作人员,其普通话水平都应达到国家规定的等级标准。学习和普及普通话知识,提高普通话水平,要从学校开始,特别是从教师的口语修养着手。教师的职业特点注定了教师的语言是用标准或比较标准的普通话表达符合教育、教学要求的专业语言。普通话能力是师范生必备的基本职业技能。本教材依据针对性、实践性和示范性原则,建立以训练教师职业语言运用能力为主的教材体系,旨在提高师范生教师职业素质和教育教学能力。

本教材的特点:

1. 针对性强。本教材主要面向广东省高校学生,涉及粤语、潮汕话(闽语)、客家话三大方言。考虑到广东省内高校使用粤语的学生占绝大多数,所以在兼顾粤语、潮汕话、客家话三大方言的同时,更侧重于粤语。

2. 实践性强。为突出技能课的实践性,理论阐述部分倾向于简明扼要,实践训练部分尽量做到材料翔实,以求能更好地指导各项教师口语技能的训练。

3. 时代性强。不同时代对教师的关注点不同。现阶段,社会和国家对教师的要求日益提高。作为现代教师,不仅要有高尚的师德、深厚的学科专业知识,还要有精湛的教学技能。本教材在编写过程中注重学生教学技能的培养。

本教材编写分工如下:第一章和第三章由肖海凤编写;第二章由黄年丰和徐天云编写;第四章由黄年丰编写;第五章由张世晶编写。

本教材在编写过程中参考了前人和时贤的不少成果,因行文篇幅有限,未能一一标注,敬请见谅。

编 者

2020 年 8 月

目　录

第一章　普通话概述

第一节　普通话与方言

一、什么是普通话

普通话是以北京语音为标准音,以北方话为基础方言,以典范的现代白话文著作为语法规范的现代汉民族共同语。

语音、词汇、语法是构成语言的三要素。

普通话以北京语音为标准音既取决于北京语音自身的优势,也是历史的必然。普通话以北方话为基础方言,是因为北方话分布地域广,使用人数多,北方话的词汇有着极大的普遍性。以典范的现代白话文著作为语法规范,是因为这种书面语在语言的规范和发展中有一定的积极作用。

普通话是现代汉民族共同语,是规范的现代汉语,也是全国各地区、各民族之间的通用语言。我国是一个多民族的国家,中华人民共和国成立后,56 个民族在政治、经济、文化等方面的交往中,其语言也在相互影响。普通话不仅是汉民族的交际工具,也是汉族和其他兄弟民族,以及其他兄弟民族之间相互交往的重要工具。

中华人民共和国成立后,随着我国国际地位的不断提高,汉语的影响越来越大。1973年 12 月 28 日联合国大会第 28 届会议一致通过,把汉语列为大会和安理会的六种工作语言之一(另五种是英语、俄语、法语、西班牙语、阿拉伯语)。在国际事务中,汉语发挥着很重要的作用。改革开放以来,中国的国际交流日益频繁,汉语在国际上的地位也越来越高,学习和使用汉语的人也越来越多,形成了世界范围的"汉语热",汉语受到越来越多国家人们的重视。

二、什么是方言

汉语在长期的历史发展过程中,在语音、词汇和语法方面形成了不同程度的地区差异,产生了多种汉语方言。汉语方言俗称地方话,只通行于一定的地域,是现代汉民族共同语(即普通话)的地域分支,不是独立于民族语言之外的另一种语言。根据各方言的特点,汉语方言按照地域可分为七大方言区。各地区方言的使用情况大致如下。

(一) 北方方言

北方方言以北京话为代表,是普通话的基础方言,在汉语各方言中通行地域最广,使用人口最多,约占汉族总人口的 73%。

北方方言包括四个次方言:① 华北、东北方言;② 西北方言;③ 西南方言;④ 江淮方言。

(二) 吴方言

吴方言以上海话为代表,使用人口约占汉族总人口的 7.2%,分布在上海市、江苏省长江以东地区(不包括镇江)、南通的小部分地区、浙江的大部分地区。

(三) 湘方言

湘方言以长沙话为代表,使用人口约占汉族总人口的 3.2%,分布在湖南省大部分地区(西北角除外)。

(四) 赣方言

赣方言以南昌话为代表,使用人口约占汉族总人口的 3.3%,分布在江西省大部分地区。

(五) 客家方言

客家方言以广东梅县话为代表,使用人口约占汉族总人口的 3.6%,分布在广东、福建、台湾、江西、广西、湖南、四川等地。

(六) 闽方言

闽方言内部较为复杂,可分为闽东、闽南、闽北、闽中、莆仙五个次方言,主要分布在福建省,广东的东部潮州、汕头一带,海南省和台湾的大部分地区。闽方言使用人口约占汉族总人口的 5.7%。

(七) 粤方言

粤方言以广州话为代表,使用人口约占汉族总人口的 4%,分布在广东、广西两省,也是香港、澳门同胞及相当一部分海外华人的主要交际工具。

方言是民族语言的地域变体。汉语各方言在语音、词汇、语法各方面都有一定的差异。但由于它们和共同语之间在语音上有一定的对应规律,基本词汇和语法结构也大体相同,因此,方言不是独立的语言,只是汉民族共同语的地域分支。对于各地方言来说,规范化的共同语是民族语言的高级形式。

三、怎样学好普通话

（一）掌握并熟练运用学习普通话的工具

汉语拼音是学习普通话的主要工具,只要能掌握并熟练运用汉语拼音,就会加快学习普通话的速度,提高发音的准确性。

（二）克服心理障碍

许多初学者在学习普通话时担心自己因生硬别扭的发音而出丑,或者畏惧长时间训练的困难。这些心理障碍常常使普通话学习者进步缓慢。针对这种情况,需要放下心理包袱,大胆地开口讲普通话。

（三）创造良好的语言环境

语言环境直接影响、制约着语言的学习和应用。在学习普通话的过程中,一定要克服本地方言环境的负面影响,尽可能地为自己创造一个有利的普通话环境。

（四）掌握本地方言和普通话之间的区别

方言和普通话在语音、词汇和语法上都有一定的区别,这些区别有一定的对应规律。只要善于观察、勤于思考、掌握规律、正确练习,学习普通话就不是难事了。

（五）不怕嘲笑,持之以恒

在学习过程中,可能会出现一些笑话,但不能因此而退缩。相反,要知难而进,持之以恒,把他人的笑语变作自己学习的动力。

学习普通话的目的是能听、会说标准的普通话。这就要求学习者改变多年的方言听说习惯,建立一种全新的听说能力,而这并非一朝一夕的事。一方面要花大力气,下苦功夫,老老实实地学习;另一方面应该采用恰当的学习方法。总之,学习普通话是一个长期的过程,只有全身心地投入,做到"耳到""口到""心到",才能取得良好效果。

第二节 普通话水平测试

一、什么是普通话水平测试

普通话水平测试是对应试人掌握和运用普通话所达到的规范程度的检测和评定,即考核应试人按照普通话语音、词汇、语法规范说话的能力。

普通话水平测试是一种口语测试,全部测试内容均以口头方式进行,但普通话水平测试不是对口才的评定,而是着眼于检测应试人掌握和运用普通话所达到的规范程度,着眼于确定应试人已经达到普通话水平的哪一级哪一等,从而确定应试人是否达到相应的工作岗位所要求的普通话水平最低标准,为实行持证上岗制度服务。

普通话水平测试大纲

根据教育部、国家语言文字工作委员会发布的《普通话水平测试管理规定》《普通话水平测试等级标准》,制定本大纲。

一、测试的名称、性质、方式

本测试定名为"普通话水平测试"(PUTONGHUA SHUIPING CESHI,缩写为 PSC)。

普通话水平测试测查应试人的普通话规范程度、熟练程度,认定其普通话水平等级,属于标准参照性考试。本大纲规定测试的内容、范围、题型及评分系统。

普通话水平测试以口试方式进行。

二、测试内容和范围

普通话水平测试的内容包括普通话语音、词汇和语法。

普通话水平测试的范围是国家测试机构编制的《普通话水平测试用普通话词语表》《普通话水平测试用普通话与方言词语对照表》《普通话水平测试用普通话与方言常见语法差异对照表》《普通话水平测试用朗读作品》《普通话水平测试用话题》。

三、试卷构成和评分

试卷包括 5 个组成部分,满分为 100 分。

(一) 读单音节字词(100 个音节,不含轻声、儿化音节),限时 3.5 分钟,共 10 分。

1. 目的:测查应试人声母、韵母、声调读音的标准程度。

2. 要求:

(1) 100 个音节中,70%选自《普通话水平测试用普通话词语表》"表一",30%选自"表二"。

(2) 100 个音节中,每个声母出现次数一般不少于 3 次,每个韵母出现次数一般不少于 2 次,4 个声调出现次数大致均衡。

(3) 音节的排列要避免同一测试要素连续出现。

3. 评分:

(1) 语音错误,每个音节扣 0.1 分。

(2) 语音缺陷,每个音节扣 0.05 分。

(3) 超时 1 分钟以内,扣 0.5 分;超时 1 分钟以上(含 1 分钟),扣 1 分。

(二) 读多音节词语(100 个音节),限时 2.5 分钟,共 20 分。

1. 目的:测查应试人声母、韵母、声调和变调、轻声、儿化读音的标准程度。

2. 要求:

(1) 词语的 70%选自《普通话水平测试用普通话词语表》"表一",30%选自"表二"。

(2) 声母、韵母、声调出现的次数与读单音节字词的要求相同。

(3) 上声与上声相连的词语不少于 3 个,上声与非上声相连的词语不少于 4 个,轻声不少于 3 个,儿化不少于 4 个(应为不同的儿化韵母)。

(4) 词语的排列要避免同一测试要素连续出现。

3. 评分:

(1) 语音错误,每个音节扣 0.2 分。

(2) 语音缺陷,每个音节扣 0.1 分。

(3) 超时 1 分钟以内,扣 0.5 分;超时 1 分钟以上(含 1 分钟),扣 1 分。

(三) 选择判断[注],限时 3 分钟,共 10 分。①

1. 词语判断(10 组):

(1) 目的:测查应试人掌握普通话词语的规范程度。

(2) 要求:根据《普通话水平测试用普通话与方言词语对照表》,列举 10 组普通话与方言意义相对应但说法不同的词语,由应试人判断并读出普通话的词语。

(3) 评分:判断错误,每组扣 0.25 分。

2. 量词、名词搭配(10 组):

(1) 目的:测查应试人掌握普通话量词和名词搭配的规范程度。

(2) 要求:根据《普通话水平测试用普通话与方言常见语法差异对照表》,列举 10 个名词和若干量词,由应试人搭配并读出符合普通话规范的 10 组名量短语。

(3) 评分:搭配错误,每组扣 0.5 分。

3. 语序或表达形式判断(5 组):

(1) 目的:测查应试人掌握普通话语法的规范程度。

(2) 要求:根据《普通话水平测试用普通话与方言常见语法差异对照表》,列举 5 组普通话和方言意义相对应,但语序或表达习惯不同的短语或短句,由应试人判断并读出符合普通话语法规范的表达形式。

(3) 评分:判断错误,每组扣 0.5 分。

选择判断合计超时 1 分钟以内,扣 0.5 分;超时 1 分钟以上(含 1 分钟),扣 1 分。答题时语音错误,每个音节扣 0.1 分,如判断错误已经扣分,不重复扣分。

(四) 朗读短文(1 篇,400 个音节),限时 4 分钟,共 30 分。

1. 目的:测查应试人使用普通话朗读书面作品的水平。在测查声母、韵母、声调读音标准程度的同时,重点测查连读音变、停连、语调以及流畅程度。

2. 要求:

(1) 短文从《普通话水平测试用朗读作品》中选取。

(2) 评分以朗读作品的前 400 个音节(不含标点符号和括注的音节)为限。

3. 评分:

(1) 每错 1 个音节,扣 0.1 分;漏读或增读 1 个音节,扣 0.1 分。

(2) 声母或韵母的系统性语音缺陷,视程度扣 0.5 分、1 分。

(3) 语调偏误,视程度扣 0.5 分、1 分、2 分。

(4) 停连不当,视程度扣 0.5 分、1 分、2 分。

---

① 广东省的普通话水平测试已经取消了这一项。

(5) 朗读不流畅(包括回读),视程度扣 0.5 分、1 分、2 分。

(6) 超时扣 1 分。

(五) 命题说话,限时 3 分钟,共 30 分。[①]

1. 目的:测查应试人在无文字凭借的情况下说普通话的水平,重点测查语音标准程度、词汇语法规范程度和自然流畅程度。

2. 要求:

(1) 说话话题从《普通话水平测试用话题》中选取,由应试人从给定的两个话题中选定 1 个话题,连续说一段话。

(2) 应试人单向说话。如发现应试人有明显背稿、离题、说话难以继续等表现时,主试人应及时提示或引导。

3. 评分:

(1) 语音标准程度,共 20 分。分六档:

一档:语音标准,或极少有失误。扣 0 分、0.5 分、1 分。

二档:语音错误在 10 次以下,有方音但不明显。扣 1.5 分、2 分。

三档:语音错误在 10 次以下,但方音比较明显;或语音错误在 10~15 次之间,有方音但不明显。扣 3 分、4 分。

四档:语音错误在 10~15 次之间,方音比较明显。扣 5 分、6 分。

五档:语音错误超过 15 次,方音明显。扣 7 分、8 分、9 分。

六档:语音错误多,方音重。扣 10 分、11 分、12 分。

(2) 词汇语法规范程度,共 5 分。分三档:

一档:词汇、语法规范。扣 0 分。

二档:词汇、语法偶有不规范的情况。扣 0.5 分、1 分。

三档:词汇、语法屡有不规范的情况。扣 2 分、3 分。

(3) 自然流畅程度,共 5 分。分三档:

一档:语言自然流畅。扣 0 分。

二档:语言基本流畅,口语化较差,有背稿子的表现。扣 0.5 分、1 分。

三档:语言不连贯,语调生硬。扣 2 分、3 分。

说话不足 3 分钟,酌情扣分:缺时 1 分钟以内(含 1 分钟),扣 1 分、2 分、3 分;缺时 1 分钟以上,扣 4 分、5 分、6 分;说话不满 30 秒(含 30 秒),本测试项成绩计为 0 分。

四、应试人普通话水平等级的确定

国家语言文字工作部门发布的《普通话水平测试等级标准》是确定应试人普通话水平等级的依据。测试机构根据应试人的测试成绩确定其普通话水平等级,由省、自治区、直辖市以上语言文字工作部门颁发相应的普通话水平测试等级证书。

普通话水平划分为三个级别,每个级别内划分两个等次。其中:

97 分及其以上,为一级甲等;

---

① 广东省普通话水平测试本项 40 分。

92 分及其以上但不足 97 分,为一级乙等;

87 分及其以上但不足 92 分,为二级甲等;

80 分及其以上但不足 87 分,为二级乙等;

70 分及其以上但不足 80 分,为三级甲等;

60 分及其以上但不足 70 分,为三级乙等。

[注] 各省、自治区、直辖市语言文字工作部门可以根据测试对象或本地区的实际情况,决定是否免测"选择判断"测试项。如免测此项,"命题说话"测试项的分值由 30 分调整为 40 分。评分档次不变,具体分值调整如下:

(1) 语音标准程度的分值,由 20 分调整为 25 分。

一档:扣 0 分、1 分、2 分。

二档:扣 3 分、4 分。

三档:扣 5 分、6 分。

四档:扣 7 分、8 分。

五档:扣 9 分、10 分、11 分。

六档:扣 12 分、13 分、14 分。

(2) 词汇语法规范程度的分值,由 5 分调整为 10 分。

一档:扣 0 分。

二档:扣 1 分、2 分。

三档:扣 3 分、4 分。

(3) 自然流畅程度,仍为 5 分,各档分值不变。

二、普通话水平测试等级标准

国家语言文字工作委员会于 1997 年 12 月 5 日颁布的《普通话水平测试等级标准(试行)》如下:

一　级

甲等　朗读和自由交谈时,语音标准,词汇、语法正确无误,语调自然,表达流畅。测试总失分率在 3% 以内。

乙等　朗读和自由交谈时,语音标准,词汇、语法正确无误,语调自然,表达流畅。偶然有字音、字调失误。测试总失分率在 8% 以内。

二　级

甲等　朗读和自由交谈时,声韵调发音基本标准,语调自然,表达流畅。少数难点音(平翘舌音、前后鼻尾音、边鼻音等)有时出现失误。词汇、语法极少有误。测试总失分率在 13% 以内。

乙等　朗读和自由交谈时,个别调值不准,声韵母发音有不到位现象。难点音(平翘舌音、前后鼻尾音、边鼻音、fu—hu、z—zh—j、送气不送气、i—ü 不分,保留浊塞音和浊塞擦音、丢介音、复韵母单音化等)失误较多。方言语调不明显。有使用方言词、方言语法的情况。测试总失分率在 20% 以内。

<h2 style="text-align:center">三　级</h2>

甲等　朗读和自由交谈时,声韵调发音失误较多,难点音超出常见范围,声调调值多不准。方言语调较明显。词汇、语法有失误。测试总失分率在 30% 以内。

乙等　朗读和自由交谈时,声韵调发音失误较多,方音特征突出。方言语调明显。词汇、语法失误较多。外地人听其谈话有听不懂情况。测试总失分率在 40% 以内。

三、计算机辅助普通话水平测试应试指南

计算机辅助普通话水平测试与人工测试有较大的差异,为帮助应试人在计算机辅助普通话水平测试的情况下,顺利通过测试并取得较好的成绩,我们将从测试准备、测试注意事项、测试流程三个方面对计算机辅助普通话水平测试加以具体指导。

(一) 测试准备

现在很多普通话水平测试站使用的都是科大讯飞开发的人脸识别测试系统,系统采用软硬件结合的方式,通过技术手段防范考生作弊。

1. 身份验证

应试人将二代身份证放到身份证读卡器上。通过读取应试人身份证信息,核验应试人的身份,并通过读取身份证照片人工复核应试人身份。

2. 照片采集

身份验证后,应试人坐到指定位置进行照片采集,本次采集的照片也是普通话等级证书上使用的照片。

3. 抽签

照片采集成功后,系统会自动抽出应试人本次考试的试题号码,应试人应按照抽到的试题准备应试。

4. 测试

应试人进入测试室后,按照系统提示戴好耳机,点击屏幕上的"下一步",出现本人照片,信息核对无误后,按照系统提示进行测试。

(二) 测试注意事项

(1) 计算机辅助普通话水平测试共有四个测试项,前三个测试项各有一段语音提示,语音提示结束会发出"嘟"的结束提示音,这时,应试人开始测试。

(2) 测试过程中,应试人应做到吐字清晰,语速适中,音量与试音时保持一致。

(3) 测试过程中,应试人应根据屏幕下方时间提示条的提示,注意掌握时间。

(4) 如某项测试结束,应试人可单击屏幕右下方"下一题"按钮,进入下一项测试。如

某项测试规定的时间用完,系统会自动进入下一项试题。

(三) 测试流程

第一项:读单音节字词 100 个音节。

(1) 100 个单字,以黑色字体和蓝色字体隔行显示,应试人应横向逐行依次朗读单字。

(2) 力求做到字正腔圆、响亮饱满。上声声调尾部要提起来,不能读成半上声。《普通话水平测试大纲》规定,上声在第一部分"单音节字词"中或在第二部分"双音节字词"中的第二个音节中读作半上声"211"的,均判定为读音缺陷。

(3) 对于多音字,应试人只需读最常用的、自己最有把握的一个读音。

第二项:读多音节词语 100 个音节。

100 个音节,由 50 个左右双音节词语组成,双音节词语的两个字之间不能读成单字,要有连贯性,而词语与词语之间要区分开来,不能连读。

第三项:朗读短文 400 个音节。

朗读要求忠实原文,声音清晰,语意连贯。

第四项:命题说话 3 分钟。

(1) 每份试卷上都有两个话题,应试人应在 10 秒内说出所选的话题,如:我选择的话题是"学习普通话的体会"。否则系统默认第一个话题为应试人的考试题目。

(2) 命题说话必须说满 3 分钟,屏幕下方有时间提示条,测试结束后,会出现结束考试界面。

(3) 测试结束后,应试人摘下耳机放在桌面上,安静地离开测试室。

四、普通话水平测试样卷

样 卷 一

一、读单音节字词(100 个音节,共 10 分,限时 3.5 分钟)

佟	屋	俊	籽	溜	美	细	脆	乖	说	旬	捺	区	印	外	粟	佳
绔	冼	聂	襄	囊	哄	舱	连	雌	药	史	卖	县	鸟	映	而	票
佘	群	夜	贰	秦	第	决	座	耕	漱	沉	调	碰	退	妾	甲	讯
踹	宣	涛	荒	播	染	举	拽	卷	框	特	鸥	顿	块	昀	忌	幢
涮	硬	悬	穹	刻	酿	却	扫	粉	门	网	秒	拔	尺	龙	辈	翁
奔	骗	反	癣	娘	直	邹	牛	啊	偷	袄	霜	剁	挂	炯		

样卷一 读单音节字词

二、读多音节词语(100 个音节,共 20 分,限时 2.5 分钟)

更加	扩大	要紧	万能	个头儿	半拉	对立	维新	爱戴	唱片儿
调解	儿化	用处	快乐	奶头儿	昂扬	疟疾	思念	错误	次第
丢失	缘故	忙乎	雄伟	准则	常常	旅途	增长	良好	后天
脱离	熊猫	院长	坟墓	暂时	并且	壮大	脾气	相似	微博

样卷一 读多音节词语

治安　纳税　圆规　慈爱　顶事儿　蜗牛　庄稼　吃力　时时　吻合

三、朗读短文(400 个音节,共 30 分,限时 4 分钟)

作品 1 号(见本书第 90 页)

四、命题说话(请在下列话题中任选一个,共 40 分,限时 3 分钟)

1. 我的兴趣爱好

2. 童年生活

样 卷 二

一、读单音节字词(100 个音节,共 10 分,限时 3.5 分钟)

样卷二　读
单音节字词

爱　兼　涛　劝　迟　患　逛　掐　继　绿　旬　鹤　批　辙　漂　灰　举
奔　泉　颇　躲　贴　二　跟　说　炯　瞜　女　挨　线　哭　湾　福　疼
亩　铐　叠　亏　唱　消　娘　丛　殴　晴　怀　外　捻　被　范　翁　话
童　捏　杂　刺　偏　烘　软　扫　清　喜　涩　秦　略　穷　骗　播　耍
绉　双　魏　君　党　装　襄　邹　日　镖　临　帮　嫩　嚷　烹　扎　筷
加　拽　居　怪　壮　滚　止　姜　胞　浙　癣　利　妞　群　郓

二、读多音节词语(100 个音节,共 20 分,限时 2.5 分钟)

样卷二　读
多音节词语

抄写　恩人　修订　姿色　开刃儿　音标　陆续　往往　状态　一会儿
生产　队长　调换　快嘴　摆摊儿　墙壁　雄兵　能源　特点　奔头儿
耳朵　打架　夺取　动静　隆重　创造　不管　只能　悠久　致命
挂钩　我们　模拟　牙刷　算计　夜班　要害　时而　访问　慈爱
议案　赤道　成分　盎然　状况　广大　以致　强盗　混浊　熊猫

三、朗读短文(400 个音节,共 30 分,限时 4 分钟)

作品 2 号(见本书第 91 页)

四、命题说话(请在下列话题中任选一个,共 40 分,限时 3 分钟)

1. 我向往的地方

2. 我喜爱的植物

第二章　普通话语音训练

普通话语音的基本单位是音节,音节一般由声母、韵母和声调三个部分组成。

第一节　声　母

一、声母概述

(一) 声母的定义

声母位于音节开头,主要由辅音构成。如果音节开头没有辅音,这个音节的声母就是零声母。guǎng(广)和 zhōu(州)两个音节中的辅音 g 和 zh 就是声母。普通话共有 22 个声母,除零声母外,其余 21 个声母是 b、p、m、f、d、t、n、l、g、k、h、j、q、x、zh、ch、sh、r、z、c、s。

(二) 声母的分类

根据辅音的发音部位和发音方法可以给辅音声母分类。

1. 按发音部位分类

发音部位是指发音时气流受到阻碍的部位。根据发音部位,可以将辅音声母分为 7 类:

(1) 双唇音(上唇/下唇):b、p、m。

(2) 唇齿音(上齿/下唇):f。

(3) 舌尖前音(舌尖/上齿背):z、c、s。

(4) 舌尖中音(舌尖/上齿龈):d、t、n、l。

(5) 舌尖后音(舌尖/硬腭前部):zh、ch、sh、r。

(6) 舌面前音(舌面前部/硬腭前部):j、q、x。

(7) 舌面后音(舌根音)(舌面后部/软腭):g、k、h。

2. 按发音方法分类

发音方法是指发音时喉头、口腔和鼻腔节制气流的方式和状况。可以从气流受到阻碍和除去阻碍的方式、气流的强弱以及声带是否振动三个方面对辅音声母进行分类。

(1) 根据气流受到阻碍和除去阻碍的方式,普通话辅音声母可以分为:

① 塞音:b、p、d、t、g、k。

塞音发音时,发音部位两点紧闭、紧贴形成阻碍,接着送气,形成阻碍部位的肌肉持续紧张,继而突然将形成阻碍部位的两部分放开,气流冲破阻碍,爆破成声。

② 擦音:f、h、x、sh、r、s。

擦音发音时,发音部位的两点接近,中间留一条缝隙,气流从发音部位两点间的缝隙迅速挤过,发出摩擦的声音。

③ 塞擦音:j、q、zh、ch、z、c。

塞擦音发音时,发音部位的两部分接触形成阻碍,让气流通过开始发声,但在保持阻碍的后阶段,把阻碍部位放松一些,由塞音变成擦音,让气流继续送出成音。

④ 鼻音:m、n。

鼻音发音时,发音部位的两点紧闭或紧接,封住口腔出气的通道,颤动声带,气流进入口腔,同时,软腭、小舌下垂,打开鼻腔通道,气流与鼻腔共鸣,使气流和音波从鼻孔送出。

⑤ 边音:l。

边音发音时,舌尖抵住上齿龈,软腭上升,阻塞鼻腔通路,声带振动,气流从舌头两边或一边出来发出声音。

(2) 根据发音时气流的强弱可以把普通话辅音声母中的塞音和塞擦音分为送气音和不送气音。

送气音是发音时气流较强的音,如:p、t、k、q、ch、c。

不送气音是发音时气流较弱的音,如:b、d、g、j、zh、z。

(3) 根据发音时声带是否振动可以把普通话辅音声母分为清音和浊音。

清音是发音时不颤动声带的音,普通话辅音声母属清音的有:b、p、f、d、t、g、k、h、j、q、x、zh、ch、sh、z、c、s。

浊音是发音时振动声带的音,普通话辅音声母属浊音的有:m、n、l、r。

我们学习声母可以根据发音部位和发音方法,一组一组地分别进行学习(表 2-1)。同一个字,方言和普通话的声母可能不同,如"史"普通话读的是舌尖后音,而粤方言读的是舌尖前音。另外,许多字在方言中有声母,而在普通话中属于零声母。如"蚊"在粤方言和客家方言中都有声母"m",而在普通话中属零声母。我们要特别注意这些方言和普通话的对应。

表 2-1 普通话辅音声母总表

发音部位	发音方法							
	塞音		塞擦音		擦音		鼻音	边音
	清音		清音					
	不送气	送气	不送气	送气	清音	浊音	浊音	浊音
双唇	b[p]	p[pʰ]					m[m]	
唇齿					f[f]			

发音部位	发音方法							
	塞音		塞擦音		擦音		鼻音	边音
	清音		清音					
	不送气	送气	不送气	送气	清音	浊音	浊音	浊音
舌尖前			z[ts]	c[tsʰ]	s[s]			
舌尖中	d[t]	t[tʰ]					n[n]	l[l]
舌尖后			zh[tʂ]	ch[tʂʰ]	sh[ʂ]	r[ʐ]		
舌面前			j[tɕ]	q[tɕʰ]	x[ɕ]			
舌面后	g[k]	k[kʰ]			h[x]			

二、声母辨音

广东的学生多数来自粤、客、闽三大方言区,所说的普通话受方言的影响较大,往往出现一些语音错误或缺陷。以下内容主要是对方言区学生常见的一些问题进行纠正,提出一些可行性建议,方便学生辨音。主要步骤如下:

(1)掌握好辅音声母的发音部位和发音方法。

(2)夸张练习。

(3)注意体会每个声母的本来发音(本音)。

声母的发音有两种:本音和呼读音。本音是每个声母所代表的音,用来拼音;呼读音是每个声母的读音,用来称呼声母。重点是本音。

(4)字词练习时,以拼音引路,先读注音,再对照汉字,以检查普通话读音与自己的方言读音之间的差异,并尽量找出对应规律。

(5)朗读片段练习要分阶段:夸张—慢速—加速。

(一) zh、ch、sh 和 z、c、s

zh、ch、sh 与 z、c、s 是粤、客、闽三大方言区的学生都容易发错或者发得不到位的两组音。粤方言和部分客家方言都只有平舌音(舌尖前音),没有翘舌音(舌尖后音),所以学生容易发错这两组音。在正音时,首先要明确两组音的发音部位和发音方法。二者的区别在于发音部位的不同,zh、ch、sh 发音时舌尖上翘,抵住硬腭的前部;而 z、c、s 发音时舌尖抵住上齿背。前者翘舌,后者平舌。

学生发 zh、ch、sh 时最常见的错误是舌身未后缩,舌尖翘得不到位,抵上齿龈,发出的音没有翘舌的音色。也有部分学生矫枉过正,舌身后缩过多,舌尖卷起,发成"大舌头"卷舌音,这也是不正确的发音方法,需要及时纠正,加强练习。z、c、s 正确的发音部位是舌尖伸平,顶住或接近上齿背。

　　明确发音部位和发音方法之后,还要清楚哪些字的声母该读翘舌音 zh、ch、sh,哪些字的声母该读平舌音 z、c、s,以下是几个平、翘舌音辨记方法:

　　(1) 利用普通话声韵调拼合规律类推记忆。如:zh、ch、sh 只与 ua、uai、uang 相拼,z、c、s 不与 ua、uai、uang 相拼。

　　(2) 记少不记多。如:zen 少,只有"怎"一个字,而 zhen 多,真、珍、诊……

　　(3) 利用形声字的声旁类推记忆:借其中的少数代表字,从而类推记住绝大部分字,例如,"曾、宗、卒、采、仓、曹、从、散、司、叟、遂"作偏旁的字,绝大多数是平舌音,"占、中、主、专、朝、成、出、少、善、申、生"作偏旁的字,绝大多数是翘舌音。本节"【附录一】平翘舌偏旁辨记"可供参考。

字词练习

zh—z	扎—匝	炸—杂	眨—咋	摘—栽	窄—宰	债—在	沾—簪
	斩—攒	站—暂	张—脏	长—驵	帐—葬	招—遭	着—凿
	找—早	赵—造	折—则	这—仄	诊—怎	治—字	周—邹
	肘—走	皱—奏	专—钻				
ch—c	插—擦	拆—猜	柴—才	掺—参	馋—残	铲—惨	昌—仓
	常—藏	抄—操	潮—曹	吵—草	彻—策	沉—岑	承—层
	秤—蹭	臭—凑	出—粗	厨—徂	触—醋	船—攒	串—窜
	吹—催	春—村	纯—存				
sh—s	杀—撒	傻—洒	煞—飒	筛—腮	晒—赛	山—三	闪—伞
	善—散	商—桑	赏—嗓	上—丧	捎—骚	吮—损	少—扫
	射—色	深—森	声—僧	师—斯	使—死	是—四	收—搜
	守—叟	受—嗽	涮—算				
z—zh	在职	杂质	载重	增长	总账	奏章	阻止	诅咒	罪证
	尊重	佐证						
zh—z	渣滓	张嘴	种族	长子	沼泽	振作	争嘴	正字	宅子
	指责	治罪						
c—ch	财产	操场	裁处	采茶	彩绸	餐车	残春	参禅	辞呈
	粗茶	错处						
ch—c	车次	唱词	蠢材	纯粹	差错	场次	陈词	成材	除草
	楚辞	冲刺						
s—sh	散失	桑葚	丧失	扫射	私塾	死水	四声	私事	四时
	松树	算术						
sh—s	哨所	山色	深思	深邃	申诉	神思	输送	生涩	生死
	绳索	世俗						

(二) n、l

广东不少方言中n、l都存在不同程度的混淆。n、l发音部位相同,都是舌尖中音,用舌尖和上齿龈形成阻碍,发音时声带振动,都是浊音。不同之处在于发音方法中阻碍方式的不同:发n时,舌尖及舌边均上举,顶住上齿龈,带动整个舌面的周围跟硬腭的周围密合,软腭下降,鼻孔出气,同时声带振动;发l时舌尖前端上举,顶住齿龈(不顶满),舌尖两边跟硬腭的两侧保持适当的间隙,软腭上升,声带振动,气流从舌头两边或一边通过。

训练时,首先找准n、l的发音部位和发音方法,可以采用前字引导正音法:

(1) 在n声母的前面加一个用n作韵尾的音节,两字连续;因发音部位相同,方法相近(只是除阻不除阻的区别),易于发准n的声母。如:kàn—na 看哪,xīn—nián 新年。

如:烂泥　蛮牛　叛逆　金牛　潜能　仙女　南宁　林农

(2) 在l声母的前面加上一个ge、ke的音节,借g、k发音时的舌面后部抬高,相对限制了软腭下降,使得不便于发音鼻音而发边音。如:gè—lèi 各类,kē—lì 颗粒。

如:隔离　可怜　可乐　克隆　克拉　阁楼　割裂　刻录

其次,记住哪些字该读n,哪些字该读l,方法如下:

(1) 利用形声字的声旁类推。

n:宁—拧　咛　狞　柠　聍　泞

l:力—荔　历　沥　劣(liè)　肋(lèi)　勒(lè)

(2) 记少不记多。在汉字中,n声母字比l声母字少;如韵母为ü、ei、u、ou、uan、ang、iang、in等的字,其声母为n的也很少,而相应的l声母字却比较多。因此,只要记住n声母的字,l声母的字也就记住了。

接着进行强化练习。

字词练习

l	拉力	利落	流利	履历	罗列	轮流			
n	奶牛	男女	恼怒	能耐	泥泞	农奴			
n—l	奶酪	耐劳	脑力	内力	内陆	奴隶	女郎	逆流	尼龙	嫩绿
	能力	能量	年历	年轮	年龄	暖流	鸟类	农林	农历	努力
l—n	冷暖	留念	流年	老年	老衲	老娘	老牛	老农	蓝鸟	历年

(三) g、k、h

粤、客方言区的学生容易将舌面后音(舌根音)h[x]发成几乎不带摩擦的音,要纠正这一发音问题主要在于掌握对气流的控制。在发h声母时,首先舌面后应向软腭部位靠拢,使气流出来时带上明显的摩擦;然后尽可能地将气流引到口腔上部,让气流打在软腭的位置上。此外,由于粤、客方言区的学生在发相同部位的塞音声母g、k时一般是比较准确的,因此,也可以借助g、k的发音引导h的发音,即发音时,先发声母g、k,然后保持g、k音的发音部位,将发音方法从塞音变为擦音,这样就能比较准确地发出h声母。

字词练习

g	杠杆	高贵	更改	攻关	公告	古怪	挂钩	灌溉	规格
k	开阔	慷慨	旷课	困苦	坎坷	空旷	苛刻	可靠	宽阔
h	豪华	荷花	合伙	后悔	欢呼	缓和	挥霍	毁坏	祸害

（四）j、q、x

粤、客方言中不存在普通话中的舌面前音声母 j、q、x，因而在发这套声母时必然会存在一定的偏差。在普通话中，舌面音声母 j、q、x 只与齐齿呼和撮口呼的韵母相拼，而舌尖前音声母 z、c、s 不能与齐齿呼和撮口呼的韵母相拼。但在粤、客方言中，舌尖前音与齐齿呼和撮口呼的韵母相拼是非常自然的。因此，在一般情况下，学生会将普通话中的 j、q、x 声母用 z、c、s 代替，从而导致发音不准确，如将"jiāo（交）"误读成"ziāo"，将"qǐng（请）"误读成"cǐng"，将"xiǎng（想）"误读成"siǎng"。

学生要纠正这一发音偏差，主要还是要将舌面正确抬高，强化舌面前这一发音部位。事实上，为了配合舌面抬高的这一动作，我们的舌尖可稍微抵着下齿背的位置，但舌尖不能用力，这样舌面就会很自然地拱起，继而发出舌面音。下面进行强化练习。

字词练习

j	基金	积极	急剧	寂静	嘉奖	加紧	艰巨	将近	降价	交际
q	齐全	乞求	恰巧	前期	亲切	情趣	取巧	躯壳	秋千	强权
x	细心	下乡	先行	现象	详细	小型	肖像	新鲜	虚心	选修

（五）f、h

唇齿音 f 和舌面后音 h 都是清擦音，区别只在阻碍的部位上。f 是上齿和下唇形成阻碍，h 是舌面后部和软腭形成阻碍。闽方言区的学生容易把 f 全部误读成 h。粤、客方言区学生 h 和 f 的混淆主要发生在 h 与 u 或以 u 为韵头的韵母相拼的时候，将一些原本应读 h 声母的字误读成 f 声母。如"花"误读为"发"，"虎头"误读为"斧头"，"晃荡"误读为"放荡"，"开化"误读为"开发"等。这种误读的原因是学生在不注意的情况下将方言的读音规律带入了普通话中。

字词练习

f—h	发—花	乏—滑	赋—护	敷—忽	浮—糊	俯—琥	飞—灰
	肥—茴	匪—毁	凡—寰	芳—慌	房—黄	纺—幌	放—晃
	奉—哄	翻—欢					

f—h	复发—护发	防空—航空	附注—互助	富丽—互利	幅度—弧度
h—f	虎头—斧头	护士—富士	护法—伏法	窗户—娼妇	交互—交付

成语练习

翻云覆雨　返老还童　防患未然　焕然一新　发愤图强　翻天覆地
胡作非为　呼风唤雨　回光返照　风华正茂　风云变幻　逢凶化吉
狐假虎威　绘声绘色　防不胜防　飞黄腾达

（六）r

普通话的舌尖后音除了 zh、ch、sh 外,还有一个浊擦音 r,这也是南方很多方言语音系统中不具有的声母。相应的,普通话 r 声母所辖字在这些方言中大多读为一个半元音色彩的声母。因此,学生在发这个声母时由于受方言影响,基本会发成一个舌位略靠后的声母,与 r 的实际发音有所差异。

从发音部位看,r 是舌尖后音,同 zh、ch、sh 发音部位一样,是由舌尖和硬腭前部构成阻碍而发出的音。从发音方法看,r 是浊擦音,发音时,舌尖上翘,抵住硬腭前部留一条小缝,声带振动,气流从小缝中摩擦而出成音。为了找到正确的感觉,可以先发 sh 音,然后保持口形和舌位不动,振动声带,发出 r 音。普通话 r 声母的字不多,可用代表字类推记忆。

字词练习

r—y	肉—右	柔—油	然—言	染—演	软—远	入—欲	绕—要
	然—严	嚷—养	蓉—庸	如—鱼	阮—远	日—义	人—银
	饶—摇	热—烨					
r—l	瓤—郎	若—落	热—乐	肉—漏	让—浪	然—兰	忍—冷
	润—论	染—懒	仍—棱	乳—卤	软—卵	冗—龙	绕—烙
	柔—楼	入—陆					
r—y	日子—义子	人气—银器	任满—隐瞒	如何—遇合			
	人格—严格	如意—寓意	熔铸—永驻	软件—元件			
r—l	入境—路径	入口—路口	热天—乐天	溶洞—龙洞			
	柔道—楼道	如火—炉火	弱点—落点	戎马—龙马			
r—l	人伦	容量	热烈	燃料	扰乱	锐利	软肋
l—r	老人	利润	连任	录入	礼让	鹿茸	缭绕
r—y	肉眼	荣誉	如愿	容易	惹眼	燃油	软硬
y—r	依然	有人	鱼肉	引入	犹如	艺人	炎热

（七）补充练习

1. 翘舌音练习

zh	战争	种植	政治	郑重	中转	壮志	茁壮	专职
	主张	庄重	专制	制止				
ch	车床	超产	查抄	拆除	铲除	长处	出产	长城
	驰骋	出差	穿插	惆怅				
sh	事实	史诗	适时	山水	少数	设施	手术	顺手
	神圣	声势	受伤	伤逝				
r	柔软	仍然	容忍	荣辱	忍让	惹人		

2. 平舌音练习

| z | 总则 | 宗族 | 罪责 | 自尊 | 藏族 | 自作 | 祖宗 | 栽赃 |

	在座	走卒	造作	自在				
c	参差	苍翠	粗糙	草丛	层次	从此	仓促	摧残
	猜测	措辞	残存	匆促				
s	琐碎	松散	思索	色素	诉讼	洒扫	撕碎	搜索

3. 平翘舌的对比练习

z—zh	早—找	自—治	栽—摘	在—寨	赃—张	赞—站
c—ch	次—翅	催—吹	错—绰	撮—戳	财—柴	蚕—缠
s—sh	散—衫	丧—尚	骚—烧	伞—陕	腮—筛	髓—水
z—zh	作者	增长	自治	宗旨	总之	阻止	最终	作战
zh—z	正在	指责	制造	中子	种族	著作	追责	沼泽
c—ch	财产	促成	残春	操持	彩超	草场	存储	曹冲
ch—c	场次	储藏	纯粹	揣测	成才	差错	唱词	尺寸
s—sh	散射	丧失	私事	所属	虽说	随时	损伤	宿舍
sh—s	上诉	神色	收缩	输送

4. 区分平翘舌（即 zh、ch、sh 和 z、c、s）

主力	支援	姓周	大志	找到	知识
阻力	资源	姓邹	大字	早到	姿势
绵纸	战时	负债	摘花	铡草	正品
棉籽	暂时	负载	栽花	杂草	赠品
嘱咐	站住	地址	纸的	照旧	札记
祖父	赞助	弟子	紫的	造就	杂记
智力	招赘	智齿	治虫	战歌	专心
自力	遭罪	自此	自从	赞歌	钻心
初步	木柴	推迟	一成	乱吵	两翅
粗布	木材	推辞	一层	乱草	两次
吹动	白齿	常住	触动	超出	新春
催动	就此	藏住	促动	出操	新村
商业	事迹	高山	筛子	熟语	申述
桑叶	司机	高三	塞子	俗语	申诉
闪光	收集	午睡	诗人	史记	师长
散光	搜集	五岁	私人	死记	司长

5. n—l 的对比练习

脑子—老子	男鞋—蓝鞋	大怒—大路	浓重—隆重	女客—旅客
内线—泪腺	黄泥—黄梨	一年—一连	难住—拦住	水牛—水流
无奈—无赖	南宁—兰陵	男女—褴褛	小牛—小刘	留念—留恋

泥巴—篱笆　允诺—陨落　闹灾—涝灾　门内—门类　鸟雀—了却

老农—老龙　年内—连累

6. 区分鼻、边音（即 n 和 l）

拿手	无奈	恼怒	恼人	男子	畏难	拉手	无赖	老路	老人
篮子	蔚蓝	南部	南竹	南宁	浓重	门内	眼内	蓝布	拦住
兰陵	隆重	门类	眼泪	大怒	允诺	闺女	女客	黄泥	大陆
陨落	规律	旅客	理想	黄梨	分蘖	鸟雀	老牛	水流	连长
留念	分裂	了却	老刘	年长	水牛	留恋	宁乡	老娘	干娘
临湘	老梁	干粮	努力	奴隶	年龄	递流	耐劳	哪里	那里
能力	内陆	农历	递料	脑力	暖流	男篮	牛郎	女篮	尼龙
南岭	牛奶	恼怒	泥泞	男女	能耐	农奴	那年	哪年	袅娜
扭捏	奶娘	泥牛	岭南	连年	来年	烂泥	两难	辽宁	奶牛
冷暖	留念	老年	老农	理论	力量	来历	拉拢	琉璃	流利
玲珑	嘹亮	流露	罗列	冷落	浏览	联络	流离		

琳琅满目　花红绿柳　流连忘返　流离失所　林茂粮丰　浪里行船

力挽狂澜　量才录用　歌声嘹亮　雷厉风行　落花流水　沉稳老练

【附录一】平翘舌偏旁辨记

zh 声母

丈—zhàng 丈、仗、杖

专—zhuān 专、砖，zhuǎn 转（转身、转达），zhuàn 转（轮子转动）、传（传记）

支—zhī 支、枝、肢

止—zhǐ 止、芷、趾

中—zhōng 中（中央）、忠、钟、盅、衷，zhǒng 种（种子）、肿，zhòng 中（中暑）、种（种植）、仲（冲念 chōng，冲锋；又念 chòng，冲劲儿）

长—zhāng 张，zhǎng 长（生长、班长）、涨（涨潮），zhàng 胀（头昏脑胀）、帐、涨（长又念 cháng，长短）

主—zhǔ 主、拄，zhù 住、注、炷、驻、蛀、柱

正—zhēng 正（正月）、怔、征、症（症结），zhěng 整，zhèng 正、证、政、症（症状）

占—zhān 沾、毡、粘（粘贴），zhàn 占、战、站（砧念 zhēn。钻念 zuān，钻研；又念 zuàn，钻石）

只—zhī 只（两只手、只身）、织，zhí 职，zhǐ 只（只有），zhì 帜（识念 shí，识别；炽念 chì，炽热）

召—zhāo 招、昭，zhǎo 沼，zhào 召（号召）、诏、照（召又念 shào，姓）

执—zhí 执，zhì 贽、挚、鸷，zhé 蛰

至—zhí 侄,zhì 至、郅、致、窒、蛭

贞—zhēn 贞、侦、祯、桢

朱—zhū 朱、诛、侏、茱、珠、铢、蛛(殊念 shū)

争—zhēng 争、挣(挣扎)、峥、狰、铮、睁、筝,zhèng 诤、挣(挣脱)

志—zhì 志、痣

折—zhē 折(折跟头),zhé 折(折磨)、哲、蜇(海蜇),zhè 浙(折又念 shé,棍子折了;誓念 shì)

者—zhě 者、赭,zhū 诸,zhǔ 渚、煮,zhù 著、箸(储、褚、楮念 chǔ)

直—zhí 直、值、植、殖(繁殖),zhì 置

知—zhī 知、蜘,zhì 智(痴念 chī)

珍—zhēn 珍,zhěn 诊、疹(趁念 chèn)

真—zhēn 真,zhěn 缜,zhèn 镇(慎念 shèn)

振—zhèn 振、赈、震(辰、宸、晨念 chén)

章—zhāng 章、漳、彰、嫜、蟑(蟑螂),zhàng 障、嶂、幛、瘴

啄—zhuō 涿,zhuó 啄、琢

z 声母

子—zī 孜,zǐ 子、仔、籽

匝—zā 匝,zá 砸

宗—zōng 宗、综(综合)、棕、踪、鬃,zòng 粽

卒—zú 卒(小卒),zuì 醉

责—zé 责、啧、帻、箦

兹—zī 兹(兹定于)、滋、孳

祖—zū 租,zǔ 诅、阻、组、俎、祖

资—zī 咨、姿、资、趑,zì 恣

造—zào 造(糙念 cāo)

尊—zūn 尊、遵、樽

曾—zēng 曾(姓)、憎、缯,zèng 赠(曾又念 céng,曾经)

赞—zǎn 攒(积攒)、趱,zàn 赞

澡—zǎo 澡、藻,zào 噪、燥、躁

sh 声母

山—shān 山,shàn 讪、汕、疝

少—shā 沙、莎、纱、砂、裟、鲨,shǎo 少(少数),shào 少(少年)(娑念 suō)

市—shì 市、柿、铈

申—shēn 申、伸、呻、绅、砷,shén 神,shěn 审、婶

生—shēng 生、牲、笙、甥,shèng 胜(胜利)

召—sháo 苕（红苕）、韶，shào 召（姓）、邵（姓）、绍（介绍）

式—shì 式、试、拭、轼、弑

师—shī 师、狮，shāi 筛（蛳念 sī）

抒—shū 抒、纾、舒

诗—shī 诗，shí 时、鲥，shì 侍、恃（寺念 sì）

叔—shū 叔、淑、菽

尚—shǎng 赏，shàng 尚，shang 裳（衣裳）（徜念 cháng，徜徉）

受—shòu 受、授、绶

舍—shá 啥，shě 舍（舍弃），shè 猞（猞猁）、舍（宿舍）

刷—shuā 刷，shuà 刷（刷白），shuàn 涮

珊—shān 删、姗、珊、栅（栅极）、蹒（蹒跚）

扇—shān 扇（动词）、煽，shàn 扇（扇子）

s 声母

四—sì 四、泗、驷

司—sī 司，sì 伺、饲、嗣

孙—sūn 孙、荪、狲（猢狲）

松—sōng 松（惺松）、松、淞，sòng 颂、讼（松又念 zhōng，怔忪）

思—sāi 腮、鳃，sī 思、锶

叟—sǎo 嫂，sōu 溲、搜、馊、飕、艘（瘦念 shòu）

素—sù 素、愫、嗉

唆—suān 酸，suō 唆、梭

桑—sāng 桑，sǎng 搡、嗓、颡

遂—suí 遂（半身不遂），suì 遂（遂心）、隧、燧、邃

散—sā 撒（撒手），sǎ 撒（撒种），sǎn 散（散漫）、馓，sàn 散（散会）

斯—sī 斯、厮、澌、撕、嘶

锁—suǒ 唢（唢呐）、琐、锁

【附录二】n 和 l 声母字类推字表

n 声母

那—nǎ 哪，nà 那，nuó 挪、娜（袅娜）

乃—nǎi 乃、奶

奈—nài 奈，nà 捺

南—nán 南、喃、楠，nǎn 蝻、腩

脑—nǎo 恼、瑙、脑

内—nèi 内，nè 讷，nà 呐、衲、钠

尼—ní 尼、泥、呢

倪—ní 倪、霓

念—niǎn 捻，niàn 念

捏—niē 捏，niè 涅

聂—niè 聂、蹑

宁—níng 宁、拧、咛、狞、柠，nìng 宁（宁可）、泞

纽—niū 妞，niǔ 扭、纽、钮

农—nóng 农、浓、脓

奴—nú 奴、孥、驽，nǔ 努，nù 怒

诺—nuò 诺，nì 匿

懦—nuò 懦、糯

虐—nüè 虐、疟

l 声母

剌—lǎ 喇，là 剌、辣、瘌

腊—là 腊、蜡，liè 猎

赖—lài 赖、癞、籁，lǎn 懒

兰—lán 兰、拦、栏，làn 烂

蓝—lán 蓝、篮，làn 滥

览—lǎn 览、揽、缆、榄

劳—lāo 捞，láo 劳、痨，lào 涝

乐—lè 乐，lì 砾

雷—léi 雷、镭，lěi 蕾

垒—lěi 垒

累—lèi 累，luó 骡、螺

里—lí 厘、狸，lǐ 里、理、鲤，liàng 量

利—lí 梨、犁，lì 利、俐、痢

离—lí 离、篱，li 璃（玻璃）

立—lì 立、粒、笠，lā 拉、垃、啦

厉—lì 厉、励

力—lì 力、荔，liè 劣，lèi 肋，lè 勒

历—lì 历、沥

连—lián 连、莲，liàn 链

廉—lián 廉、濂、镰

脸—liǎn 敛、脸，liàn 殓

炼—liàn 练、炼

恋—liàn 恋，luán 峦、孪、鸾、滦

良—liáng 良、粮，láng 郎、廊、狼、椰、螂，lǎng 朗，làng 浪

梁—liáng 梁、粱

凉—liáng 凉，liàng 谅、晾，lüè 掠

两—liǎng 两、俩（伎俩），liàng 辆，liǎ 俩

列—liě 咧，liè 列、裂、烈，lì 例

林—lín 林、淋、琳、霖，lán 婪

鳞—lín 嶙、璘、磷、鳞、麟

令—líng 伶、玲、铃、羚、聆、龄，lǐng 岭、领，lìng 令，lěng 冷，lín 邻，lián 怜

菱—líng 凌、陵、菱，léng 棱（棱角）

留—liū 溜，liú 留、馏、榴、瘤

流—liú 流、琉、硫

柳—liǔ 柳，liáo 聊

龙—lóng 龙、咙、聋、笼，lǒng 陇、垄、拢

隆—lóng 隆、窿、癃

娄—lóu 娄、喽、楼，lǒu 搂、篓，lǚ 缕、屡

鲁—lǔ 鲁、橹

录—lù 录、禄、碌，lǜ 绿、氯

鹿—lù 鹿、辘

路—lù 路、鹭、露

戮—lù 戮，liáo 寥，liǎo 蓼，liào 廖

仑—lūn 抡，lún 仑、伦、沦、囵、轮，lùn 论

罗—luó 罗、逻、萝、锣、箩

洛—luò 洛、落、络、骆，lào 烙、酪，lüè 略

吕—lǚ 吕、侣、铝

虑—lǜ 虑、滤

【附录三】f 和 h 声母字类推字表

夫—fū 夫、肤、麸，fú 芙、扶

父—fǔ 斧、釜，fù 父

付—fú 符，fǔ 府、俯、腑、腐，fù 付、附，fu 咐（吩咐）

弗—fú 绋、氟、弗、拂、佛（仿佛），fó 佛，fèi 沸、费、狒

伏—fú 伏、茯、袱

甫—fū 敷，fǔ 甫、辅，fù 傅、缚

孚—fū 孵，fú 孚、俘、浮

复—fù 复、腹、馥、覆

福—fú 幅、福、辐、蝠，fù 副、富

分—fēn 分、芬、吩、纷，fěn 粉，fèn 份、忿

凡—fān 帆，fán 凡、矾

反—fǎn 反、返，fàn 饭、贩

番—fān 翻、番

方—fāng 方、芳，fáng 防、妨、房、肪，fǎng 仿、访、纺，fàng 放

乏—fá 乏，fàn 泛

发—fā 发（发展），fà 发（头发），fèi 废

伐—fá 伐、阀、筏

风—fēng 风、枫、疯，fěng 讽

非—fēi 非、菲、啡、扉，fěi 诽、匪，fèi 痱

蜂—fēng 峰、烽、锋、蜂

火—huǒ 火、伙

禾—hé 禾、和

或—huò 或、惑

户—hù 户、沪、护、互

虎—hǔ 虎、唬

忽—hū 忽、惚

胡—hú 胡、湖、葫、糊、蝴

狐—hú 弧、狐

化—huā 花、哗，huá 华、铧，huà 化、华（华山），huò 货

活—huó 活，huà 话

灰—huī 灰、恢、诙

回—huí 回、茴、蛔，huái 徊

会—huì 会、绘、烩

挥—huī 挥、辉，hún 浑

悔—huǐ 悔，huì 诲、晦

惠—huì 惠、蕙

红—hóng 红、虹、鸿

洪—hōng 哄（哄动）、烘，hóng 洪，hǒng 哄（哄骗），hòng 哄（起哄）

怀—huái 怀，huài 坏，huán 还（还钱）、环

涣—huàn 涣、换、唤、焕、痪

昏—hūn 昏、阍、婚

混—hún 混（混蛋）、馄，hùn 混（混沌）

荒—huāng 荒、慌，huǎng 谎

皇—huáng 皇、凰、惶、徨、蝗

晃—huǎng 晃、恍、幌，huàng 晃（晃动）
黄—huáng 黄、璜、簧

第二节 韵　　母

一、韵母概述

普通话韵母是指音节中声母后面的部分，既可以单独由元音充当，如"a"；也可以由元音加辅音组成，如"an""ang"。

普通话韵母共 39 个，按照韵母开头元音发音口形可以分为"四呼"：非 i、u、ü 或以非 i、u、ü 开头的韵母称为开口呼；i 或以 i 开头的韵母称为齐齿呼；u 或以 u 开头的韵母称为合口呼；ü 或以 ü 开头的韵母称为撮口呼。按照韵母结构又可以分为三类：由一个元音构成的韵母称为单韵母，由两个或三个元音构成的韵母称为复韵母，带有鼻辅音的韵母称为鼻韵母（表 2－2）。

表 2－2　普通话韵母分类总表

按 结 构	按 口 形			
	开口呼	齐齿呼	合口呼	撮口呼
单韵母	-i[ʅ]-i[ɿ]	i	u	ü
	a	ia	ua	
	o		uo	
	e			
	ê	ie		üe
	er			
复韵母	ai		uai	
	ei		uei	
	ao	iao		
	ou	iou		
鼻韵母	an	ian	uan	üan
	en	in	uen	ün
	ang	iang	uang	
	eng	ing	ueng	
			ong	iong

普通话韵母可以分为韵头、韵腹和韵尾三部分,三者的轻重长短不一致。韵腹是韵母的主干,又叫作主要元音,一般由 a、o、e、ê 充当,i[i]、u、ü、-i[ʅ]、-i[ɿ]、er 也可以作韵腹。韵头是韵腹前面的元音,介于声母和韵腹之间,又叫作介音,由 i、u、ü 三个元音充当。韵尾是韵腹后面的部分,由元音 i、u 和辅音 n、ng 四个音素充当(普通话的元音韵尾只有 i、u 两个,ao、iao 的韵尾其实也是 u)。所有的韵母都有韵腹,但可以没有韵头或韵尾(表 2 - 3)。

表 2 - 3　普通话韵母结构表

韵母例字	韵　　　　　　母			
	韵　头	韵　腹	韵　尾	
			元音韵尾	辅音韵尾
五(wu)		u		
有(you)	i	o	u	
云(yun)		ü		n
问(wen)	u	e		n
英(ying)		i		ng

二、韵母发音

(一) 单韵母发音

单韵母是指由一个元音构成的韵母,普通话的单韵母共 10 个,包括舌面元音 a、o、e、ê、i、u、ü,舌尖元音-i[ʅ]、-i[ɿ] 和卷舌元音 er。

1. 舌面元音的发音

舌面元音的发音主要是由不同的口形(圆唇、不圆唇)及舌位高低(高、半高、半低、低)、舌位前后(前、央、后)形成的(图 2 - 1)。

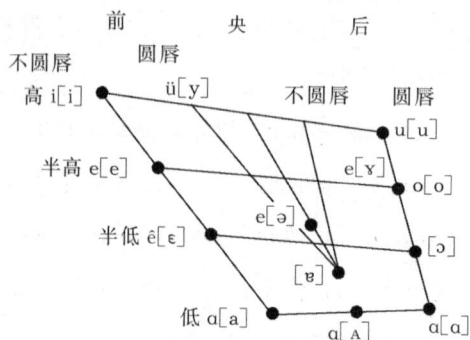

图 2 - 1　舌面元音舌位唇形图

　　a[A]　央、低、不圆唇舌面元音。发音时，口大开，舌位低，舌头居中间，唇形不圆。如发达 fādá、沙发 shāfā 中的 a。

　　o[o]　后、半高、圆唇舌面元音。发音时，口半闭，舌位半高，舌头后缩，唇拢圆。如默默 mòmò、婆婆 pópo 中的 o。

　　e[ɣ]　后、半高、不圆唇舌面元音。发音状况与 o 基本相同，但双唇自然展开。如哥哥 gēge、客车 kèchē 中的 e。

　　ê[ɛ]　前、半低、不圆唇舌面元音。发音时，口半开，舌位半低，舌头前伸使舌尖抵住下齿背，扁唇。如欸 ē 中的 ê。

　　i[i]　前、高、不圆唇舌面元音。发音时，唇形呈扁平状，舌头前伸使舌尖抵住下齿背。如地皮 dìpí、奇迹 qíjì 中的 i。

　　u[u]　后、高、圆唇舌面元音。发音时，双唇拢圆，留一小孔，舌头后缩，使舌面后接近软腭。如部署 bùshǔ、朴素 pǔsù 中的 u。

　　ü[y]　前、高、圆唇舌面元音。发音状况与 i 基本相同，但唇形拢圆。如聚居 jùjū、序曲 xùqǔ 中的 ü。

　　2. 舌尖元音的发音

　　-i[ɿ]　前、高、不圆唇舌尖元音。发音时，舌头平伸，舌尖靠近上齿背或下齿背。如自私 zìsī、赐死 cìsǐ 中的 -i。

　　-i[ʅ]　后、高、不圆唇舌尖元音。发音时，口微开，扁唇，舌尖上翘，靠近硬腭前部。如支持 zhīchí、试吃 shìchī 中的 -i。

　　3. 卷舌元音的发音

　　er[ər]①　卷舌、央、中、不圆唇元音。er 是在 e[ə]的基础上加上卷舌动作而成的，发音时，口半开，舌头居中央，舌尖向硬腭中部卷起，唇形不圆。如然而 ránér 中的 er。

（二）复韵母发音

　　复韵母指由两个或三个元音构成的韵母。发音时，舌位、唇形等发生变化，由一个元音的发音状况快速向另一个元音的发音状况过渡。不同元音之间有主次之分，主要元音清晰响亮，其他元音或轻短，或含混模糊。复韵母共 13 个，按照主要元音位置不同可分为前响复韵母、中响复韵母、后响复韵母。

　　前响复韵母发音时，前头的元音清晰响亮，后头的元音含混模糊，只表示舌位滑动的方向，前、后元音过渡自然，包括 ai、ao、ei、ou。如：

　　财宝 cáibǎo　背篓 bēilǒu　受潮 shòucháo　配菜 pèicài

　　中响复韵母发音时，前头的元音轻短，中间的元音清晰响亮，后头的元音含混模糊，只表示舌位滑动的方向，前、中、后元音过渡自然，包括 iao、iou、uai、uei。如：

　　外围 wàiwéi　侨友 qiáoyǒu　秋水 qiūshuǐ　外调 wàidiào

---

　　①　此处 r 表示卷舌，不代表音素，也不是韵尾。

后响复韵母发音时,前头的元音轻而短,只表示舌位移动的起点,后头的元音清晰响亮,前、后元音发音过渡自然,包括 ia、ua、ie、üe、uo。如:

下雪 xiàxuě　挖掘 wājué　拖鞋 tuōxié　佳节 jiājié

(三)鼻韵母发音

鼻韵母由元音和鼻辅音韵尾构成,发音时须注意两点:一是发音时由元音向鼻辅音过渡,逐渐增加鼻音色彩,最后,发音部位闭塞,形成鼻辅音;二是鼻韵母的发音以元音为主,元音清晰响亮,鼻辅音韵尾发音时,除阻阶段不发音。鼻韵母有前鼻音韵母和后鼻音韵母各8个。

1. 前鼻音韵母

(1) an、en、in、ün。

发音时,先发元音,然后软腭下降,逐渐增加鼻音色彩,舌尖迅速往上齿龈移动,最后抵住上齿龈。如:

坦然 tǎnrán　深沉 shēnchén　辛勤 xīnqín　逡巡 qūnxún

(2) ian、uan、uen、üan。

发音时,第一个元音轻短,第二个元音响亮清晰,第二个元音发完之后,软腭下降,逐渐增加鼻音色彩,舌尖迅速向上齿龈移动,最后抵住上齿龈。如:

眼前 yǎnqián　转弯 zhuǎnwān　论文 lùnwén　源泉 yuánquán

2. 后鼻音韵母

(1) ang、eng、ing、ong、iong。

发音时,先发元音,然后软腭下降,逐渐增强鼻音色彩,舌后部往软腭移动并抵住软腭。如:

浪荡 làngdàng　增生 zēngshēng　情景 qíngjǐng　通融 tōngróng

(2) iang、uang、ueng。

发音时,第一个元音轻短,第二个元音响亮清晰,第二个元音发完之后,软腭下降,逐渐增强鼻音色彩,舌后部往软腭移动并抵住软腭。如:

洋相 yángxiàng　网状 wǎngzhuàng　嗡嗡 wēngwēng

三、韵母辨音

(一)单韵母辨音

1. e、o

e、o 这两个单韵母的发音状况基本相同,不同的在于 o 是圆唇音,e 是不圆唇音。一般人都会发 o,粤方言使用者要注意避免用 e 代替 o。在 o 的基础上,将双唇展开即是 e。

另外,粤方言使用者发 e 这个韵母时,还会出现两个问题:一是与平、卷舌音相拼时,舌体后缩、隆起不到位,易将"侧"发成"cì"、"热"发成"rì";二是与卷舌音相拼时,受到舌尖后声母的影响,e 也随之向上卷起,发音类似卷舌元音 er。此外,粤方言区也存在着将复韵母 uo 发成单韵母 o 的情况。其实,uo 和 o 的区别并不难,uo 是复韵母,从 u 到 o,口形由小变大,o 是单韵母,口形始终不变。

字词练习

o	波	颇	佛	陌	博	抹	婆	驳	破	摹
e	歌	热	册	车	涩	摄	辙	隔	惹	乐
uo	浊	硕	拓	裸	夺	撮	诺	阔	霍	裹

e—o	恶魔	刻薄	隔膜	车模
o—e	波折	博得	破格	巨测

uo—o	唾沫	琢磨	萝卜	说破
o—uo	佛陀	摩托	菠萝	薄弱

诗歌练习

鹅,鹅,鹅,曲项向天歌。

白毛浮绿水,红掌拨清波。

(骆宾王《咏鹅》)

湖光秋月两相和,潭面无风镜未磨。

遥望洞庭山水色,白银盘里一青螺。

(刘禹锡《望洞庭》)

猿愁鱼踊水翻波,自古流传是汨罗。

蘋藻满盘无处奠,空闻渔父扣舷歌。

(韩愈《湘中》)

绕口令练习

哥哥弟弟坡前坐,坡上卧着一只鹅,坡下流着一条河。哥哥说,宽宽的河。弟弟说,白白的鹅。鹅要过河,河要渡鹅。不知是那鹅过河,还是河渡鹅。

2. i、-i[ɿ]、-i[ʅ]

i 在普通话韵母中分为三个。其中舌尖前韵母-i[ɿ]只用在舌尖前音 z、c、s 后;舌尖后韵母-i[ʅ]只用在舌尖后音 zh、ch、sh、r 后;i 则用在其他声母后。因为广东的三种方言都没有普通话中的平翘舌声母,所以容易将三者混为同一个 i。发音时,可以通过平翘舌音整体发音来训练。

字词练习

i	寄	逼	启	例	拟	系	企	眯	批	递
-i[ɿ]	字	词	思	赐	资	紫	饲	刺	私	慈

-i[ʅ]	致	迟	诗	纸	食	日	始	齿	枝	痴
i	屹立		奇迹		迷离		旖旎		遗迹	
-i[ɿ]	赐死		字词		私自		刺字		子嗣	
-i[ʅ]	指示		日食		实施		支持		值日	

对比练习

尺子	诗词	启示	刺激	日历
仪式	提示	气质	吃力	姿势
历史	其次	锡纸	日期	蜜汁

诗歌练习

海上生明月，天涯共此时。
情人怨遥夜，竟夕起相思。
（张九龄《望月怀远》节选）

终日望夫夫不归，化为孤石苦相思。
望来已是几千载，只似当时初望时。
（刘禹锡《望夫山》）

君问归期未有期，巴山夜雨涨秋池。
何当共剪西窗烛，却话巴山夜雨时。
（李商隐《夜雨寄北》）

3. i、ü

i、ü 这两个音是普通话韵母中齐齿呼和撮口呼的代表，这两个音发得准确与否关系到复韵母的发音。i 和 ü 的发音状况相似，都是舌面、前、高元音。不同的是，发 i 时不圆唇，发 ü 时嘴唇要撮圆。客家话、潮汕话使用者容易用 i 代替 ü，要特别注意区分。

字词练习

i	依	器	梨	密	辟	碧	习	即	拟	亦
ü	句	娶	恤	率	女	玉	虚	举	吕	趋
i	记忆		刺激		以及		比例		力气	
ü	雨具		区域		旅居		女婿		语序	
i—ü	抑郁		其余		离去		迷局		崎岖	
ü—i	曲艺		聚集		雨衣		续集		女婢	

诗歌练习

青青水中蒲，下有一双鱼。
君今上陇去，我在与谁居？
（韩愈《青青水中蒲三首·其一》）

竹凉侵卧内,野月满庭隅。重露成涓滴,稀星乍有无。

暗飞萤自照,水宿鸟相呼。万事干戈里,空悲清夜徂。

(杜甫《倦夜》)

4. er

er 虽然是单韵母,但是它的发音实际上是由两个动作完成的。首先发[ə],可以通过发"哥哥"这两个音来练习,"哥哥"中后一个音节由于轻声化,所以[ɤ]变成了[ə]。[ə]无论是舌位高低还是前后都处于中央位置,所以是最自然的一个音。在[ə]的基础上,舌尖向硬腭上卷即可。注意:普通话中"二 èr"与其他三个声调的音不同,"二 èr"的开口度要大于其他三个音,实际发音为[ɑr]。

字词练习

er	而 尔 儿 耳 二 贰			
	耳朵	偶尔	而且	洱海
	儿歌	二哥	尔后	二胡

(二) 复韵母辨音

1. ai、ei、ia、ie

普通话复韵母中的主要元音的地位与韵头、韵尾不同:韵头轻且短,只表示发音动作开始的起点,如 ia、ie;韵尾含混模糊,只表示发音动作滑动的方向,如 ai、ei。广东三种方言区同学容易出现两个元音发音长短和清晰度相同的错误。粤方言区人容易将开口度不同的、由 a 和 e 组成的复韵母混淆,如耐/内(ai/ei)、雅/也(ia/ie),前者开口度大、舌体动作也大,后者开口度和舌体动作都小。

字词练习

ai	矮 害 灾 晒 掴 摆 腮 赖			
ei	备 给 嘿 泪 肺 煤 裴 蕾			
ai	拍卖	白菜	采摘	开赛	买卖
ei	配备	蓓蕾	肥美	黑妹	飞贼
ai—ei	百倍	采煤	埋雷	台内	太妃
ei—ai	被宰	配菜	美态	废材	擂台
ia	压 霞 嫁 俩 掐 雅 夹 恰 吓 牙			
ie	披 别 瞥 烈 协 斜 窃 街 聂 蔑			
ia	下架	假牙	掐架	恰恰	压价
ie	贴切	铁屑	姐姐	趔趄	斜街
ia—ie	佳节	虾蟹	家业	嫁接	押解
ie—ia	接洽	野鸭	结痂	腋下	卸甲

诗歌练习

尚想旧情怜婢仆,也曾因梦送钱财。

诚知此恨人人有,贫贱夫妻百事哀。

(元稹《遣悲怀三首·其二》节选)

凤吹声如隔彩霞,不知墙外是谁家。

重门深锁无寻处,疑有碧桃千树花。

(郎士元《听邻家吹笙》)

2. ie、üe

ie 和 üe 这组韵母都是后响复韵母,区别在于唇形不同,ie 是扁唇,üe 是圆唇。由于 e 是不圆唇音,所以 ü 和 e 相拼时有些费力。要注意区分这两个音。

字词练习

| üe | 曰 掘 略 穴 虐 瘫 爵 疟 阅 雀 掠 薛 |
| | 约略 绝学 雀跃 雪月 |

| ie—üe | 解决 孑孓 谢绝 灭绝 斜月 |
| üe—ie | 月夜 确切 学业 决裂 缺血 |

诗歌练习

千山鸟飞绝,万径人踪灭。

孤舟蓑笠翁,独钓寒江雪。

(柳宗元《江雪》)

兰叶春葳蕤,桂华秋皎洁。欣欣此生意,自尔为佳节。

谁知林栖者,闻风坐相悦。草木有本心,何求美人折?

(张九龄《感遇十二首·其一》)

3. ao、iao、ou

在普通话发音中实际上有三个不同的 a,"他 tā"中的 a[A],是央元音,舌位居中央;"安 ān"中的 a[a],舌位靠前;"熬 áo"中的 a[a],舌位靠后。因为粤、客、闽三种方言使用者都有发音偏前的习惯,因此 ao 的发音不到位,尤其在 iao 中,由前元音 i 到靠后的 ao 动作大,更为明显。此外,粤方言与普通话有 ao 和 ou 对立的情况,如"跑 pǎo",粤方言为 póu,"后 hòu"粤方言为 hào。因此,这一对音的区别也应当引起注意。

字词练习

| ao | 傲 逃 招 稍 挠 泡 锚 捞 潮 扰 |
| | 逃跑 报道 草帽 懊恼 绕道 |

| iao | 邀 燎 裹 销 巧 效 胶 聊 貂 迢 |
| | 逍遥 疗效 巧妙 渺小 窈窕 |

| ao—iao | 报销 | 咆哮 | 毛料 | 报表 | 劳教 |
| iao—ao | 跳高 | 碉堡 | 摞倒 | 侨胞 | 掉毛 |

| ou | 藕瘦 | 楼兜 | 搂丑 | 粥岳 | 眸漏 |
| | 抖擞 | 叩头 | 丑陋 | 守候 | 兜售 |

| ao—ou | 保守 | 稿酬 | 毛豆 | 道口 | 老抽 |
| ou—ao | 漏勺 | 柔道 | 逗号 | 酬劳 | 头孢 |

诗歌练习

昨夜风开露井桃,未央前殿月轮高。

平阳歌舞新承宠,帘外春寒赐锦袍。

(王昌龄《春宫曲》)

荡胸生层云,决眦入归鸟。

会当凌绝顶,一览众山小。

(杜甫《望岳》节选)

雨歇杨林东渡头,永和三日荡轻舟。

故人家在桃花岸,直到门前溪水流。

(常建《三日寻李九庄》)

4. iou、uei

汉语拼音中的 iu 和 ui 实际上是中响复韵母 iou 和 uei,这对复韵母中主要元音分别是中间的 o 和 e,因此这两个主要元音应该是最响亮清晰的。广东三种方言区易犯错误是将主要元音省略。

字词练习

iou	幽 旧	休 谬	丢 纠	袤 柳	妞 犹
	优秀	久留	秋游	绣球	悠久
iou—ou	秋收	忧愁	遛狗	酒楼	
ou—iou	谋求	守旧	扣留	臭球	

uei	味 催	褪 溃	缀 嘴	随 垂	维 圭
	回归	坠毁	荟萃	追尾	退回
uei—ei	颓废	贵妃	垂泪	唯美	
ei—uei	翡翠	美味	泪水	累赘	

| iou—uei | 优惠 | 秋水 | 羞愧 | 旧岁 | |
| uei—iou | 队友 | 追求 | 煤油 | 垂柳 | |

诗歌练习

大漠沙如雪,燕山月似钩。

何当金络脑,快走踏清秋。

(李贺《马诗二十三首·其五》)

花明柳暗绕天愁,上尽重城更上楼。

欲问孤鸿向何处,不知身世自悠悠。

(李商隐《夕阳楼》)

斜阳照墟落,穷巷牛羊归。

野老念牧童,倚杖候荆扉。

(王维《渭川田家》节选)

葡萄美酒夜光杯,欲饮琵琶马上催。

醉卧沙场君莫笑,古来征战几人回。

(王翰《凉州词二首·其一》)

(三)鼻韵母辨音

鼻韵母在广东的三种方言中存在不同程度的混淆,尤其是前鼻音 in 和后鼻音 ing。区分前后鼻音首先要注意鼻韵尾 n 和 ng,二者的舌头位置不同。发前鼻音时,在发完元音后,舌尖抵住上齿龈,双唇闭合,舌头基本是平伸在口腔内的;发后鼻音时,在发完元音后,舌头后缩,前低后高,舌尖靠近下齿龈下面,双唇未闭合。其次,要注意主要元音的发音,如 an、ang,虽然汉语拼音中这两个韵母的主要元音写法一样,但其实二者不同,an 中的 a[a]靠前,ang 中的 a[ɑ]靠后。再如 in、ing,这对鼻韵母中的元音 i 是前、高元音,如果发 i 时,舌位没有靠前和抬高,再加上前后鼻韵尾也很含混,就不能清晰地区分开。

带有介音 u 的一组前后鼻音 uan 和 uang 还需要注意另外一个问题。u 是舌面、后、高元音,但正如前面提到的,广东三种方言区发音习惯偏前,尤其是介音为 u 的韵母,发音都容易出现错误。加上有的人把握不好韵头轻而短的特点,因此 u 的发音偏前就更明显。因此,发这组韵母时,一定要准确把握好韵头的后、高起点,然后再向主要元音滑动。

此外,还应注意,广东的三种方言使用者都容易将 feng 读成 fong。

字词练习

an	岸 潘	满 衫	敢 谭	展 蒌	馋 楠
	坦然	展览	难堪	赞叹	贪婪
	黯然	盘缠	谈判		
en	摁 本	深 臻	恳 痕	人 跟	趁 粉
	身份	门诊	愤恨	认真	振奋
	深沉	人参	深圳		
in	因 民	品 侵	欣 临	近 彬	您 聘
	金银	贫民	亲近	濒临	辛勤
	拼音	林荫	引进		

ün	孕 均	裙 训	允 逡	韵 熏	骏 君
	均匀	军训	逡巡	纭纭	循循
ian	烟 演	篇 乾	念 闲	恋 匾	兼 填
	艰险	鲜艳	棉签	甜点	演变
	前沿	免检	连线		
uan	晚 暖	闩 软	攥 卵	串 端	团 宽
	换算	转弯	专断	乱窜	官宦
	还款	贯穿	酸软		
un	稳 顿	婚 纯	润 舜	轮 遵	豚 混
	温顺	春笋	昆仑	伦敦	谆谆
	论文	混沌	温存		
üan	源 卷	眩 蜷	院 券	冤 悬	涓 圈
	轩辕	圆圈	娟娟	缱绻	原卷
ang	昂 唱	港 嚷	糖 盲	芳 郎	档 嶂
	沧桑	盲肠	上涨	浪荡	烫伤
	帮忙	螳螂	苍茫		
eng	崩 梦	仍 碰	封 讽	藤 愣	筝 绳
	风筝	丰盛	声称	增生	逞能
	奉承	更正	生猛		
ing	硬 形	倾 领	命 铃	凭 净	醒 凝
	秉性	叮咛	宁静	性命	清醒
	伶仃	蜻蜓	菱形		
ong	懂 众	聪 送	绒 颂	统 控	脓 崇
	轰动	通融	恐龙	红肿	浓重
	共同	动工	松茸		
iang	央 娘	辆 将	厢 抢	巷 痒	梁 姜
	亮相	湘江	踉跄	娘娘	奖项
	粮饷	想象	痒痒		
uang	幢 慌	爽 筐	创 闯	逛 旺	妆 霜
	装潢	窗框	狂妄	双簧	网状
ueng	翁 瓮	蓊 嗡			
	嗡嗡	瓮城	蓊郁	主人翁	
iong	拥 炯	琼 雄	涌		
	用功	汹涌	熊熊	炯炯	

衬音练习（通过后音节的声母舌位前后来调节前音节鼻韵母）

（1）前鼻音＋以 d、t、n、l 开头的音节。

| an | 叛乱 | 谈论 | 难点 | 饭团 | 赞叹 |

en	沉淀	门类	盆地	枕头	陈酿
in	音量	濒临	侵吞	信念	尽量

（2）后鼻音＋以 g、k、h 开头的音节。

ang	彷徨	掌柜	猖狂	狼嚎	慷慨
eng	赠给	奉告	蒙古	腾空	升官
ing	饼干	情况	型号	警告	凝固

对比练习

an—ang	漫长	单方	安葬	感伤	战场
ang—an	茫然	上山	长叹	房产	档案
	女郎—女篮	访问—反问	唐宋—弹送		
	水缸—水干	账房—战防	赏光—闪光		

en—eng	奔腾	门缝	深层	分成	人生
eng—en	缝纫	城镇	横亘	诚恳	愣神
	城市—尘世	成就—陈旧	工程—功臣		
	人生—人参	清蒸—清真	刮风—瓜分		

in—ing	拼命	新型	金陵	亲情	民情
ing—in	行进	平民	迎新	听信	订金
	人名—人民	清静—亲近	请示—寝室		
	精心—金星	零食—临时	硬度—印度		

ian—iang	演讲	现象	坚强	绵羊	岩浆
iang—ian	镶嵌	香甜	想念	两面	量变
	湘江—鲜姜	坚强—捡钱	流量—留恋		
	强行—前行	酿酒—念旧	项目—美慕		

uan—uang	观光	宽广	观望	晚妆	端庄
uang—uan	光环	狂欢	双关	王冠	壮观
	光阴—观音	装修—专修	床头—船头		
	箩筐—落款	双缸—蒜缸	望月—弯月		

诗歌练习

秦时明月汉时关，万里长征人未还。

但使龙城飞将在，不教胡马度阴山。

（王昌龄《出塞二首·其一》）

公子王孙逐后尘，绿珠垂泪滴罗巾。

侯门一入深如海，从此萧郎是路人。

（崔郊《赠去婢》）

烟波不动影沉沉,碧色全无翠色深。
疑是水仙梳洗处,一螺青黛镜中心。
(雍陶《题君山》)

花近高楼伤客心,万方多难此登临。
锦江春色来天地,玉垒浮云变古今。
北极朝廷终不改,西山寇盗莫相侵。
可怜后主还祠庙,日暮聊为梁甫吟。
(杜甫《登楼》)

昨夜星辰昨夜风,画楼西畔桂堂东。
身无彩凤双飞翼,心有灵犀一点通。
(李商隐《无题二首·其一》节选)

杨柳青青江水平,闻郎江上唱歌声。
东边日出西边雨,道是无晴还有晴。
(刘禹锡《竹枝词二首·其一》)

第三节 声 调

一、声调概述

声调是音节中具有区别意义作用的音高变化。音高分为绝对音高和相对音高。我们平时听到一个声音,不需要看到人,就能分辨出是男是女,或者是老人还是小孩,这就跟绝对音高有关。一般来说,女性和小孩的绝对音高要高于男性和老人。但是声调并非绝对音高,所以同样一个字"妈 mā",无论男女老少读,我们都能判断出是阴平(一声)。声调是相对音高,这种音高变化形成了意义的差别,如"猜 cāi""才 cái""采 cǎi""菜 cài"。

普通话具有四种调类,分别是阴平、阳平、上声、去声。与普通话相比,广东的三种方言声调多一些,客家话有六类声调,潮汕话有八类声调,而广州话则有九类声调。调类是将调值相同的字归纳到一起,普通话的调值可以用五度标记法来表示,即阴平55,阳平35,上声214,去声51。根据五度标记法的调值(图 2-2),我们可以发现普通话四种声调的发音特点:阴平平稳,阳平上扬,去声一降到底,上声有降升变化,且音长最长。

此外,还要介绍一下音域。音域是指某一乐器或人等所能发出的最低音到最高音之间的范围。音域对于声调也有一定的影响,音域广的人发音的声调区别度大,朗读起来抑扬顿挫之感更明显。一个人的音域一方面受先天的影响,另一方面也依赖后天的训练。因此,音域较窄的学生可以参考一些乐理知识扩展自己的音域。

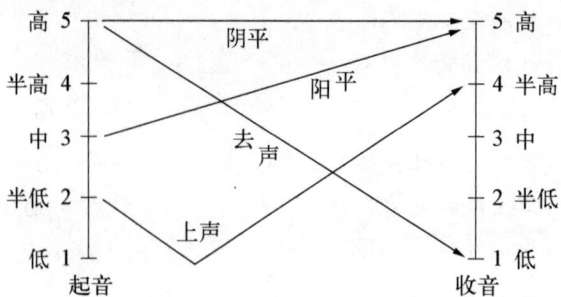

图 2-2　五度标记法

二、声调辨正

(一) 阴平

阴平(一声),高平调,调值 55,音高比较高,且平稳,无升降变化。广东三种方言地区的阴平调的问题主要有两点:一是发音不够高,在 44 左右甚至更低;二是尾音下降,没有保持平稳。

字词练习

苏 sū	丁 dīng	叉 chā	霜 shuāng	鑫 xīn
需 xū	刷 shuā	瓜 guā	堪 kān	惊 jīng

低微 dīwēi	吃亏 chīkuī	拆穿 chāichuān	摔跤 shuāijiāo
拖鞋 tuōxié	青春 qīngchūn	抽烟 chōuyān	播音 bōyīn

(二) 阳平

阳平(二声),中升调,调值 35,从中音区起音升到高音区结束。声音不能出现曲折变化。广东三种方言地区阳平调的问题表现在起点不够高,导致上扬不足。

字词练习

纯 chún	菊 jú	全 quán	庞 páng	严 yán
凉 liáng	直 zhí	融 róng	除 chú	白 bái

银行 yínháng	及格 jígé	国旗 guóqí	能源 néngyuán
贫乏 pínfá	从前 cóngqián	来临 láilín	船员 chuányuán

(三) 上声

上声(三声),降升调,调值 214,先由低音区起音下降 1 度,再升到中高音 4 度。发音时,先读降调(21),然后再把声调如阳平般上扬,可以通过慢降快升的方式练习。上声常见的问题有两点:一是读单字时,上声不完整,很多学生发完半上声(21)就结束了,这在测试中被视为语音缺陷,扣 0.05 分;二是与其他音节结合时,上声将发生音变。

字词练习

| 拟 nǐ | 彩 cǎi | 允 yǔn | 举 jǔ | 果 guǒ |
| 史 shǐ | 抢 qiǎng | 网 wǎng | 请 qǐng | 宰 zǎi |

| 外语 wàiyǔ | 灯塔 dēngtǎ | 发展 fāzhǎn | 如果 rúguǒ |
| 遥远 yáoyuǎn | 寻找 xúnzhǎo | 废铁 fèitiě | 剧本 jùběn |

（四）去声

去声（四声），高降调，调值51。先由高音区起调，然后降到低音区，去声从5度到1度，跨度大，发音时要注意起点要高，一降到底。此外，广东三种方言地区的学生还应注意避免将古汉语中的入声带入普通话的四种声调中。

字词练习

| 树 shù | 爱 ài | 位 wèi | 炕 kàng | 坐 zuò |
| 雾 wù | 翠 cuì | 状 zhuàng | 话 huà | 去 qù |

| 训练 xùnliàn | 罪恶 zuìè | 半夜 bànyè | 大概 dàgài |
| 浪费 làngfèi | 旭日 xùrì | 记录 jìlù | 算术 suànshù |

三、声调练习

四声连读练习

妈	麻	马	骂		窗	床	闯	创
鸡	及	挤	寄		摸	魔	抹	墨
方	房	访	放		杀	啥	傻	煞
衣	仪	已	亦		迁	于	语	遇
期	齐	起	器		居	菊	举	距
风	逢	讽	缝		通	佟	统	痛
凸	图	土	兔		穿	船	喘	串
辉	回	悔	卉		生	绳	省	剩

单音节字词练习

副	临	散	斤	言	美	就	粥	岑	煮
蒸	攒	唇	旅	樊	像	两	坟	沈	贪
填	赣	撼	崩	盈	乾	笋	缅	倾	冯
芽	抛	患	派	印	用	惹	煎	禹	臀
戈	租	兴	霾	刹	威	巨	耍	白	篡
武	儒	略	准	闽	瘫	非	铜	娟	伽
爬	咯	擦	佛	字	铁	烈	舔	链	谬

丝	迄	矫	灸	尔	候	抓	歪	本	配
揩	警	逛	短	窥	龟	豹	扔	火	贰
袋	碑	美	稿	招	龙	囊	布	演	盯

双音节词语连读练习

1+1	出发	宣称	扎根	诗篇
1+2	出名	熏陶	居然	归侨
1+3	缺点	脱口	推导	梳理
1+4	方式	商议	批量	轰动
2+1	同乡	前锋	逃荒	橱窗
2+2	杂文	闲暇	怀疑	停泊
2+3	白薯	投影	调理	巡警
2+4	膨胀	盈利	行径	援助
3+1	恐慌	顶峰	法师	老师
3+2	远航	耳鸣	海拔	补偿
3+3	许可	理想	水井	美满
3+4	有趣	喜剧	起哄	履历
4+1	腹腔	信托	并肩	最初
4+2	鉴别	拒绝	事实	自觉
4+3	处所	运转	费解	线索
4+4	电话	现象	放荡	扮相

双音节词语辨调

油漆	尤其	游泳	犹豫
追击	追逐	追尾	追忆
青春	情景	请示	庆祝
相信	翔实	想象	向往
同乡	同享	通向	铜像
无数	武术	吴书	巫术
施事	实施	时事	逝世
出席	出息	除夕	出戏
实话	市话	诗画	史话
足迹	阻击	祖籍	主机
吸气	稀奇	喜气	习气
排版	拍板	排班	陪伴
读数	读书	度数	赌术

招收	着手	招手	照收
初级	出击	触及	雏鸡
真实	阵势	珍视	诊视

四字词语辨调

风调雨顺	酸甜苦辣	千锤百炼	光明磊落
破釜沉舟	调虎离山	异口同声	妙手回春
胸有成竹	风起云涌	无可奈何	矫揉造作
名副其实	了如指掌	畅所欲言	啼笑皆非

梦寐以求	出类拔萃	精益求精	无可奈何
岂有此理	此起彼伏	新陈代谢	心旷神怡
逢凶化吉	俯首帖耳	粗茶淡饭	草菅人命
百折不挠	打草惊蛇	固执己见	触类旁通

十全十美	不伦不类	逆水行舟	悲欢离合
赤胆忠心	青山绿水	蓬荜生辉	木已成舟
鞠躬尽瘁	司空见惯	狐假虎威	大智若愚
欲擒故纵	水落石出	节外生枝	斗转星移

诗歌练习

岐王宅里寻常见，崔九堂前几度闻。
正是江南好风景，落花时节又逢君。
（杜甫《江南逢李龟年》）

去年今日此门中，人面桃花相映红。
人面不知何处去，桃花依旧笑春风。
（崔护《题都城南庄》）

银烛秋光冷画屏，轻罗小扇扑流萤。
天阶夜色凉如水，坐看牵牛织女星。
（杜牧《秋夕》）

相见时难别亦难，东风无力百花残。
春蚕到死丝方尽，蜡炬成灰泪始干。
晓镜但愁云鬓改，夜吟应觉月光寒。
蓬山此去无多路，青鸟殷勤为探看。
（李商隐《无题》）

丞相祠堂何处寻，锦官城外柏森森。
映阶碧草自春色，隔叶黄鹂空好音。
三顾频烦天下计，两朝开济老臣心。

出师未捷身先死,长使英雄泪满襟。

(杜甫《蜀相》)

第四节 音 变

一、轻声

在部分词语和句子中,有些音节失去原有调值,变成一种又短又弱又含混的调子,这种音变现象叫"轻声"。轻声的主要原理是音长变短,音强变弱,辅音、元音也连带性地发生弱化。广东各种方言都没有明显的轻声音节,要学习、使用流畅的普通话,轻声是必须通过的一个关口。

(一) 轻声词的作用

轻声并不是单纯的语音现象,在辨别词义、区分词性和区分不同的语法结构方面有一定的作用。

1. 区别词义

下面两组例子都是轻声与非轻声的对比,每组的两个用例都因为轻声与非轻声严格区别了意义。

1a 老子 Lǎozǐ   我国古代思想家,道家学说创始人。
1b 老子 lǎozi   父亲。
2a 莲子 liánzǐ   莲的果实。
2b 帘子 liánzi   窗帘或门帘等。

2. 区别词义的同时也区分词性

下面两组例子同样都是轻声与非轻声的对比,每组的两个用例都因为轻声与非轻声严格区别了意义,同时区别了词性。

1a 地道 dìdào   地下交通坑道,名词。
1b 地道 dìdao   真正的,纯粹,形容词。
2a 大意 dàyì   主要的意思,名词。
2b 大意 dàyi   不仔细,形容词。

3. 区别不同的语法结构

(1) 时间不早了,我想起来了。("起来"不读轻声,作宾语。)
(2) 我想起来了,他是我小学时的同学。("起来"读轻声,作补语。)

(二) 轻声词的调值

普通话轻声音节没有自己独立固定的调值,它的音高和升降变化受前面的音节影响。

阴平、阳平、去声之后的轻声音节音高表现为下降,调值分别为 2、3、1;上声之后的轻声音节音高表现为较高的平调或微升调,调值为 4。(用五度标记法表示调值时,由于调型的变化比较细微,一般不必标出,但这并不否认调型对轻声感知的作用。)

1. 阴平＋轻声 2(半低)

| 村子 | 鸭子 | 桌子 | 跟头 | 蹲下 | 金子 | 师傅 |
| 知道 | 庄稼 | 先生 | 巴结 | 心思 | 知识 | |

2. 阳平＋轻声 3(中调)

| 儿子 | 橘子 | 牌子 | 桃子 | 银子 | 石头 | 裁缝 |
| 和尚 | 便宜 | 学问 | 时候 | 模糊 | 粮食 | |

3. 上声＋轻声 4(半高)

| 嗓子 | 椅子 | 点子 | 李子 | 里头 | 铁的 | 有的 |
| 讲究 | 怎么 | 暖和 | 免得 | 稳当 | 本着 | |

4. 去声＋轻声 1(低)

| 帽子 | 兔子 | 凳子 | 柿子 | 棒子 | 木头 | 镍的 |
| 笑话 | 在乎 | 报酬 | 护士 | 客气 | 漂亮 | |

(三) 轻声词的规则

在普通话中,有些轻声有规律,有些则没有什么规律可言。

1. 习惯上读轻声的轻声词

这些词读轻声是由于习惯,没有规律可循,不能类推,要一个一个地记住。

东西	胳膊	窗户	西瓜	吩咐	招呼	风筝
天气	关系	包袱	宽敞	云彩	石榴	蘑菇
萝卜	笤帚	容易	合同	头发	毛病	磨蹭
残疾	脑袋	体面	喜鹊	宝贝	扁担	养活
眼睛	姐夫	苦处	使唤	搅和	报酬	部分
算盘	伺候	漂亮	困难	热闹	意思	用处
辈分	晃荡	行李	兄弟	休息	学生	玫瑰
骨气	别扭	故事	凑合	答应	大夫	耽搁
队伍	福气	含糊	厚道	活泼	机灵	见识
讲究	咳嗽	快活	牢靠	力气	麻烦	苗条
明白	欺负	舒服	裁缝	闺女	和尚	伙计
会计	老爷	特务	甘蔗	核桃	黄瓜	庄稼
芥末	刺猬	苍蝇	眉毛	嘴巴	指甲	舌头
下巴	屁股	里脊	巴结	唠叨	哆嗦	窟窿

篱笆	喇叭	动静	多少	反正	叫唤	比方
称呼	主意	周到	搭理	月亮	玻璃	晃荡
扫帚	衣裳	爽快	相声	寒碜	不多	大拇指
有时候	用不着					

2. 有一定规律的轻声词

(1) 助词"的、地、得、着、了、过"和语气词"吧、吗、呢、啊、嘛、么"等。

红的	吃的	我的	白的	细心地	愉快地	悄悄地
快乐地	好得很	洗得干净	高兴得	坐着	望着	看着
拿着	进球了	跑了	走了	做过	见过	阔过
说过	读过	走吧	请进吧	算了吧	放心吧	去吗
很疼吗	他们呢	怎么呢	你的呢	真好啊	别动啊	不行啊
好嘛	提嘛	去么				

(2) 重叠式的名词和动词,其中双音节词后一个音节读作轻声,ABAB式第二、四音节读作轻声。

哥哥	星星	姥姥	妈妈	奶奶	太太	叔叔
姐姐	弟弟	宝宝	猩猩	娃娃	框框	蛐蛐
饽饽	看看	坐坐	走走	劝劝	说说	聊聊
听听	尝尝	试试	研究研究	考虑考虑	锻炼锻炼	

(3) 词末的虚语素"子、头"和表示复数的"们"等。

狮子	孩子	影子	叶子	桌子	板子	牌子
日子	辫子	面子	稻子	镜子	院子	椅子
小伙子	一下子	丫头	馒头	枕头	罐头	骨头
石头	拳头	看头	盼头	念头	跟头	甜头
苦头	人们	你们	我们	他们	咱们	先生们
同学们	孩子们	同志们				

需要注意的是,"原子、电子、才子、弟子、游子、山头、桥头、窝窝头、孩子头"等词的"子"和"头"是实语素,不读轻声。

(4) 用在名词、代词后面表方位的语素或词。

桌上	床上	脸上	墙上	树上	山上	马路上
地下	山下	床底下	地底下	书里	屋里	桶里
箱子里	村子里	这边	那边	前边	后边	左边
右边	上边	下边	东边	西边	上面	外面
里面	前面	后面	火车上面	外头	里头	前头
后头						

（5）用在动词、形容词后的趋向动词。

拿来	回来	下来	送来	进来	出去	过去
讲出来	说出来	跑过来	起来	亮起来	坐起来	热起来
说出来	搬下来	夺回来	跑回去	跳过去	暗下去	热下去
走进去	跑过去					

（6）量词"个"。

一个	两个	三个	五个	八个	十个	每个
那个	这个	哪个	某个	几个		

（7）作宾语的人称代词。

叫我	给你	追他	喊他们

（8）中间嵌"得"的轻声词语。

来得及	对得起	吃得开	吃得消	过得去	合得来	靠得住
想得到	想得开					

（9）中间嵌"一""不"的轻声词。

看一看	说一说	跑一跑	跳一跳	走一走	差不多	吃不开
对不起	过不去	忍不住	下不来	想不到	要不然	用不着
解不开	轻不轻	说不定	顾不了			

二、儿化

（一）儿化的原理

"儿化"是指韵母增加了一个卷舌发音动作的一种特殊音变现象。有一种说法认为，"儿化"是卷舌韵母 er 和别的韵母结合成的另外一种卷舌韵母,其实这是一种误解。"儿化韵"中的后缀"儿"不是一个独立的音节,它只表示在一个音节的韵母尾音上附加上了卷舌音色。《汉语拼音方案》规定,在原韵母之后加字母 r 表示儿化。例如：

鸟 niǎo/鸟儿 niǎor
盖 gài/盖儿 gàir
亮 liàng/亮儿 liàngr

关于儿化,需要从以下几个方面去理解：
（1）"儿"不单独发音,不表示音节,它提示在发前一个音节时,该音节要加上卷舌动作,带上卷舌音色彩;
（2）"儿"没有实在的词汇意义,只是起到提示儿化的作用;
（3）普通话中大多韵母都可以儿化,儿化使韵母发生音变。

(二) 儿化的作用

儿化在表达词语的语法意义和修辞色彩上都起着积极的作用。

1. 区别词义

信(书信)/信儿(消息)　　　　　　末(底端)/末儿(老幺)

头(脑袋)/头儿(首领)　　　　　　面(脸)/面儿(尊严)

火星(行星)/火星儿(极小的火)　　眼(眼睛)/眼儿(小孔)

鼻(五官之一)/鼻儿(器物上面能够穿上其他东西的小孔)

2. 区分词性

许多动词、形容词儿化后变成名词。

盖(动词)/盖儿(名词)　　　　　　尖(形容词)/尖儿(名词)

拍(动词)/拍儿(名词)　　　　　　亮(形容词)/亮儿(名词)

套(动词)/套儿(名词)　　　　　　错(形容词)/错儿(名词)

画(动词)/画儿(名词)　　　　　　好(形容词)/好儿(名词)

有的名词或动词儿化后变为量词。反过来,量词儿化也可以变为名词。

手(名词)/(一)手儿(量词)　　　　拨(动词)/(一)拨儿(量词)

圈(动词)/(一)圈儿(量词)　　　　个(量词)/(大)个儿(名词)

片(量词)/(那)片儿(名词)　　　　袋(量词)/(小)袋儿(名词)

3. 表示细、小、轻、微的性状或表示亲切、喜爱、温婉的感情色彩

棍儿	球儿	牌儿	事儿	粉末儿	一会儿
鲜花儿	小河儿	小鱼儿	小孩儿	老头儿	小猫儿
小球儿	门缝儿	办事儿	红脸蛋儿	红嘴唇儿	头发丝儿
一丁点儿	小曲儿	来玩儿	慢慢儿	宝贝儿	花朵儿
金鱼儿	油画儿	花儿			

(三) 儿化的发音

由于韵母的不同情况(特别是韵尾的有无和异同),增加儿化的补充发音动作会使韵母产生不同的变化,如直接卷舌、脱落、更换、增音、鼻化等。其具体规律如下:

(1) 音节末尾是 a、o、e、ê、u,包括 a、o、e、ê、u、ia、ie、ua、uo、üe、ao、iao、ou、iou 14 个韵母,儿化时直接卷舌。

ar	刀把儿	板擦儿	冰碴儿	搭茬儿	树杈儿	掉渣儿	鲜花儿
iar	脚丫儿	豆芽儿	小匣儿	书架儿	哥俩儿	皮夹儿	装啥儿
uar	年画儿	牙刷儿	香瓜儿	小褂儿	鲜花儿	笑话儿	前爪儿
or	一拨儿	围脖儿	山坡儿	媒婆儿	锯末儿	面膜儿	念佛儿
uor	酒窝儿	发火儿	干活儿	课桌儿	小说儿	拉锁儿	铁锅儿

er	饭盒儿	方格儿	蛋壳儿	逗乐儿	小车儿	存折儿	唱歌儿
ier	台阶儿	半截儿	小鞋儿	一撇儿	小碟儿	树叶儿	皮鞋儿
üer	丑角儿	木橛儿	口诀儿	小靴儿	头穴儿	闰月儿	名角儿
ur	小兔儿	眼珠儿	面糊儿	小卒儿	枣核儿	外屋儿	水珠儿
aor	豆包儿	皮袍儿	灯泡儿	小猫儿	笔帽儿	口哨儿	小跑儿
iaor	麦苗儿	小鸟儿	豆角儿	作料儿	家雀儿	山脚儿	说笑儿
our	小丑儿	土豆儿	小偷儿	纽扣儿	提手儿	小狗儿	小猴儿
iour	皮球儿	抓阄儿	衣袖儿	打绺儿	小妞儿	小刘儿	打球儿

(2) 韵尾是 i、n 的(in、ün 除外)包括 ai、uai、ei、uei、an、ian、uan、üan、en、uen 10 个韵母,儿化时韵尾 i、n 不再发音,只有前面的韵腹产生卷舌作用。

air	锅盖儿	小菜儿	鞋带儿	球拍儿	小孩儿	鸡崽儿	两开儿
uair	乖乖儿	一块儿	糖块儿	碗筷儿	老帅儿	使坏儿	蟋蟀儿
eir	摸黑儿	刀背儿	晚辈儿	姐妹儿	眼泪儿	手背儿	没味儿
ueir	零碎儿	耳坠儿	一会儿	跑腿儿	壶嘴儿	墨水儿	小柜儿
anr	上班儿	花瓣儿	床单儿	竹竿儿	门槛儿	汗衫儿	大盘儿
ianr	笔尖儿	花边儿	相片儿	窗帘儿	心眼儿	一点儿	牙签儿
uanr	茶馆儿	小船儿	一串儿	拐弯儿	贪玩儿	撒欢儿	小官儿
üanr	烟卷儿	手绢儿	圆圈儿	花园儿	椭圆儿	小院儿	打旋儿
enr	没门儿	小人儿	书本儿	一份儿	真真儿	杏仁儿	大婶儿
uenr	小屯儿	门墩儿	车轮儿	打滚儿	没准儿	打盹儿	冰棍儿

(3) 韵母是 in、ün 的,丢掉韵尾 n,直接加 er。

inr	皮筋儿	鼓劲儿	背心儿	口信儿	树林儿	脚印儿
ünr	短裙儿	围裙儿	合群儿	将军儿	彩云儿	连衣裙儿

(4) 韵母是 i、ü 的,儿化时直接加 er。

ir	饭粒儿	玩意儿	眼皮儿	门鼻儿	小鸡儿	小米儿	三姨儿
ür	小曲儿	小序儿	话剧儿	侄女儿	饭局儿	金鱼儿	有趣儿
	马驹儿	蛐蛐儿	毛驴儿				

(5) 韵母是-i(前)、-i(后)的,儿化时原韵丢失,韵母变成 er。

-ir(前)	瓜子儿	写字儿	单词儿	鱼刺儿	肉丝儿
	铁丝儿	棋子儿	有刺儿	汉字儿	小四儿
-ir(后)	小事儿	羹匙儿	果汁儿	小侄儿	鱼食儿
	没事儿	树枝儿	墨汁儿	帽翅儿	

(6) 韵尾是 ng(ing、iong 除外),包括 ang、iang、uang、eng、ueng、ong 6 个韵母,韵尾 ng 和前面韵腹合并成鼻化元音,同时加上卷舌作用。

发某个元音时,软腭下降,口腔和鼻腔同时呼出气流,元音就会带上鼻音色彩,这种读音现象就叫作元音鼻化。

angr	偏方儿	鞋帮儿	偏旁儿	帮忙儿	茶缸儿	赶趟儿	药方儿
iangr	木箱儿	小巷儿	豆秧儿	小羊儿	鼻梁儿	老将儿	小巷儿
uangr	蛋黄儿	小筐儿	借光儿	木桩儿	天窗儿	成双儿	小王儿
engr	凉棚儿	小凳儿	顺风儿	门缝儿	挡横儿	头绳儿	信封儿
uengr	老翁儿	诗翁儿	小瓮儿	水瓮儿			
ongr	小虫儿	没空儿	门洞儿	小桶儿	胡同儿	酒盅儿	木桶儿

(7) 韵母是 ing、iong 的,丢掉韵尾 ng,并直接加上鼻化的 er。

ingr	出名儿	花瓶儿	小病儿	门镜儿	打鸣儿	电铃儿	洋钉儿
iongr	小熊儿	苦穷儿	蚕蛹儿	有用儿			

三、变调

在语流中,由于两个或两个以上音节连在一起时,音节所属调类的调值有时会发生变化,这种现象称为"连读变调"。连读变调只出现在相连音节之间。普通话的连读变调包括上声变调和"一""不"变调。

(一) 上声的变调

1. 不变调的情况

(1) 单独念。

马　　走　　首　　狗　　醒

(2) 在多音节词句末尾的时候。

友好　　鼓手　　发发火　　把嘴咧了咧

2. 变调的情况

(1) 上声＋上声。

当一个上声音节出现在另一个上声音节前面,即两个上声相连时,前一音节的上声变阳平,后一个音节读原调,214＋214→35＋214,Ⅴ Ⅴ → ／ Ⅴ,如"永远"中的"永"变读为阳平调,"远"仍读上声调。

洗澡	表演	讲解	影响	审美	美好	奖品
考古	手表	女子	勇敢	扭转	厂长	领导
马场	老虎	美满	所以	苟且	野草	理解
手指	口语	旅馆	粉笔	了解	舞蹈	冷饮
可以	窈窕	哪里	老鼠	美景	辗转	水果

很好	演讲	理想	给予	党委	总理	组长
雨伞	手把	转眼	总管	雨果		

当一个上声出现在一部分由上声变成的轻声音节前,上声变为阳平,调型为／·①,如"小姐"一词,其中的"小"变阳平,"姐"仍读轻声。

打点	想想	等等	走走	打手	讲讲	想起

但也有部分轻声音节原为上声的,前面一个上声不读阳平而读低降调21的,调型为⌐·,如"耳朵",其中的"耳"变半上,"朵"仍读轻声。

马虎	斧子	嫂子	椅子	奶奶	姥姥

(2) 上声＋非上声。

上声音节出现在非上声音节阴平、阳平或去声前面时,前一音节的上声变半上,214＋55/35/51→21＋55/35/51,如"永生、永恒、永世、每天、每年、每月"。

① 上声＋阴平,上声变半上,调值为21,调型为⌐—,如:

语音	小说	满天	感恩	导师	体贴	打听
喜欢	纺织	小刀	北京	水乡	指挥	统一
许多	管家	展开	老公	主张	曙光	雪花
委托	北方	简单	广播	祖先	凯歌	铝窗

② 上声＋阳平,上声变半上,调值为21,调型为⌐／,如:

语言	导游	老人	理由	演员	整齐	署名
暖流	理财	眼馋	党员	朴实	赏识	祖国
朗读	顶牛	找零	火苗	闯王	宝蓝	反贼

③ 上声＋去声,上声变半上,调值为21,调型为⌐\,如:

语气	许诺	准备	理事	体会	体恤	处置
举办	岗位	宝贵	引力	口味	坦率	土地
碗筷	找事	转会	感谢	忍受	导购	反射
主见	美丽	鼓励	铁路	美貌	体制	肯定

④ 上声＋轻声(原调为非上声),上声音节后接本调不是上声的轻声音节,上声音节变读为21,调型为⌐·,如:

好的	小气	满了	斧头	准头	找头	里头
老婆	本事	晚上	老实	宝贝	尾巴	我们
你们	补丁	本钱	老爷	脑袋	寡妇	使唤
打听	眼睛	比方	铁匠			

---

① "·"为轻声调型符号。

3. 三音节上声词语的变调

三个上声音节相连时首先需要根据词语内部语义的密切关系进行分组,确定语音停顿的位置,然后再变调。三个上声音节的变调可分为两种:

(1)"双单格"AB+C结构的变调形式:

˅ ˅ ˅ → ／ ／ ˅

即前两个上声音节语义紧凑,内部的语义停顿在第二个上声音节后。前两个上声都变成35的调值,AB都变阳平35调,C不变,读全上214调。如"展览馆"中的"展览"两个字都读阳平35调,"馆"还读全上214调。也可以A变阳平,B变读成一种前后两个音节之间的过渡调,调值大致为42。如:

演讲稿	草稿纸	选手奖	选举法	女子组
蒙古马	采访者	讲演稿	手表厂	总统府
洗澡水	管理组	打靶场	手写体	勇敢者
甲乙丙	虎骨酒	展览馆	洗脚水	

(2)"单双格"A+BC结构的变调形式:

˅ ˅ ˅ → ∟ ／ ˅

即后两个上声音节语义紧凑,内部的语义停顿在第一个上声音节后。第一个上声音节变读为21的调值,第二个上声音节变读为35的调值;A变半上21调,B变阳平35调,C不变,仍读全上214调,如"孔乙己"中的"孔"读半上21调,"乙"读阳平35调,"己"仍读全上214调。如:

小老虎	很勇敢	买保险	厂党委	很可口	女选手
冷处理	小组长	好总理	纸老虎	小两口	党小组
小雨伞	跑百米	老总管	有理想	很古老	柳厂长
好整理	请饮水	把我找	许老总	打得好	肯与否

4. 多音节上声词语的变调

多个上声音节相连,先要按语音停顿自然分节,然后按双音节、三音节的变调规律变读。停顿前的上声读"半上",最后一个上声读原调。例如"岂有此理"可以看成AB+CD结构,这样,"岂"处于上声"有"之前,因此变阳平35;"有"处于语流中,后面有短暂的语音间歇,应该读半上21;"此"处于上声"理"之前,变阳平35;"理"处于词语末尾,读原调全上214。再比如"我很了解你"如果作为一个语言单位——短语来看待,可以视为AB+(CD+E)的结构形式,"我"读阳平35;"很"在语流中,后面有短暂的语音间歇,读半上21;"了解你"便读成"阳平35+阳平35+全上214"。

永远‖友好→／∟／˅

美好‖理想→／∟／˅

打井‖饮水→／∟／˅

厂长‖领导→／∟／˅

我有‖五把‖小雨伞→／∟／∟∟／Ｖ

请你‖整理好‖演讲稿→／∟／／∟／／Ｖ

手表厂‖有‖好几种‖产品→／／∟∟／／∟／Ｖ

展览馆‖有‖好几百种‖展览品→／／∟∟／∟／∟／／Ｖ

种马场‖养有‖五百匹‖好母马→／／∟／∟／／∟／／Ｖ

(二)"一"的变调

1. 不变调的情况

"一"的单字调是阴平 55,在单念,表示序数、基数或用在词句末尾时,不变调。

(1) 单念或表示序数、基数。

| 一 | 一班 | 一楼 | 万一 | 统一 | 唯一 | 十一 |

说一不二　数一数二　始终如一　国家统一　整齐划一　百里挑一

不管三七二十一　　一而再,再而三。

(2) 处在词语的末尾。

第一　　唯一　　初一　　专一　　单一　　同一

2. 变调的情况

(1) 在去声音节前读阳平,55＋51→35＋51,调型为／\。

一致	一切	一座	一位	一次	一定	一律
一晃	一动	一并	一刻	一路	一遍	一样
一阵	一半	一道	一地	一面	一共	一贯
一项	一去	一向	一块儿	一下子		
一肚子	一技之长	一日千里	一诺千金	一落千丈		
一败涂地	一概而论	一面之交	一发千钧	一见如故		

(2) 在阴平、阳平、上声前,即非去声前读去声,55＋55/35/214→51＋55/35/214,调型为\－、\/、\Ｖ。

一直	一般	一年	一口	一起	一种	一杯
一棵	一发	一生	一端	一经	一边	一时
一群	一条	一团	一举	一早	一手	一体
一脸	一同	一边	一生	一时	一首	一声
一头	一统	一览	一缕			
一帆风顺	一知半解	一张白纸	一针见血	万众一心		
一丝不苟	一干二净	大吃一惊	一天到晚	一声大喊		

(3) 数字里的"一"的读法。

在"百、千、万、亿、兆"前,变为 35 或 51,例如一百、一千、一万、一亿、一兆。在长串数字中,只有位于开头的"一"变调,位于中间和末尾的"一"不变调,例如"一万一千一百一十一、一千一百一十一"中,前一串数字"万"字前的"一"读 35 调,后一串数字"千"字前的"一"读 51 调,其他的"一"保持 55 调不变。尽管"一车、一年、一种、一个"的"一"要变调,但是"十一车、二十一年、三十一种、四十一个"里的"一"属于数字词尾,所以不变调。

(三)"不"的变调

1. 不变调的情况

"不"的单字调是去声 51,在单念或处在词语末尾的时候,不变调。

(1) 单念、非去声前均读原调去声。

不

不高	不少	不好	不通	不齐	不及	不能
不忍	不仅	不满	不公	不惜	不堪	不成
不凡	不行	不管	不轨	不法	不吃	不来
不知道	不习惯	不满意	不高兴	不了解		
不瞒你说	不甘寂寞	不寒而栗	不可理喻	不相上下		
不说假话	不许说谎	不敢相信	不管闲事	美中不足		
水泄不通	漫不经心	谁敢说个"不"字				

(2) 处在词语末尾。

偏不	何不	要不	莫不	你去不?

2. 当"不"在去声音节前调值变为 35,跟阳平调值一样。

不但	不利	不会	不要	不错	不再	不论
不必	不便	不信	不测	不愿	不是	不料
不愧	不像	不对	不妙	不见	不顾	不够
不怕	不吝	不看	不认识	不在乎		
不骗人	不忌讳	不客气	不露马脚	不屑一顾	不信鬼神	
不怕困难	不必客气	不顾一切	一动不动	并行不悖		

四川人不怕辣,湖南人怕不辣,贵州人辣不怕。

(四)变调练习

(1) 按照"一、不"的变调规律,读准下列词语。

始终如一	一心一意	一五一十	一鸣惊人	一本万利
一日千里	一言为定	一网打尽	举一反三	一衣带水
整齐划一	背水一战	一鼓作气	说一不二	千篇一律
不三不四	不伦不类	不知所措	不谋而合	言不由衷

刻不容缓　　不痛不痒　　自强不息　　不骄不躁　　不卑不亢

不破不立　　不屈不挠　　并行不悖　　格格不入　　赞不绝口

（2）读出下列句子，注意其中包含的"一""不"词语的变调。

王老汉手拿一根不长不短的鞭子，赶着一辆不新不旧的大马车，拉着不计其数的粮食，奔驰在不宽不窄的大道上。

（3）读出下列绕口令，注意其中发生的"一"的音变现象。

一个大，一个小，一件衣服一顶帽。一边多，一边少，一打铅笔一把刀。一个大，一个小，一个西瓜一颗枣。一边多，一边少，一盒饼干一块糕。一个大，一个小，一头肥猪一只猫。一边多，一边少，一群大雁一只鸟。

（4）读出下列两个以上上声音节相连的人名。

| 李耳 | 孔子 | 蒋伟 | 冉有 | 柳影 | 许勇 | 沈宇 |
| 冼小岭 | 蒋小雨 | 郝汝海 | 李广美 | 孔乙己 | 马喜敏 | 许可伟 |

四、语气词"啊"的音变

（一）"啊"音变的条件

当语气词"啊"用在句末，受到前一个音节韵尾影响时，可能会发生语音改读，这种音变也可能同时产生"啊"的变体写法，如：

猪哇，羊啊，送到哪里去？送给那英勇的解放军。（《拥军秧歌》）

"啊"出现在"猪"后面时，变读为 wa，写法上相应改写成"哇"。而出现在"羊"后面时，变读为 nga，写法上还没有相应的独立字形。

（二）"啊"音变的规则

一般来说，"啊"受前一音节的最后一个音素的影响，可以理解为增加一个与其相同的音素与之拼合，并变为轻声。

（1）前一音节收尾音素是 a、o、e、ê、i、ü 的，"啊"读 ya，可写作"呀"。例如：

好大啊（呀）	真辣啊（呀）
回家啊（呀）	放下啊（呀）
快抓啊（呀）	好瓜啊（呀）
小李啊（呀）	快来啊（呀）
好黑啊（呀）	奇怪啊（呀）
好怪啊（呀）	太快啊（呀）
好贵啊（呀）	乌龟啊（呀）
大哥啊（呀）	开车啊（呀）

树叶啊(呀)	快写啊(呀)
下雪啊(呀)	真绝啊(呀)
闯祸啊(呀)	开锣啊(呀)
吃鱼啊(呀)	妇女啊(呀)

要提高警惕呀。

明天会不会下雨呀?

你写呀,说呀,不累呀?

堡垒会不会在内部被攻破呀?

你呀,我呀,他呀,都是一家的呀!

(2) 前一音节收尾音素是 u(包括韵母 ao、iao),包括 u、ao、iao、ou、iou 五个韵母,"啊"读 wa,可写作"哇"。例如:

好苦啊(哇)	记住啊(哇)
真臭啊(哇)	快走啊(哇)
别溜啊(哇)	加油啊(哇)
快跑啊(哇)	真好啊(哇)
大嫂啊(哇)	你好啊(哇)
买药啊(哇)	别笑啊(哇)
真巧啊(哇)	快瞧啊(哇)

手多巧哇!

快喝酒哇。

你在那住啊?

哪说哪了哇。

他写的字真好哇!

(3) 前一音节韵尾是 n 的,包括 an、ian、uan、üan、en、uen、in、ün 八个韵母,"啊"读 na,可写作"哪"。例如:

快看啊(哪)	好惨啊(哪)	多蓝啊(哪)
老天啊(哪)	真甜啊(哪)	洗脸啊(哪)
多宽啊(哪)	三万啊(哪)	太原啊(哪)
真冤啊(哪)	太乱啊(哪)	决断啊(哪)
好笨啊(哪)	快问啊(哪)	好人啊(哪)
真浑啊(哪)	别滚啊(哪)	快进啊(哪)
是您啊(哪)	有信啊(哪)	多俊啊(哪)
成群啊(哪)	好熏啊(哪)	

怎么办啊(哪)?

你要小心啊(哪)!

越弄越乱啊(哪)!

多美的鼎湖山啊（哪）！

怎么还不来电啊（哪）？

（4）前一音节韵尾是 ng 的，包括 ang、iang、uang、eng、ueng、ing、ong、iong 八个韵母，"啊"读 nga，仍写作"啊"。

这样啊	小王啊	好冷啊	老翁啊
好烫啊	太忙啊	真凉啊	好香啊
别慌啊	二郎啊	好疼啊	真光啊
真行啊	好腥啊	别动啊	太浓啊
光荣啊	姓翁啊	好凶啊	太穷啊

真的不行啊。

大家一起唱啊。

他真是个英雄啊！

取个什么名儿啊？

（5）前一音节韵母是舌尖前元音-i，"啊"读 [zA]，仍写作"啊"。

在音节 zi 后	投资啊	棋子啊	小子啊	写字啊	孩子啊
在音节 ci 后	宋词啊	因此啊	有刺啊	上次啊	瑕疵啊
在音节 si 后	沉思啊	生死啊	老四啊	别撕啊	近似啊

谁写的字啊？

多好的蚕丝啊！

你去过几次啊？

这是谁写的字啊？

（6）前一音节韵母是舌尖后元音-i，"啊"读 ra[zА]，仍写作"啊"。

在音节 zhi 后	无知啊	不值啊	快织啊	没治啊	够直啊
在音节 chi 后	坚持啊	白吃啊	无耻啊	推迟啊	白痴啊
在音节 shi 后	好诗啊	就是啊	老师啊	大事啊	历史啊
在音节 ri 后	每日啊	往日啊			

你倒是吃啊！

你有什么事啊？

久而久之啊就不痛不痒了。

（7）前一音节韵母是卷舌韵母 er，或某些儿化韵的，"啊"读 ra[zА]，仍写作"啊"。

儿啊 老二啊 去信儿啊 没准儿啊

真没劲儿啊！

一步一个坎儿啊！

小孩儿啊，小鸡儿啊，到处跑。

语气词"啊"的音变现象可以放到数词后面进行概括记忆。

一(yīya)

二(èrra)

三(sānna)

四(sì[zA])

五(wǔwa)

六(liùwa)

七(qīya)

八(bāya)

九(jiǔwa)

十(shíra)

零(língnga)

(三)"啊"的音变练习

(1) 读出下列词语和句子,注意其中出现的"啊"的音变情况。

鸡啊 ya,鸭啊 ya,猫啊 wa,狗啊 wa,一块儿水里游啊 wa!

牛啊 wa,羊啊 nga,马啊 ya,骡啊 ya,一块儿进鸡笼啊 nga!

狼啊 nga,虫啊 nga,虎啊 wa,豹啊 wa,一块儿上街跑啊 wa!

兔啊 wa,鹿啊 wa,鼠啊 wa,小孩儿啊 ra,一块儿上窗台啊 ya!

什么鸡啊 ya,鱼啊 ya,肉啊 wa,粉丝啊[zA],豆豉啊 ra,糖果啊 ya,糕点啊 na,应有尽有,真丰富啊 wa!

(2) 按照"啊"音变的变化规律读准下列句子中的语气词"啊"。

你真是有骨气啊!

孩子们玩得真有趣啊!

快到屋里来啊!

赶紧回家啊!

多美的花啊!

好大的风暴啊!

这么做真妙啊!

人参可是大补啊!

屋顶还漏不漏啊!

他可真是好人啊!

这道题真难啊!

他真有学问啊!

这可真是难关啊!

快点讲啊!

这首歌真好听啊!

快点往前冲啊!

怎么说也不管用啊!

好结实的椅子啊!

你来过几次啊!

谁这么自私啊!

这里多好玩儿啊!

这个能不能吃啊?

你找我什么事啊?

这病真难治啊!

(3) 把下列句中用拼音标写的音节转写成汉字。

(你考了)第一 ya,第二 ra,第三 na,第四[zA],第五 wa,第六 wa,第七 ya,第八 ya,第九 wa,第十 ra,你真行 nga!

五、音节叠用的音变

(一) 音节叠用音变的基本情况

汉语音节的重叠形式按照语法归属可以分成两种情况:一种是词语的叠用,例如想想、代代、阵阵、散散步、打打球、一片片、一把把、一块块、打扫打扫、雪白雪白、漆黑漆黑、高高低低等;另一种是叠音词,例如冉冉、呱呱叫、麻麻亮、飘飘然、光秃秃、明晃晃、潮乎乎、松松垮垮、熙熙攘攘、鼎鼎大名、侃侃而谈、步步为营、雄心勃勃、人心惶惶、众目睽睽等。我们从语音变化的角度把这两种情况统称为"音节叠用"。

词语的叠用是指词语在语句中重复出现的情况,叠用的词语恢复到单用时仍然成立,其词汇意义和语法作用不会发生太大的变化。比如"她正在注视着护士额头上**密密**的汗珠(17)①"中的"密密"单说成"密"也可以,例如:

*她正在注视着护士额头上**很密**的汗珠。

再比如"忽然,云中传来钟声,顿时山鸣谷应,**悠悠扬扬**(8)"也可以说成:

*忽然,云中传来钟声,顿时山鸣谷应,非常**悠扬**。

叠音词只是词语内部音节的重叠,可以是部分重叠,也可以是全部重叠,例如:

一切都像刚睡醒的样子,**欣欣然**张开了眼。(2)
风**轻悄悄**的,草软**绵绵**的。(2)
过了寒翠桥,就听到**淙淙**的泉声。(8)

---

① 例句后的数字是普通话测试用 50 篇作品的序号。

因为 50 篇朗读作品的书面语色彩比较重,所以音节叠用音变的情况出现得较少,在 50 篇朗读作品中,绝大部分音节叠用读原调,例如:

小草偷偷地从土里钻出来,**嫩嫩**的,**绿绿**的。(2)
却又像是在**零零乱乱**翻着一卷历史稿本。(32)
于是人类**沾沾自喜**,以为揭开了大自然的秘密。(19)

在上面的例句中,无论是词语叠用还是叠音词,重叠音节都读原调,而不需要考虑变调。

50 篇朗读作品中也存在部分音节叠用出现音变的情况,例如:

清清的微波,将**长长**的草蔓拉成一缕缕的丝,铺在河底。(18)
那**长长**的车厢,仿佛一头连着中国的过去,一头连着中国的未来。(16)

上面两句中词语叠用"长长"的后一个音节都读成阴平声了。

春天像刚落地的**娃娃**,从头到脚都是新的,它生长着。(2)

上例中"娃娃"的后一个音节变读为轻声。

在书面语中音节叠用音变的情况不常见,但这并不能代表口语的状况。从普通话口语实践看,音节叠用音变的情况还是比较常见的。

(二) 音节叠用音变的基本规律

1. 音节叠用音变的方式

在构成词语叠用期间或者叠音词中,都可能会发生音变现象,其主要的音变方式包括轻化、阴平化、儿化三种。

(1) 音节叠用的轻化。

我们把音节叠用时音节弱化成轻声的现象称作"轻化"。比较下面两组词可以发现,前面那个词的第二个音节被读成轻声:

唱**唱**和和/蹦蹦跳跳
密**密**麻麻/叮叮咚咚

音节叠用轻化的用例在 50 篇朗读作品中虽然不多,但确实出现了,例如:

春天像刚落地的**娃娃**,从头到脚都是新的,它生长着。(2)
望着那缀满了**星星**的夜空。(13)
可是仔细**想想**。(27)
看看山色,**听听**流水和松涛。(32)
每个人在干什么,都能看得**清清楚楚**。(39)
偶尔**摇摇**尾巴,**摆摆**耳朵。(46)

而在普通话口语中,这种情况并不少见,常见的排列如下:

奶奶	姥姥	太太	哥哥	叔叔	姐姐
宝宝	猩猩	蛐蛐	娃娃	星星	框框
看看	坐坐	尝尝	试试	听听	走走
散散步	打打球	遛遛狗	吃吃饭	喝喝酒	
研究研究	考虑考虑	锻炼锻炼	坛坛罐罐	松松垮垮	
熙熙攘攘	打扫打扫	大大小小	坑坑洼洼	唱唱和和	
反省反省	打量打量	欣赏欣赏	摇摇晃晃	七七八八	

(2) 音节叠用的阴平化。

我们把音节叠用时变读成阴平声的现象称作"阴平化"。

汉语音节叠用声调的变化规律是向阴平声靠拢。音节叠用中重叠音节本身是阴平调的，不涉及音变，可以忽略不计，需要考虑声调变化的只有阳平声、上声和去声三类。在50篇朗读作品范围内，音节叠用中重叠音节读音为阳平声、上声和去声三类的，读音保持不变的占大多数。如果发生变调，变调的总的方向是变读成阴平声。例如：

风**轻悄悄**的，草**软绵绵**的。（2）

其中"轻悄悄"的"悄悄"，因为原调即为阴平声，所以读音保持原状，而"软绵绵"的"绵绵"则由阳平声变读成阴平声。再比如：

从前在家乡七八月的夜晚，在庭院里纳凉的时候，我最爱看天上**密密麻麻**的繁星。（10）
我和孩子们一起嗅，似乎就闻见了风的味道，像块蒸得**热气腾腾**的桂花糕。（12）
永远**沉沉实实**的，默默地工作。（46）

在上面3例中，"密密麻麻"的"麻麻"，"热气腾腾"的"腾腾"，"沉沉实实"的"实实"，都由阳平调变读成阴平调。

在普通话口语中，阴平化的现象并不鲜见，例如：

毛茸茸 亮晶晶 蓬松松 沉甸甸 麻麻亮 明晃晃 黑黝黝 绿茸茸
整整齐齐 别别扭扭 高高兴兴 热热闹闹 叽叽歪歪 乐乐呵呵

(3) 音节叠用的儿化。

在音节叠用的音变中，我们把给音节附加儿化这样的补充性发音动作称为"儿化"。我们来比较下面两组词：

婆婆妈妈儿/星星点点
慢慢儿地/默默地

前面一个词的最后一个音节，都被加上了一个舌头上翘的补充性发音动作，出现儿化的读法，而后一个词则都保持原调不变。这种情况在50篇朗读作品中也有少量出现：

我踏着软绵绵的沙滩，沿着海边，**慢慢**地向前走去。（13）

"慢慢"阴平化且儿化，读成 mànmànr。再如下例：

在我投莲子的地方，长出了几个**圆圆**的绿叶。(25)

"圆圆"阴平化且儿化，读成 yuányuānr。

对于同一个词语来说，上述三种音变方式并不一定是独立发生的，而是可以相伴出现的。对比"明明白白"和"清清白白"两个词，我们会发现，前者的后两个音节都读成了阴平声，阴平化了，后者则没有。但无论前面一个词，还是后面一个词，第二个音节都发生了轻化，即读成类似轻声的情况。再比如"恨恨地"与"狠狠地"，前者一般读本音（hènhèn），后者一般读阴平化与儿化的"狠狠儿（hěnhēnr）地"。我们可以把其间的变化简化成下面的格式：

清清白白→轻化

明明白白→轻化＋阴平化

恨恨地→原调

狠狠地→阴平化

狠狠儿地 →阴平化＋儿化

2. 音节叠用的音变规则

如果在音节叠用中发生了音变，则遵循以下的规则：

(1) 单音重叠 AA 式。

① 后一个音节读阴平（也可以不读）的：

长长（的）　快快（的）　静静（的）　脆脆（地）

热热（的）　愣愣（地）　薄薄（的）　美美（地）

② 后一音节一般读阴平并同时儿化的：

好好（儿）　慢慢（儿）　真真（儿）　饱饱（儿）

亮亮（儿）　快快（儿）　满满（儿）　早早（儿）

狠狠（儿）　美美（儿）　远远（儿）　天天（儿）

(2) 双音词重叠 AABB 式。

① 第二个音节读轻声，或读原调的：

匆匆忙忙　破破烂烂　甜甜美美　安安静静

辛辛苦苦　原原本本　浩浩荡荡　安安稳稳

② 第二个音节读轻声，后两个音节一般读阴平 55 的：

认认真真　清清楚楚　舒舒服服　干干净净　咋咋呼呼

漂漂亮亮　模模糊糊　嘚嘚瑟瑟　大大方方　马马虎虎

老老实实　安安静静　比比画画　结结实实　规规矩矩

(3) 重叠词 ABB 式。

BB(非阴平)改读阴平的：

灰蒙蒙	沉甸甸	骨碌碌	赤条条	孤零零	红彤彤
绿油油	乐融融	血淋淋	笑吟吟	亮堂堂	明晃晃
软绵绵	湿淋淋	黑洞洞	喜洋洋	乐陶陶	火辣辣
懒洋洋	暖融融	乱蓬蓬	暖洋洋	黏糊糊	慢腾腾
毛茸茸	清凌凌	野茫茫	湿漉漉	密麻麻	

(三) 音节叠用音变练习

(1) 做对比练习,体会音节叠用音变现象。

饱饱	饱饱的	饱饱儿的		好好	好好地	好好儿地
远远	远远的	远远儿的		渐渐	渐渐地	渐渐儿地
满满	满满的	满满儿的		慢慢	慢慢地	慢慢儿地
圆圆	圆圆的	圆圆儿的		狠狠	狠狠地	狠狠儿地

(2) 读出下列词语,找出后两个音节读阴平的词语。

含含糊糊	摇摇晃晃	明明白白	磕磕碰碰	哭哭啼啼
吃吃喝喝	支支吾吾	慢慢腾腾	平平常常	扎扎实实
整整齐齐	忙忙碌碌	时时刻刻	勤勤恳恳	松松垮垮

六、普通话的轻重格式

(一) 音节响度分级

声音有了强弱、重轻、紧松的变化,并且这种变化每隔一定时间循环往复进行,就成了音乐节律。反之,如果声音没有变化,或者变化是无序的,就成了噪声了。四分之二拍中一个音乐小节由一个强音与一个弱音组成,汉语中经常用"蹦擦"来模拟其节奏。四分之三拍中一个音乐小节由一个强音与两个弱音组成,汉语中经常用"蹦擦擦"来模拟其节奏。四分之四拍中一个音乐小节由一个强音与三个弱音组成,汉语中经常用"蹦擦擦擦"来模拟其节奏。其间,强音成了前后相连小节之间的区隔标记。出现一个强音,说明又出现了一个新的小节。

同样,语音在表情达意上也需要区隔,段与段、句与句之间的区隔主要通过停顿来完成,句内词语之间除了依靠停顿,语音的强弱、重轻、紧松的变化也是重要的区隔手段。

一个语音片段中由强弱造成的各音节的响亮程度并不相等,有的音节听起来会比其他的音节响亮,这样的音节就是重音音节;有的音节听起来会比较微弱,这样的音节就是轻音音节。普通话的音节组合并非都读得一样重,各音节的轻重、强弱都有程度的不同,大致可以分重、中、次轻、轻四级。

重音是音节组合中重读的音节。对于普通话来讲,处在末尾的音节大多数读重音,如"北京、上海、广州"中后一个音节就是重音。中音是既不重读也不轻读的一般音节,多音节组合的前一个音节往往是中音,如"北京、上海、广州"中的前一个音。轻音是音长很短、音强很弱的一种读音,读轻音的结果会造成原有的调值完全丧失,故需要依靠前面出现的音节确定其音值的高低。普通话中的所谓轻声通常就读轻音,在双音节中一般只出现在后面。与轻音相比,次轻音虽然读音较轻,但还保持有依稀可辨的调值,如"把柄、干部、摩托"等词的后一个音节。

(二)轻重格式的构成

在音节组合中,重、中、次轻、轻等不同等级会呈现不同的分布,从而形成音节构成的"轻重格式"。例如"大学"两个音节的组合中,"大"的响亮程度要低于"学",形成"中·重"格式。

轻重音的分布在不同的语言中情况有所不同。在英语等印欧语言中,一般是倒数第二个音节为重音音节,所以由英语翻译过来的"阿门、伦巴"也秉承了前重后轻的格局。汉语、印尼语通常是倒数第一个音节重读,前一个音节的读音相对较轻,形成所谓的中·重格式。但汉语中也有前重后次轻的所谓"重·中"的读法。除了音强的因素,轻重格式与其他语音特征也有关系。对于中·重型的双音节词语来说,后音节比前音节长,而且音高略低,调域也宽一些,形成前短后长、前高后低、前窄后宽的双音节,如"学校、客厅、木料、儿童"。对于重中格式的双音节词语来说,后音节则比前音节短得多,调域也很窄,听起来显得很轻,如"学生、客气、木头、儿子"等。

轻重格式虽然有习惯的读法,但违背了习惯读法一般不会产生歧义,或者说,轻重格式的改变通常没有辨别意义的作用。例如把前重后轻的"错误"读成前轻后重,不会影响对该词意义的理解;同样把前轻后重的"电话"读成前重后轻,也没多大关系。但也有例外的情况需要注意,例如"这个刊物做得好"中的"刊物"理应读成"重·次轻"格式,如果读成"次轻·重"格式,有可能会把这句话理解成"这个勘误做得好"。

"重·次轻"读法的词语与轻声词在读音上有些类似,那么二者有什么关系呢? 在音强上,二者都属于前重后轻的格式。但对轻声来讲,轻声音节主要的区别因素是音长足够短,是音长的对比,音强较弱只是伴随因素。而对于轻重格式来讲,主要是音强强弱对比的变化,音长的长短反而变成伴随的次要因素。另外,轻声带来的不仅仅是音长变短,音强变弱,而且音节声母、韵母的音质也发生明显的变化。元音会弱化或者由复合元音变成单元音,声母会由清音变成浊音,而这种声母、韵母音质的变化在轻重格式上是绝对不允许出现的。轻声和轻重格式的作用也不一样,轻声主要是为了表情达意,轻重格式主要是为了区隔词语。

(三)普通话的基本轻重格式类型

1. 双音节词语的轻重格式

双音节词语绝大多数采用"中·重"的格式,少数为"重·中"格式。这种格式的词语在词典中并没有标注轻声,但口语中习惯读作重次轻格式,显得更纯正。

"中·重"格式	"重·中"格式	"重·轻"格式
花草(huācǎo)	巴望(bāwàng)	东西(dōngxi)
北京(běijīng)	刺激(cìjī)	孩子(háizi)
广播(guǎngbō)	编辑(biānjí)	后头(hòutou)
清澈(qīngchè)	意义(yìyì)	记号(jìhao)
专家(zhuānjiā)	参谋(cānmóu)	觉得(juéde)
配乐(pèiyuè)	意志(yìzhì)	老实(lǎoshi)
流水(liúshuǐ)	现象(xiànxiàng)	萝卜(luóbo)
索要(suǒyào)	质量(zhìliàng)	扫帚(sàozhou)
到达(dàodá)	错误(cuòwù)	事情(shìqing)
远足(yuǎnzú)	工人(gōngrén)	舒服(shūfu)
蓝天(lántiān)	书记(shūjì)	喜欢(xǐhuan)
白云(báiyún)	正月(zhēngyuè)	休息(xiūxi)
田野(tiányě)	教育(jiàoyù)	钥匙(yàoshi)
凤梨(fènglí)	设备(shèbèi)	衣服(yīfu)
教室(jiàoshì)	天气(tiānqì)	意思(yìsi)

2. 三音节词语的轻重格式

三音节词语绝大多数为"中·次轻·重"格式,少数为"中·重·轻"格式,也有少数为"重·轻·轻"格式,如:

"中·次轻·重"格式	"中·重·轻"格式	"重·轻·轻"格式
百分比(bǎifēnbǐ)	爱面子(àimiànzi)	出来了(chūlaile)
病虫害(bìngchónghài)	不在乎(búzàihu)	姑娘家(gūniangjia)
博物馆(bówùguǎn)	胡萝卜(húluóbo)	看起来(kànqilai)
差不多(chàbùduō)	看样子(kànyàngzi)	伙计们(huǒjimen)
电话线(diànhuàxiàn)	老大爷(lǎodàye)	顾不得(gùbude)
电信局(diànxìnjú)	老伙计(lǎohuǒji)	先生们(xiānshengmen)
共产党(gòngchǎndǎng)	钻空子(zuānkòngzi)	朋友们(péngyoumen)
解放军(jiěfàngjūn)	老太太(lǎotàitai)	钻出来(zuānchulai)
空调机(kōngtiáojī)	两口子(liǎngkǒuzi)	弟兄们(dìxiongmen)
了不起(liǎobùqǐ)	没关系(méiguānxi)	怪不得(guàibude)
展览馆(zhǎnlǎnguǎn)	没意思(méiyìsi)	跳过来(tiàoguolai)
医学院(yīxuéyuàn)	小媳妇(xiǎoxífu)	喝下去(hēxiaqu)

3. 四音节词语的轻重格式

四音节词语绝大多数是"中·次轻·中·重"格式,少部分为"中·轻·中·重"格式,如:

"中·次轻·中·重"格式	"中·轻·中·重"格式
二氧化碳（èryǎnghuàtàn）	坑坑洼洼（kēngkengwāwā）
高等学校（gāoděng-xuéxiào）	嘻嘻哈哈（xīxihāhā）
各行各业（gèháng-gèyè）	哆哆嗦嗦（duōduosuōsuō）
公用电话（gōngyòng-diànhuà）	迷迷糊糊（mímihúhú）
公共汽车（gōnggòng-qìchē）	慌里慌张（huānglihuāngzhāng）
乱七八糟（luànqī-bāzāo）	糊里糊涂（húlihútú）
逆水行舟（nìshuǐ-xíngzhōu）	劈里啪啦（pīlipālā）
万马奔腾（wànmǎ-bēnténg）	喜气洋洋（xǐqi-yángyáng）
网络文学（wǎngluò-wénxué）	哆了哆嗦（duōleduōsuō）
一览无余（yīlǎn-wúyú）	忸忸怩怩（niǔniuníní）

（四）判定轻重格式需要注意的事项

第一，在读出音节组合的时候，把每一个音节的声、韵、调原原本本地读出来，听起来并不自然，有时还可能产生歧义。一般的字典辞书都不会标注普通话词语的"重·次轻"格式，许多普通话的学习者也往往忽略轻重格式的区别，但这类词语在普通话口语中确实存在，需要引起注意。

第二，汉语普通话最常见的基本格式还是"中·重"格式，而不是其他格式。

第三，因为"重·中"格式的词语较少，可以专门记忆一下。排除了这些"重·中"格式的词语，其他的就都是"中·重"格式的了。

第四，判定格式类型要看表意着重点的位置，表意的着重点当然是轻重格式中的重读点。例如"蓝天""白云""流水"等通常保持"中·重"格式，但在强调天是蓝的而不是灰色的，云是白的而不是黑的，水是流动的而不是死的时，词语的重音就在"蓝、白、流"上面而不再是在"天、云、水"上。

第五，在掌握轻声音节变化规律的情况下，在学习和实际使用过程中多听多辨多练才能获得正确的语感。

第六，有些以方言为母语的人在说普通话的时候，或多或少总有一些地方听起来不够普通话的味儿，其主要问题不是声母、韵母和声调的问题，轻重音注意得不够是个关键。在"读多音节词语"的测试中，如果将"重·次轻"的格式的词语读作"中·重"的格式，不会影响到得分；然而在"朗读短文"及"命题说话"两个试题的测试中，将"重·次轻"的格式的词语读作"中·重"的格式，则会干扰主试人或机器对应试人语感的判定，从而影响应试人的得分。

（五）轻重格式练习

（1）根据轻重格式读出下列词语。

安顿 安慰 鼻涕 鼻子 春天 今天

分量	肚量	估计	会计	节目	眼目
零碎	破碎	气候	等候	刻度	速度
围裙	草裙	学习	学问	仪式	样式
愿望	希望	质量	秩序	智慧	智力

（2）读下面的一段文字，注意其中轻重格式的变化。

大雪整整下了一夜。今天早晨，天放晴了，太阳出来了。推开门一看，嗬！好大的雪啊！山川、河流、树木、房屋，全都罩上了一层厚厚的雪，万里江山，变成了粉妆玉砌的世界。落光了叶子的柳树上挂满了毛茸茸亮晶晶的银条儿；而那些冬夏常青的松树和柏树上，则挂满了蓬松松沉甸甸的雪球儿。一阵风吹来，树枝轻轻地摇晃，美丽的银条儿和雪球儿簌簌地落下来，玉屑似的雪末儿随风飘扬，映着清晨的阳光，显出一道道五光十色的彩虹。

（六）总练习

（1）读下面的几段文字，注意其中的音变现象。

① "所有时间里的事物，都永远不会回来。你的昨天过去，它就永远变成昨天，你不能再回到昨天。爸爸以前也和你一样小，现在也不能回到你这么小的童年了；有一天你会长大，你会像外祖母一样老；有一天你度过了你的时间，就永远不会回来了。"爸爸说。

爸爸等于给我一个谜语，这谜语比课本上的"日历挂在墙壁，一天撕去一页，使我心里着急"和"一寸光阴一寸金，寸金难买寸光阴"还让我感到可怕；也比作文本上的"光阴似箭，日月如梭"更让我觉得有一种说不出的滋味。

② 欢欣，这是一种青春的、诗意的情感。它来自面向着未来伸开双臂奔跑的冲力，它来自一种轻松而又神秘、朦胧而又隐秘的激动，它是激情即将到来的预兆，它又是大雨过后的比下雨还要美妙得多也久远得多的回味……

喜悦，它是一种带有形而上色彩的修养和境界。与其说它是一种情绪，不如说它是一种智慧、一种超拔、一种悲天悯人的宽容和理解，一种饱经沧桑的充裕和自信，一种光明的理性，一种坚定的成熟，一种战胜了烦恼和庸俗的清明澄澈。

③ 船在树下泊了片刻，岸上很湿，我们没有上去。朋友说这里是"鸟的天堂"，有许多鸟在这棵树上做窝，农民不许人去捉它们。我仿佛听见几只鸟扑翅的声音，但是等到我的眼睛注意地看那里时，我却看不见一只鸟的影子。只有无数的树根立在地上，像许多根木桩。地是湿的，大概涨潮时河水常常冲上岸去。"鸟的天堂"里没有一只鸟，我这样想到。船开了，一个朋友拨着船，缓缓地流到河中间去。

④ 我常想读书人是世间幸福人，因为他除了拥有现实的世界之外，还拥有另一个更为浩瀚也更为丰富的世界。现实的世界是人人都有的，而后一个世界却为读书人所独有。由此我想，那些失去或不能阅读的人是多么的不幸，他们的丧失是不可补偿的。世间有诸多的不平等，财富的不平等，权力的不平等，而阅读能力的拥有或丧失却体现为精神的不平等。

⑤ 设若单单是有阳光，那也算不了出奇。请闭上眼睛想：一个老城，有山有水，全在天底下晒着阳光，暖和安适地睡着，只等春风来把它们唤醒，这是不是理想的境界？小山

整把济南围了个圈儿，只有北边缺着点口儿。这一圈小山在冬天特别可爱，好像是把济南放在一个小摇篮里，它们安静不动地低声地说："你们放心吧，这儿准保暖和。"真的，济南的人们在冬天是面上含笑的。他们一看那些小山，心中便觉得有了着落，有了依靠。他们由天上看到山上，便不知不觉地想起："明天也许就是春天了吧？这样的温暖，今天夜里山草也许就绿起来了吧？"就是这点儿幻想不能一时实现，他们也并不着急，因为这样慈善的冬天，干什么还希望别的呢！

(2) 听朗读作品 29 号录音(见本书第 118 页)，感受其中的各种音变现象。

【附录一】普通话水平测试用必读轻声词语表

说明:

1. 本表根据《普通话水平测试用普通话词语表》编制。
2. 本表供普通话水平测试第二项——读多音节词语(100 个音节)测试使用。
3. 本表共收词 594 条(其中"子"尾词 217 条)，按汉语拼音字母顺序排列。
4. 本表遵照《汉语拼音正词法基本规则》(GB/T 16159—2012)的标调规则，必读轻声音节不标调号。

1. 爱人 àiren	2. 案子 ànzi	3. 巴结 bājie
4. 巴掌 bāzhang	5. 把子 bǎzi	6. 把子 bàzi
7. 爸爸 bàba	8. 白净 báijing	9. 班子 bānzi
10. 板子 bǎnzi	11. 帮手 bāngshou	12. 梆子 bāngzi
13. 膀子 bǎngzi	14. 棒槌 bàngchui	15. 棒子 bàngzi
16. 包袱 bāofu	17. 包子 bāozi	18. 刨子 bàozi
19. 豹子 bàozi	20. 杯子 bēizi	21. 被子 bèizi
22. 本事 běnshi	23. 本子 běnzi	24. 鼻子 bízi
25. 比方 bǐfang	26. 鞭子 biānzi	27. 扁担 biǎndan
28. 辫子 biànzi	29. 别扭 bièniu	30. 饼子 bǐngzi
31. 脖子 bózi	32. 薄荷 bòhe	33. 簸箕 bòji
34. 补丁 bǔding	35. 不由得 bùyóude	36. 步子 bùzi
37. 部分 bùfen	38. 财主 cáizhu	39. 裁缝 cáifeng
40. 苍蝇 cāngying	41. 差事 chāishi	42. 柴火 cháihuo
43. 肠子 chángzi	44. 厂子 chǎngzi	45. 场子 chǎngzi
46. 车子 chēzi	47. 称呼 chēnghu	48. 池子 chízi
49. 尺子 chǐzi	50. 虫子 chóngzi	51. 绸子 chóuzi
52. 出息 chūxi	53. 除了 chúle	54. 锄头 chútou
55. 畜生 chùsheng	56. 窗户 chuānghu	57. 窗子 chuāngzi
58. 锤子 chuízi	59. 伺候 cìhou	60. 刺猬 cìwei
61. 凑合 còuhe	62. 村子 cūnzi	63. 耷拉 dāla

64. 答应 dāying
65. 打扮 dǎban
66. 打点 dǎdian
67. 打发 dǎfa
68. 打量 dǎliang
69. 打算 dǎsuan
70. 打听 dǎting
71. 打招呼 dǎzhāohu
72. 大方 dàfang
73. 大爷 dàye
74. 大意 dàyi
75. 大夫 dàifu
76. 带子 dàizi
77. 袋子 dàizi
78. 单子 dānzi
79. 耽搁 dānge
80. 耽误 dānwu
81. 胆子 dǎnzi
82. 担子 dànzi
83. 刀子 dāozi
84. 道士 dàoshi
85. 稻子 dàozi
86. 灯笼 dēnglong
87. 凳子 dèngzi
88. 提防 dīfang
89. 滴水 dīshui
90. 笛子 dízi
91. 嘀咕 dígu
92. 底子 dǐzi
93. 地道 dìdao
94. 地方 dìfang
95. 弟弟 dìdi
96. 弟兄 dìxiong
97. 点心 diǎnxin
98. 点子 diǎnzi
99. 调子 diàozi
100. 碟子 diézi
101. 钉子 dīngzi
102. 东家 dōngjia
103. 东西 dōngxi
104. 动静 dòngjing
105. 动弹 dòngtan
106. 豆腐 dòufu
107. 豆子 dòuzi
108. 嘟囔 dūnang
109. 肚子 dǔzi
110. 肚子 dùzi
111. 端详 duānxiang
112. 缎子 duànzi
113. 队伍 duìwu
114. 对付 duìfu
115. 对头 duìtou
116. 对子 duìzi
117. 多么 duōme
118. 哆嗦 duōsuo
119. 蛾子 ézi
120. 儿子 érzi
121. 耳朵 ěrduo
122. 贩子 fànzi
123. 房子 fángzi
124. 废物 fèiwu
125. 份子 fènzi
126. 风筝 fēngzheng
127. 疯子 fēngzi
128. 福气 fúqi
129. 斧子 fǔzi
130. 富余 fùyu
131. 盖子 gàizi
132. 甘蔗 gānzhe
133. 杆子 gānzi
134. 杆子 gǎnzi
135. 干事 gànshi
136. 杠子 gàngzi
137. 高粱 gāoliang
138. 膏药 gāoyao
139. 稿子 gǎozi
140. 告诉 gàosu
141. 疙瘩 gēda
142. 哥哥 gēge
143. 胳膊 gēbo
144. 鸽子 gēzi
145. 格子 gézi
146. 个子 gèzi
147. 根子 gēnzi
148. 跟头 gēntou
149. 工夫 gōngfu
150. 弓子 gōngzi
151. 公公 gōnggong
152. 功夫 gōngfu
153. 钩子 gōuzi
154. 姑姑 gūgu
155. 姑娘 gūniang
156. 谷子 gǔzi
157. 骨头 gǔtou
158. 故事 gùshi
159. 寡妇 guǎfu
160. 褂子 guàzi
161. 怪不得 guàibude
162. 怪物 guàiwu
163. 关系 guānxi
164. 官司 guānsi
165. 棺材 guāncai
166. 罐头 guàntou
167. 罐子 guànzi
168. 规矩 guīju
169. 闺女 guīnü
170. 鬼子 guǐzi
171. 柜子 guìzi
172. 棍子 gùnzi
173. 果子 guǒzi
174. 哈欠 hāqian

175. 蛤蟆 háma
176. 孩子 háizi
177. 含糊 hánhu
178. 汉子 hànzi
179. 行当 hángdang
180. 合同 hétong
181. 和尚 héshang
182. 核桃 hétao
183. 盒子 hézi
184. 恨不得 hènbude
185. 红火 hónghuo
186. 猴子 hóuzi
187. 后头 hòutou
188. 厚道 hòudao
189. 狐狸 húli
190. 胡萝卜 húluóbo
191. 胡琴 húqin
192. 胡子 húzi
193. 葫芦 húlu
194. 糊涂 hútu
195. 护士 hùshi
196. 皇上 huángshang
197. 幌子 huǎngzi
198. 活泼 huópo
199. 火候 huǒhou
200. 伙计 huǒji
201. 机灵 jīling
202. 记号 jìhao
203. 记性 jìxing
204. 夹子 jiāzi
205. 家伙 jiāhuo
206. 架势 jiàshi
207. 架子 jiàzi
208. 嫁妆 jiàzhuang
209. 尖子 jiānzi
210. 茧子 jiǎnzi
211. 剪子 jiǎnzi
212. 见识 jiànshi
213. 毽子 jiànzi
214. 将就 jiāngjiu
215. 交情 jiāoqing
216. 饺子 jiǎozi
217. 叫唤 jiàohuan
218. 轿子 jiàozi
219. 结实 jiēshi
220. 街坊 jiēfang
221. 姐夫 jiěfu
222. 姐姐 jiějie
223. 戒指 jièzhi
224. 芥末 jièmo
225. 金子 jīnzi
226. 精神 jīngshen
227. 镜子 jìngzi
228. 舅舅 jiùjiu
229. 橘子 júzi
230. 句子 jùzi
231. 卷子 juànzi
232. 开通 kāitong
233. 靠得住 kàodezhù
234. 咳嗽 késou
235. 客气 kèqi
236. 空子 kòngzi
237. 口袋 kǒudai
238. 口子 kǒuzi
239. 扣子 kòuzi
240. 窟窿 kūlong
241. 裤子 kùzi
242. 快活 kuàihuo
243. 筷子 kuàizi
244. 框子 kuàngzi
245. 阔气 kuòqi
246. 拉扯 lāche
247. 喇叭 lǎba
248. 喇嘛 lǎma
249. 来得及 láidejí
250. 篮子 lánzi
251. 懒得 lǎnde
252. 榔头 lángtou
253. 浪头 làngtou
254. 唠叨 láodao
255. 老婆 lǎopo
256. 老实 lǎoshi
257. 老太太 lǎotàitai
258. 老头子 lǎotóuzi
259. 老爷 lǎoye
260. 老爷子 lǎoyézi
261. 老子 lǎozi
262. 姥姥 lǎolao
263. 累赘 léizhui
264. 篱笆 líba
265. 里头 lǐtou
266. 力气 lìqi
267. 厉害 lìhai
268. 利落 lìluo
269. 利索 lìsuo
270. 例子 lìzi
271. 栗子 lìzi
272. 痢疾 lìji
273. 连累 liánlei
274. 帘子 liánzi
275. 凉快 liángkuai
276. 粮食 liángshi
277. 两口子 liǎngkǒuzi
278. 料子 liàozi
279. 林子 línzi
280. 铃铛 língdang
281. 翎子 língzi
282. 领子 lǐngzi
283. 溜达 liūda
284. 聋子 lóngzi
285. 笼子 lóngzi

286. 炉子 lúzi
287. 路子 lùzi
288. 轮子 lúnzi
289. 啰唆 luōsuo
290. 萝卜 luóbo
291. 骡子 luózi
292. 骆驼 luòtuo
293. 妈妈 māma
294. 麻烦 máfan
295. 麻利 máli
296. 麻子 mázi
297. 马虎 mǎhu
298. 码头 mǎtou
299. 买卖 mǎimai
300. 麦子 màizi
301. 馒头 mántou
302. 忙活 mánghuo
303. 冒失 màoshi
304. 帽子 màozi
305. 眉毛 méimao
306. 媒人 méiren
307. 妹妹 mèimei
308. 门道 méndao
309. 眯缝 mīfeng
310. 迷糊 míhu
311. 面子 miànzi
312. 苗条 miáotiao
313. 苗头 miáotou
314. 苗子 miáozi
315. 名堂 míngtang
316. 名字 míngzi
317. 明白 míngbai
318. 模糊 móhu
319. 蘑菇 mógu
320. 木匠 mùjiang
321. 木头 mùtou
322. 那么 nàme
323. 奶奶 nǎinai
324. 难为 nánwei
325. 脑袋 nǎodai
326. 脑子 nǎozi
327. 能耐 néngnai
328. 你们 nǐmen
329. 念叨 niàndao
330. 念头 niàntou
331. 娘家 niángjia
332. 镊子 nièzi
333. 奴才 núcai
334. 女婿 nǚxu
335. 暖和 nuǎnhuo
336. 疟疾 nüèji
337. 拍子 pāizi
338. 牌楼 páilou
339. 牌子 páizi
340. 盘算 pánsuan
341. 盘子 pánzi
342. 胖子 pàngzi
343. 狍子 páozi
344. 袍子 páozi
345. 盆子 pénzi
346. 朋友 péngyou
347. 棚子 péngzi
348. 皮子 pízi
349. 脾气 píqi
350. 痞子 pǐzi
351. 屁股 pìgu
352. 片子 piānzi
353. 便宜 piányi
354. 骗子 piànzi
355. 票子 piàozi
356. 漂亮 piàoliang
357. 瓶子 píngzi
358. 婆家 pójia
359. 婆婆 pópo
360. 铺盖 pūgai
361. 欺负 qīfu
362. 旗子 qízi
363. 前头 qiántou
364. 钳子 qiánzi
365. 茄子 qiézi
366. 亲戚 qīnqi
367. 勤快 qínkuai
368. 清楚 qīngchu
369. 亲家 qìngjia
370. 曲子 qǔzi
371. 圈子 quānzi
372. 拳头 quántou
373. 裙子 qúnzi
374. 热闹 rènao
375. 人家 rénjia
376. 人们 rénmen
377. 认识 rènshi
378. 日子 rìzi
379. 褥子 rùzi
380. 塞子 sāizi
381. 嗓子 sǎngzi
382. 嫂子 sǎozi
383. 扫帚 sàozhou
384. 沙子 shāzi
385. 傻子 shǎzi
386. 扇子 shànzi
387. 商量 shāngliang
388. 晌午 shǎngwu
389. 上司 shàngsi
390. 上头 shàngtou
391. 烧饼 shāobing
392. 勺子 sháozi
393. 少爷 shàoye
394. 哨子 shàozi
395. 舌头 shétou
396. 舍不得 shěbude

397. 舍得 shěde
398. 身子 shēnzi
399. 什么 shénme
400. 婶子 shěnzi
401. 生意 shēngyi
402. 牲口 shēngkou
403. 绳子 shéngzi
404. 师父 shīfu
405. 师傅 shīfu
406. 虱子 shīzi
407. 狮子 shīzi
408. 石匠 shíjiang
409. 石榴 shíliu
410. 石头 shítou
411. 时辰 shíchen
412. 时候 shíhou
413. 实在 shízai
414. 拾掇 shíduo
415. 使唤 shǐhuan
416. 世故 shìgu
417. 似的 shìde
418. 事情 shìqing
419. 试探 shìtan
420. 柿子 shìzi
421. 收成 shōucheng
422. 收拾 shōushi
423. 首饰 shǒushi
424. 叔叔 shūshu
425. 梳子 shūzi
426. 舒服 shūfu
427. 舒坦 shūtan
428. 疏忽 shūhu
429. 爽快 shuǎngkuai
430. 思量 sīliang
431. 俗气 súqi
432. 算计 suànji
433. 岁数 suìshu
434. 孙子 sūnzi
435. 他们 tāmen
436. 它们 tāmen
437. 她们 tāmen
438. 踏实 tāshi
439. 台子 táizi
440. 太太 tàitai
441. 摊子 tānzi
442. 坛子 tánzi
443. 毯子 tǎnzi
444. 桃子 táozi
445. 特务 tèwu
446. 梯子 tīzi
447. 蹄子 tízi
448. 甜头 tiántou
449. 挑剔 tiāoti
450. 挑子 tiāozi
451. 条子 tiáozi
452. 跳蚤 tiàozao
453. 铁匠 tiějiang
454. 亭子 tíngzi
455. 头发 tóufa
456. 头子 tóuzi
457. 兔子 tùzi
458. 妥当 tuǒdang
459. 唾沫 tuòmo
460. 挖苦 wāku
461. 娃娃 wáwa
462. 袜子 wàzi
463. 外甥 wàisheng
464. 外头 wàitou
465. 晚上 wǎnshang
466. 尾巴 wěiba
467. 委屈 wěiqu
468. 为了 wèile
469. 位置 wèizhi
470. 位子 wèizi
471. 温和 wēnhuo
472. 蚊子 wénzi
473. 稳当 wěndang
474. 窝囊 wōnang
475. 我们 wǒmen
476. 屋子 wūzi
477. 稀罕 xīhan
478. 席子 xízi
479. 媳妇 xífu
480. 喜欢 xǐhuan
481. 瞎子 xiāzi
482. 匣子 xiázi
483. 下巴 xiàba
484. 吓唬 xiàhu
485. 先生 xiānsheng
486. 乡下 xiāngxia
487. 箱子 xiāngzi
488. 相声 xiàngsheng
489. 消息 xiāoxi
490. 小伙子 xiǎohuǒzi
491. 小气 xiǎoqi
492. 小子 xiǎozi
493. 笑话 xiàohua
494. 歇息 xiēxi
495. 蝎子 xiēzi
496. 鞋子 xiézi
497. 谢谢 xièxie
498. 心思 xīnsi
499. 星星 xīngxing
500. 猩猩 xīngxing
501. 行李 xíngli
502. 行头 xíngtou
503. 性子 xìngzi
504. 兄弟 xiōngdi
505. 休息 xiūxi
506. 秀才 xiùcai
507. 秀气 xiùqi

508. 袖子 xiùzi	509. 靴子 xuēzi	510. 学生 xuésheng
511. 学问 xuéwen	512. 丫头 yātou	513. 鸭子 yāzi
514. 衙门 yámen	515. 哑巴 yǎba	516. 胭脂 yānzhi
517. 烟筒 yāntong	518. 眼睛 yǎnjing	519. 燕子 yànzi
520. 秧歌 yāngge	521. 养活 yǎnghuo	522. 样子 yàngzi
523. 吆喝 yāohe	524. 妖精 yāojing	525. 钥匙 yàoshi
526. 椰子 yēzi	527. 爷爷 yéye	528. 叶子 yèzi
529. 一辈子 yíbèizi	530. 一揽子 yīlǎnzi	531. 衣服 yīfu
532. 衣裳 yīshang	533. 椅子 yǐzi	534. 意思 yìsi
535. 银子 yínzi	536. 影子 yǐngzi	537. 应酬 yìngchou
538. 柚子 yòuzi	539. 芋头 yùtou	540. 冤家 yuānjia
541. 冤枉 yuānwang	542. 园子 yuánzi	543. 院子 yuànzi
544. 月饼 yuèbing	545. 月亮 yuèliang	546. 云彩 yúncai
547. 运气 yùnqi	548. 在乎 zàihu	549. 咱们 zánmen
550. 早上 zǎoshang	551. 怎么 zěnme	552. 扎实 zhāshi
553. 眨巴 zhǎba	554. 栅栏 zhàlan	555. 宅子 zháizi
556. 寨子 zhàizi	557. 张罗 zhāngluo	558. 丈夫 zhàngfu
559. 丈人 zhàngren	560. 帐篷 zhàngpeng	561. 帐子 zhàngzi
562. 招呼 zhāohu	563. 招牌 zhāopai	564. 折腾 zhēteng
565. 这个 zhège	566. 这么 zhème	567. 枕头 zhěntou
568. 芝麻 zhīma	569. 知识 zhīshi	570. 侄子 zhízi
571. 指甲 zhǐjia(zhijia)	572. 指头 zhǐtou(zhítou)	573. 种子 zhǒngzi
574. 珠子 zhūzi	575. 竹子 zhúzi	576. 主意 zhǔyi(zhúyi)
577. 主子 zhǔzi	578. 柱子 zhùzi	579. 爪子 zhuǎzi
580. 转悠 zhuànyou	581. 庄稼 zhuāngjia	582. 庄子 zhuāngzi
583. 壮实 zhuàngshi	584. 状元 zhuàngyuan	585. 锥子 zhuīzi
586. 桌子 zhuōzi	587. 自在 zìzai	588. 字号 zìhao
589. 粽子 zòngzi	590. 祖宗 zǔzong	591. 嘴巴 zuǐba
592. 作坊 zuōfang	593. 琢磨 zuómo	594. 做作 zuòzuo

【附录二】普通话水平测试用儿化词语表

说明：

1. 本表参照《普通话水平测试用普通话词语表》及《现代汉语词典》(第 7 版)编制。加 * 的是以上二者未收，根据测试需要而酌增的条目。

2. 本表仅供普通话水平测试第二项——读多音节词语(100 个音节)测试使用。本表儿化音节，在书面上一律加"儿"，但并不表明所列词语在任何语用场合都必须儿化。

3. 本表共收词 200 条,列出原形韵母和所对应的儿化韵,用符号＞表示由哪个原形韵母变为儿化韵。描写儿化韵中的":"表示":"之前的是主要元音(韵腹),不是介音(韵头)。

4. 本表的汉语拼音注音,只在基本形式后面加 r,如"一会儿 yīhuìr",不标语音上的实际变化。

一

a＞ar	板擦儿 bǎncār	打杂儿 dǎzár
	刀把儿 dāobàr	号码儿 hàomǎr
	没法儿 méifǎr	戏法儿 xìfǎr
	找碴儿 zhǎochár	
ai＞ar	壶盖儿*húgàir	加塞儿 jiāsāir
	名牌儿 míngpáir	小孩儿 xiǎoháir
	鞋带儿*xiédàir	
an＞ar	包干儿 bāogānr	笔杆儿 bǐgǎnr
	快板儿 kuàibǎnr	老伴儿 lǎobànr
	脸蛋儿 liǎndànr	脸盘儿 liǎnpánr
	门槛儿 ménkǎnr	收摊儿 shōutānr
	蒜瓣儿 suànbànr	栅栏儿 zhàlanr

二

ang＞ar(鼻化)	赶趟儿 gǎntàngr	瓜瓤儿*guārángr
	香肠儿 xiāngchángr	药方儿 yàofāngr

三

ia＞iar	掉价儿 diàojiàr	豆芽儿 dòuyár
	一下儿 yīxiàr	
ian＞iar	半点儿 bàndiǎnr	差点儿 chàdiǎnr
	坎肩儿 kǎnjiānr	拉链儿 lāliànr
	聊天儿 liáotiānr	露馅儿 lòuxiànr
	冒尖儿 màojiānr	扇面儿 shànmiànr

ian>iar	馅儿饼 xiànrbǐng	小辫儿 xiǎobiànr
	心眼儿 xīnyǎnr	牙签儿 yáqiānr
	一点儿 yīdiǎnr	有点儿 yǒudiǎnr
	雨点儿 yǔdiǎnr	照片儿 zhàopiānr

四

iang>iar(鼻化)	鼻梁儿 bíliángr	花样儿 huāyàngr
	透亮儿 tòuliàngr	

五

ua>uar	大褂儿 dàguàr	麻花儿 máhuār
	马褂儿 mǎguàr	脑瓜儿 nǎoguār
	小褂儿 xiǎoguàr	笑话儿 xiàohuar
	牙刷儿 yáshuār	
uai>uar	一块儿 yīkuàir	
uan>uar	茶馆儿 cháguǎnr	打转儿 dǎzhuànr
	大腕儿 dàwànr	饭馆儿 fànguǎnr
	拐弯儿 guǎiwānr	好玩儿 hǎowánr
	火罐儿 huǒguànr	落款儿 luòkuǎnr

六

uang>uar(鼻化)	打晃儿 dǎhuàngr	蛋黄儿 dànhuángr
	天窗儿 tiānchuāngr	

七

üan>üar	包圆儿 bāoyuánr	出圈儿 chūquānr
	绕远儿 ràoyuǎnr	人缘儿 rényuánr
	手绢儿 shǒujuànr	烟卷儿 yānjuǎnr
	杂院儿 záyuànr	

八

ei＞er	刀背儿 dāobèir	摸黑儿 mōhēir
en＞er	把门儿 bǎménr	别针儿 biézhēnr
	大婶儿 dàshěnr	刀刃儿 dāorènr
	高跟儿鞋*gāogēnrxié	哥们儿 gēmenr
	后跟儿 hòugēnr	花盆儿*huāpénr
	老本儿 lǎoběnr	面人儿 miànrénr
	纳闷儿 nàmènr	嗓门儿 sǎngménr
	小人儿书 xiǎorénrshū	杏仁儿 xìngrénr
	压根儿 yàgēnr	一阵儿 yīzhènr
	走神儿 zǒushénr	

九

eng＞er(鼻化)	脖颈儿 bógěngr	钢镚儿 gāngbèngr
	夹缝儿 jiāfèngr	提成儿 tíchéngr

十

ie＞ier	半截儿 bànjiér	小鞋儿 xiǎoxiér
üe＞üer	旦角儿 dànjuér	主角儿 zhǔjuér

十一

uei＞uer	耳垂儿 ěrchuír	墨水儿 mòshuǐr
	跑腿儿 pǎotuǐr	围嘴儿 wéizuǐr
	一会儿 yīhuìr	走味儿 zǒuwèir
uen＞uer	冰棍儿 bīnggùnr	打盹儿 dǎdǔnr
	光棍儿 guānggùnr	开春儿 kāichūnr
	没准儿 méizhǔnr	胖墩儿 pàngdūnr
	砂轮儿 shālúnr	
ueng＞uer(鼻化)	小瓮儿*xiǎowèngr	

十二

-i(前)＞er	瓜子儿 guāzǐr	没词儿 méicír
	石子儿 shízǐr	挑刺儿 tiāocìr
-i(后)＞er	记事儿 jìshìr	锯齿儿 jùchǐr
	墨汁儿 mòzhīr	

十三

i＞i：er	垫底儿 diàndǐr	肚脐儿 dùqír
	玩意儿 wányìr	针鼻儿 zhēnbír
in＞i：er	脚印儿 jiǎoyìnr	送信儿 sòngxìnr
	有劲儿 yǒujìnr	

十四

ing＞i：er(鼻化)	打鸣儿 dǎmíngr	蛋清儿 dànqīngr
	花瓶儿 huāpíngr	火星儿 huǒxīngr
	门铃儿 ménlíngr	人影儿 rényǐngr
	图钉儿 túdīngr	眼镜儿 yǎnjìngr

十五

ü＞ü：er	毛驴儿 máolǘr	痰盂儿 tányúr
	小曲儿 xiǎoqǔr	
ün＞ü：er	合群儿 héqúnr	

十六

e＞er	挨个儿 āigèr	唱歌儿*chànggēr
	打嗝儿 dǎgér	单个儿 dāngèr
	逗乐儿 dòulèr	饭盒儿 fànhér
	模特儿 mótèr	

十七

u>ur	泪珠儿 lèizhūr	梨核儿*líhúr
	没谱儿 méipǔr	碎步儿 suìbùr
	媳妇儿 xífur	有数儿 yǒushùr

十八

ong>or(鼻化)	抽空儿 chōukòngr	果冻儿 guǒdòngr
	胡同儿 hútòngr	酒盅儿 jiǔzhōngr
	门洞儿 méndòngr	小葱儿 xiǎocōngr
iong>ior(鼻化)	小熊儿*xiǎoxióngr	

十九

ao>aor	半道儿 bàndàor	灯泡儿 dēngpàor
	红包儿 hóngbāor	叫好儿 jiàohǎor
	绝着儿 juézhāor	口哨儿 kǒushàor
	口罩儿 kǒuzhàor	蜜枣儿 mìzǎor
	手套儿 shǒutàor	跳高儿 tiàogāor

二十

iao>iaor	豆角儿 dòujiǎor	火苗儿 huǒmiáor
	开窍儿 kāiqiàor	面条儿 miàntiáor
	跑调儿 pǎodiàor	鱼漂儿 yúpiāor

二十一

ou>our	个头儿 gètóur	老头儿 lǎotóur
	门口儿 ménkǒur	年头儿 niántóur
	纽扣儿 niǔkòur	线轴儿 xiànzhóur
	小丑儿 xiǎochǒur	小偷儿 xiǎotōur
	衣兜儿 yīdōur	

二十二

iou＞iour	顶牛儿 dǐngniúr	加油儿 jiāyóur
	棉球儿*miánqiúr	抓阄儿 zhuājiūr

二十三

uo＞uor	被窝儿 bèiwōr	出活儿 chūhuór
	大伙儿 dàhuǒr	火锅儿 huǒguōr
	绝活儿 juéhuór	小说儿 xiǎoshuōr
	邮戳儿 yóuchuōr	做活儿 zuòhuór
(o)＞or	耳膜儿*ěrmór	粉末儿 fěnmòr

【附录三】普通话"重·次轻"格式词语表

【说明】

1. 下表所列的词语，一般的词典没有标注轻声，但在普通话的口语中却大多被读作后轻，实际上是"重·次轻"的格式。

2. 在"读双音节词语"的测试中，将下表中的词语读作"中·重"的格式，不会影响其得分；但在"朗读短文"及"命题说话"的测试中，将下表中的词语读作"中·重"的格式，将会影响主试人或机器对应试人语感的判定。

3. 以下按汉语拼音字母顺序排列。

【A】	阿门 安置	爱护 傲气	爱惜	安顿	安排	安生	安慰	安稳
【B】	巴望 斑鸠 倍数 博士	把柄 搬弄 鼻涕 布置	把握 办法 比喻	霸气 扮相 编辑	白菜 帮助 便利	白露 包庇 表示	摆弄 宝贝 别是	拜望 报务 病人
【C】	才气 产业 程度 绰号	材料 长度 程序 次数	财神 敞亮 尺度 次序	参与 车钱 充裕 刺激	操持 成绩 仇人 错误	岔口 成全 臭虫	差役 承应 处分	产物 乘务 春天
【D】	答复 地步 督促	打开 地势 读物	待遇 地位 肚量	担待 冬瓜 度量	倒换 冬天	倒是 董事	敌人 动物	嫡系 动作
【E】	恩人							

续　表

【F】	翻译 凤凰	反映 缝隙	犯人 伏天	方便 服务	方式 福利	防备 富裕	分析	风气
【G】	干预	干部	根据	工程	购置	估计	观望	
【H】	寒战	寒战	行业	和睦	会务	贿赂	货物	豁亮
【J】	吉他 将军 较量 今天 剧目	纪律 讲求 教育 进度 觉悟	技术 匠人 接济 进士 爵士	季度 将士 节目 近视 军人	家务 交代 节日 经济 军事	家业 交待 解释 韭菜	价目 交际 界线 救济	建筑 交涉 界限 局势
【K】	刊物	控制						
【L】	老虎 猎物	礼数 邻居	里面 吝惜	力度 灵气	利益 零碎	利用 伦巴	联络	烈士
【M】	埋怨	面积	名分	命令	摩托	模样	目的	
【N】	男士	男子	南瓜	南面	能手	女儿	女士	女子
【O】	偶尔							
【P】	牌坊	喷嚏	批评	僻静	篇目	破费	菩萨	
【Q】	蹊跷 迁就 穷人 劝慰	气氛 牵涉 秋季	气候 牵制 秋千	气量 前天 秋天	气质 轻便 去处	器物 轻快 趣味	器重 清静 权利	恰当 请示 权力
【R】	人物	荣誉	容易	若是				
【S】	杀气 生计 实惠 手气 顺序	伤势 生物 食物 手势 硕士	商议 声势 士气 手艺 私下	设计 声音 世道 熟悉 素质	设置 省份 事故 树木 速度	射手 圣人 事务 数目 算是	深度 诗人 适应 耍弄	甚至 时务 嗜好 税务
【T】	太监 条理	太阳 调剂	探戈 统计	堂上 痛处	体会 头目	天气 腿脚	天上 退伍	添置
【W】	威风 物质	围裙 误会	维护 西瓜	卫士	文凭	文书	文艺	武士
【X】	习气 显示 孝顺 刑具 学问	席位 羡慕 效率 刑事	媳妇 乡里 效益 形式	戏弄 乡亲 效应 形势	系数 香椿 心计 兴致	细致 项目 信任 性质	下午 销路 信用 休克	嫌弃 孝敬 信誉 序数

【Y】	烟囱 业务 意气 右面 运动	延误 医务 印台 幼稚	盐分 仪器 印象 于是	掩饰 仪式 影壁 院士	样式 贻误 应承 愿望	药材 遗弃 勇士 月份	药物 义务 犹豫 月季	要不 艺术 油性 乐器
【Z】	杂种 这样 智慧 滋味	责任 珍惜 智力 字据	债务 政治 重量 组织	战士 职务 重视 左面	账目 植物 装饰 作物	障碍 制度 装置 作用	招待 质量 壮士	这里 秩序 姿势

第三章　普通话朗读训练

第一节　朗读概述

朗读就是朗声读书,即运用普通话把书面语言清晰、响亮、富有感情地念出来。

一、朗读的作用

(一) 有助于提高阅读理解能力

朗读是以理解文章的意义为目的的一种有声的阅读方法,朗读的过程实际上是探寻文章语言"意蕴"的过程,它可以帮助朗读者以声解义,领略文章精妙之处,因此,朗读是阅读理解能力的训练和提高。

(二) 有助于提高表达能力

朗读是人们学习和推广普通话的重要途径。学生可以把学过的普通话的声母、韵母、声调、音变等知识与技能综合在朗读实践中加以运用,逐步掌握普通话语音系统。另外,因为人们朗读的作品都是规范的现代汉语文本,作品中那些精湛的语言、得体的修辞方法、鲜明的人物刻画、复杂的感情变换等,对提高说讲普通话能力具有非常重要的作用。

(三) 有助于锻炼思维能力

朗读首先要深入地理解作品,进入意境,要发挥联想和想象,这要运用形象思维来完成。另外,文章中严谨的逻辑序列和构思布局,要运用抽象思维来完成。朗读对思维能力的培养和提高有重要作用。

(四) 有助于感受作品的音乐美

普通话词语语音中乐音成分多,音节界限明显,并且有声调的高低升降、曲直长短的变化。由汉字组成的作品,只有通过朗读才能使人们真切地体味到语音的音韵美。作品中起承转合的律动特点及作品中具体、可感、具有审美意义的生活画面所构成的艺术形象,通过朗读者抑扬顿挫、轻重缓急富有节奏的表达,可以使人们感受到作品的旋律美,真正领悟到作品的音乐美。

二、朗读的原则

(一) 使用普通话

朗读时在声母、韵母、声调、轻声、儿化、音变以及语句的表达方式等方面都要符合普通话语音规范,还要忠于作品原貌,做到不添字、不漏字、不改字、不回读。

(二) 把握作品基调

基调,是指作品的基本情调,是作品总的感情色彩和分量,既包括作品本身所具有的感情态度,也包括朗读者自身的感情态度。总的感情色彩有喜、怒、哀、乐之分,总的态度有肯定、否定、批评之别。

有了鲜明的态度,朗读的目的才能实现。不同的作品有不同的基调,有的热情赞美,有的愤怒批判,有的舒展豪放,有的含蓄细腻。把握作品基调首先要熟悉作品,在深刻理解作品内容的基础上,从理性上把握作品的思想内容和精神实质,设计如何通过语音的具体形象把原作的思想感情表达出来。

基调会随作品内容的发展变化而发生改变,不必有固定的模式。

三、朗读的技巧

朗读时,一方面要深刻透彻地把握作品的内容,另一方面要合理运用各种艺术手段,准确表达作品的内在含义。

(一) 停连

停连,包括停顿和连接,是指语流中声音的中断和延续。无论从朗读者方面还是从听众方面来看,停连都是生理和心理的双重需要。

1. 生理停连

朗读时,在较长的句子中合适的地方停一停,换一口气,可以有效地控制声音的变化。

有一天,我忽然发现,在我投莲子的地方/长出了几个圆圆的绿叶,虽然颜色极惹人喜爱,但是/却细弱单薄,可怜兮兮地平卧在水面上,像水浮莲的叶子一样。(《清塘荷韵》)

2. 心理停连

在朗读时,为表达某种特定的心理活动或感情发展而运用停连。通常来说,生理上的停顿要服从心理上的停顿,否则会造成不恰当的停顿。

人类语言之所以能够"随机应变",在于一方面/能把语音/分析成/若干音素,/又把这些音素/组合成/音节,再/把音节/连缀起来。(《人类的语言》)

3. 语法停连

语法停连是依照语法结构特点所做的语流间歇，它是一句话里语法关系的体现。包括：

（1）句与句之间的停顿：这种停顿是依照标点符号所进行的停顿。标点符号是语法停顿的一种书面标志。

过了二十三，大家更忙。必须大扫除一次，还要把肉、鸡、鱼、青菜、年糕什么的都预备充足——店铺多数初一到初五关门，/到正月初六才开张。（《北京的春节》）

在这个句子中，"店铺多数正月初五关门，到正月初六才开张"是一个并列结构，由逗号隔开，形成了语法停顿。

（2）一句话中间的停顿：就是一句话中按语法成分所进行的停顿。

主谓间的停顿：

这/就是白杨树，西北极普通的一种树。（《白杨礼赞》）
爸/不懂得怎样表达爱，使我们一家人融洽相处的是我妈。（《父亲的爱》）

动词后宾语较长的停顿：

我越来越深刻地感觉到/谁是我们最可爱的人。（《谁是最可爱的人》）

定语较长的停顿：

爱国主义就是千百年来巩固起来的/对自己祖国的一种最深厚的感情。

多重状语和定语的停顿：

他得意地/一蹦一跳地/跑开了。

补语较长的停顿：

他总是穿得/朴素、整洁、大方。
他的课讲得/又深、又透、又全面。

4. 强调停连

口语表达时为了突出强调某一事物或突出某个语意、某种感情，而在它前、后安排停顿或前后同时安排停顿。强调停顿不受语法停顿的限制，往往是根据表情达意的需要来决定停顿的地方和停顿的时间。

为了突出某一事物或显示某一语意所进行的停顿。如：

他/① 恨/② 我/③ 和你/④ 好。
① （就是）他恨我和你好。
② 他恨的是我和你好。
③ 他恨的是我，但和你好。
④ 他恨我和你，这很好。

为了渲染某种思想情绪，表示某种情绪的转变要视感情需要而做停顿，这种停顿建立在充分的内涵和饱满的真情实感的基础上,要求声情不断,声断意连,以达到"此时无声胜有声"的效果。

无数的名工巧匠为我们留下了那么多宏伟的建筑,但却/很少被列入史籍,扬名于后世。(《大匠无名》)

(二) 重音

重音,是指朗读时为了表情达意的需要而重点强调的词句的读音。对关键的部分做强调以引起听者的注意,既可以帮助听者理解文意,也能更好地带动听者进行感受和体验。

重音部分是一句话中听起来最清楚、最响亮、给人印象最深的词或词组。

1. 词重音

词重音表现在音节上,可分重、中、次轻、轻四种。具体可参见第二章第四节中"六、普通话的轻重格式"。

(1) 双音节。

玻璃	木头	桌子
词汇	演变	自然
作者	价值	春天

(2) 三音节。

计算机	科学家	联合国
过日子	老头子	小姑娘
跑过去	走进来	挂上去
理化科	救护车	电磁场

(3) 四音节。

畅所欲言	明明白白	化学工业
领导干部	三好学生	对口相声
义不容辞	敬而远之	相形之下

但我们应该注意有的音节在词中是重、中或次轻、轻,但在语流中却因语境、语意的需要,重音发生了变化。

洗衣机(中、中、重)

我不买洗碗机,而买洗衣机(中、重、中)。

2. 语句重音

(1) 语法重音。

语法重音指根据语句语法结构的规律而读作重音。

谓语重读:

植物的叶子渐渐变黄,在秋风中簌簌地落下来。(《大自然的语言》)

立春过后,大地渐渐从沉睡中苏醒过来。(《大自然的语言》)

宾语重读:

调度指挥中心会迅速把指令传递给高速列车司机。(《当今"千里眼"》)

表示性状或程度的状语重读:

小草偷偷地从土里钻出来,嫩嫩的,绿绿的。(《春》)
他仰向我的小脸,被风吹着,像只通红的小苹果。(《孩子和秋风》)

表示结果或程度的补语重读:

高速列车跑得那么快,司机能看清路吗?(《当今"千里眼"》)

表示疑问或指示的代词重读:

这般感受,相信在很多人的身上都曾发生过。(《记忆像铁轨一样长》)
为什么这个地带会成为华夏文明最先进的地区?(《华夏文明的发展与融合》)

表示事物所属状态的定语重读:

母亲用另一只手拉着我,平静地对护士说:"这是我的女儿,和你差不多大小,正在医科大学读书,她也将面对自己的第一个患者。"(《将心比心》)

(2) 修辞重音。

在语言中往往采用修辞方法增强语言表达效果,同样在口语表达中修辞部分要重读。

拟人重读:

春天像刚落地的娃娃,从头到脚都是新的,它生长着。春天像小姑娘,花枝招展的,笑着,走着。春天像健壮的青年,有铁一般的胳膊和腰脚,领着我们上前去。(《春》)

比喻重读:

红的像火,粉的像霞,白的像雪。(《春》)
这个绿色会像音乐,涤清了心中的万虑。(《"住"的梦》)

排比重读:

这里的水,多、清、静、柔。在园里信步,但见这里一泓深潭,那里一条小渠。桥下有河,亭中有井,路边有溪。石间细流脉脉,如线如缕;林中碧波闪闪,如锦如缎。(《晋祠》)

对比重读:

有的人死了,他还活着;有的人活着,他已经死了。(《有的人》)

夸张重读:

白发三千丈,缘愁似个长。(《秋浦歌》)

五岭逶迤腾细浪,乌蒙磅礴走泥丸。(《七律·长征》)

借代重读:

不拿群众一针一线。

按一按衣袋,硬硬的还在。(《药》)

拟声重读:

风,呼呼地刮着。雨,哗哗地下着。黑暗笼罩着大地。(《草地夜行》)

它们这些海鸭呀,享受不了生活的战斗的欢乐,轰隆隆的雷声就把它们吓坏了。(《海燕》)

不是所有的拟声部分都要重读,要根据语意表达的需要。

由此可见,采用修辞重音技巧,必须根据表情达意的需要。这也就要求通过理解某句、某段、某篇的语意来运用重音,以增强语言的表现力。

(3) 强调重音。

强调重音是为了突出强调某种主题或思想情感而设置的重音。强调重音可以使话语潜在的语意情感更加充分,更加感人。强调重音没有固定的位置,它是根据话语具体内容和说者的情感(或心理)变化来确定的。

强调重音还可根据强调的内容不同分为逻辑重音和感情重音。

为突出某一语意所进行的重读:

他明天去北京。(强调的是"他",而不是其他人)

他明天去北京。(强调的是"明天",而不是其他时间)

他明天去北京。(强调的是"去",而不是"不去")

他明天去北京。(强调的是"北京",而不是其他地点)

例句中,同样一句话在转换为有声语言时,以不同的重音表达出了不同的目的和意思,使听者在理解上不会产生歧义。

在表达思想感情最凝重的地方所做的重读:

让他一个人留在房里总共不过两分钟,等我们再进去的时候,便发现他在安乐椅上安静地睡着了——但已经是永远地睡着了。(《在马克思墓前的讲话》)

(三) 语速

语速是指在一定的时间里朗读的音节数量的多少。单位时间内的音节数量多,语速就快,反之就慢。朗读各种文章,要恰当地表现各种不同的生活现象和人们各不相同的思想感情,就必须采取与之相适应的朗读速度。

1. 影响语速的各种因素

(1) 不同的场面。急剧变化发展的场面宜快读,平静、严肃的场面宜慢读。

突然,不远处传来了声声柳笛。我像找到了救星,急忙循声走去。(快)

　　我和母亲走在前面，我的妻子和儿子走在后面。小家伙突然叫起来："前面是妈妈和儿子，后面也是妈妈和儿子。"我们都笑了。（快）

　　一阵风把蜡烛吹灭了。月光照进窗子来，茅屋里的一切好像披上了银纱，显得格外清幽。贝多芬望了望站在他身旁的穷兄妹俩，借着清幽的月光，按起琴键来。（慢）

　　但是母亲摸摸孙儿的小脑瓜儿，变了主意："还是走小路吧。"（慢）

　　（2）不同的心情。紧张、焦急、慌乱、欢畅的心情宜快读，沉重、悲痛、缅怀、悼念、失望的心情宜慢读。

　　我的狗慢慢向它靠近。忽然，从附近一棵树上，飞下一只黑胸脯的老麻雀，像一颗石子似的落到狗的跟前。老麻雀全身倒竖着羽毛，惊恐万状，发出绝望、凄惨的叫声，接着向露出牙齿、大张着的狗嘴扑去。

　　老麻雀是猛扑下来救护幼雀的。它用身体掩护着自己的幼儿……但它整个小小的身体因恐怖而战栗着，它小小的声音也变得粗暴嘶哑，它在牺牲自己！（《麻雀》）

　　读小学的时候，我的外祖母去世了。外祖母生前最疼爱我，我无法排除自己的忧伤，每天在学校的操场上一圈儿又一圈儿地跑着，跑得累倒在地上，扑在草坪上痛哭。

　　那哀痛的日子，断断续续地持续了很久，爸爸妈妈也不知道如何安慰我。他们知道与其骗我说外祖母睡着了，还不如对我说实话：外祖母永远不会回来了。（《和时间赛跑》）

　　（3）不同的说话方式。辩论、争吵、疾呼宜快读，闲谈、絮语、教诲宜慢读。

　　一次，胡适正讲得得意的时候，一位姓魏的学生突然站了起来，生气地问："胡先生，难道说白话文就毫无缺点吗？"胡适微笑着回答说："没有。"那位学生更加激动了："肯定有！白话文废话太多，打电报用字多，花钱多。"（《胡适的白话电报》）

　　"什么是永远不会回来呢？"我问着。

　　"所有时间里的事物，都永远不会回来。你的昨天过去，它就永远变成昨天，你不能再回到昨天。爸爸以前也和你一样小，现在也不能回到你这么小的童年了；有一天你会长大，你会像外祖母一样老；有一天你度过了你的时间，就永远不会回来了。"爸爸说。（《和时间赛跑》）

　　（4）不同的叙述方式。作者的抨击、斥责、控诉、雄辩宜快读，一般的记叙、说明、追忆宜慢读。

　　特务们，你们想想，你们还有几天。你们完了，快完了！你们以为打伤几个，杀死几个，就可以了事，就可以把人民吓倒了吗？（《最后一次讲演》）

　　在浩瀚无垠的沙漠里，有一片美丽的绿洲，绿洲里藏着一颗闪光的珍珠。这颗珍珠就是敦煌莫高窟。它坐落在我国甘肃省敦煌市三危山和鸣沙山的怀抱中。（《莫高窟》）

（5）不同的人物性格。年轻、机警、泼辣的人物的言语、动作宜快读，年老、稳重、迟钝的人物的言语、动作宜慢读。

"爸，我可以问您一个问题吗？"

"什么问题？""爸，您一小时可以赚多少钱？""这与你无关，你为什么问这个问题？"父亲生气地说。

"我只是想知道，请告诉我，您一小时赚多少钱？"小孩儿哀求道。"假如你一定要知道的话，我一小时赚二十美金。"（《二十美金的价值》）

2. 语速的转换

朗读任何一篇文章，都不能自始至终采用一成不变的速度。朗读者要根据作者感情的起伏和事物的发展变化随时调整自己的朗读速度。在朗读过程中实现朗读速度的转换是取得朗读成功的重要环节。

3. 注意事项

读得快时，要特别注意吐字的清晰，不能因语速加快而含混不清，甚至"吃字"；读得慢时，要特别注意声音的明朗实在，不能因读得慢而显得疲沓。总之，要力求做到"快而不乱""慢而不拖"。

（四）语调

语调是指整个句子高低升降的语流变化。通过语调抑扬升降的变化，可以表达不同的语气，体现说者喜怒哀乐的不同情感。

1. 高升调 ↗

高升调一般用来表达号召、鼓励、设问、反问、呼唤等语气。这种句调大都由低到高，句尾语势上升。

读书好，多读书，读好书。（《忆读书》）

此后，我决定咬了牙，拿起一本《三国演义》来，自己一知半解地读了下去，居然越看越懂。（《忆读书》）

难道我们就甘心落后吗？

2. 降抑调 ↘

降抑调一般用来表达肯定、坚信、赞叹、祝愿、祈使等语句。语调大都由高到低，句尾语势渐弱。

他用双脚，一步一步地走遍了半个中国大陆，游览过许多名山大川，经历过许多奇人异事。（《阅读大地的徐霞客》）

每一间的横槛上都有五彩的画，画着人物、花草、风景，几千幅画没有哪两幅是相同的。（《颐和园》）

颐和园到处有美丽的景色，说也说不尽，希望你有机会去细细游赏。（《颐和园》）

3. 平直调 →

平直调一般用来表示庄严、平淡等语气，常在叙述、介绍中出现。句调平直并非无变化，只是起伏变化不大，末尾音节的升降不明显。

一个人的时间和精力是有限的，如果老想着享受，哪有心思搞科研？搞科研就是要淡泊名利，踏实做人。（《一粒种子造福世界》）

我有八十岁的年龄，五十多岁的身体，三十多岁的心态，二十多岁的肌肉弹性。（《一粒种子造福世界》）

这幅画长五百二十八厘米，高二十四点八厘米，画的是北宋都城汴梁热闹的场面。（《一幅名扬中外的画》）

4. 曲折调 ⌒↗

句子语势有抑扬升降的曲折变化。一般是先降后升再降（降—升—降），或是先升后降再升（升—降—升）。常用来表示讽刺、诙谐、滑稽、双关、踌躇、狡猾、厌烦等复杂的感情。它不像其他句调通常出现在句末，而是可根据需要出现在句子的不同位置。

像这样的教师，我们怎么会不喜欢她，怎么会不愿意和她亲近呢？我们见了她不由得就围上去。（《我的老师》）

青、红的瓜，碧绿的藤和叶，构成了一道别有风趣的装饰，比那高楼门前蹲着一对石狮子或是竖着两根大旗杆，可爱多了。（《乡下人家》）

怎么能不喜欢出发呢？没见过大山的巍峨，真是遗憾；见了大山的巍峨没见过大海的浩瀚，仍然遗憾；见了大海的浩瀚没见过大漠的广袤，依旧遗憾；见了大漠的广袤没见过森林的神秘，还是遗憾。（《我喜欢出发》）

（五）节奏

节奏是指朗读时由声音的抑扬顿挫、轻重缓急而形成的带有规律性的变化。朗读时声音有起伏，有快慢，有轻重，才形成了语言的乐感和悦耳动听。节奏不是一个句子或者一个小层次的声音形式，而是就整篇作品而言的，具有整体性表现特征。

节奏的确定要从整体出发，依据朗读的内容，思想感情的运动所形成的语气、语势的变化、语意前后转换特点，形成一条主线。节奏的类型不是单一的，也不是固定不变的，根据节奏的声音形式及其精神内涵的特点，朗读中的节奏大致分为以下几种类型。

1. 轻快型

主要的语句、段落表现得轻快、欢畅，语调多扬少抑，力度上多轻少重，语言流畅，适用于风格清新、积极向上的文章，如冯骥才的《珍珠鸟》。

2. 凝重型

主要的语句、段落表现得浑厚、有力，语调多抑少扬，强而有力，多停少连，适用于风格凝重、深沉的文章，如朱自清的《背影》。

3. 低沉型

主要的语句、段落表现得低沉、缓慢，语调沉重，多停少连，音色偏暗，音节拖长，适用于悲伤、哀悼类文章,如史铁生的《秋天的怀念》。

4. 高亢型

主要的语句、段落表现得激昂、豪迈,语调上扬、多连少停、多重少轻,适用于激情昂扬的文章,如高尔基的《海燕》。

5. 舒缓型

主要的语句、段落表现得舒展自如,语气舒缓、平稳,音色清亮,多轻少重,适用于情绪明朗、柔和沉静类的文章,如巴金的《鸟的天堂》。

6. 紧张型

主要的语句、段落表现得紧张、急促,语调多扬少抑,多重少轻,语速快,气较促,顿挫短暂,语言密度大,常用来表现紧张急迫的情形和抒发激越的情怀,如闻一多的《最后一次讲演》。

不同类型的节奏往往综合运用才能满足不同作品的具体需要。因此,我们在设计表达方案时,不可拘泥于单一节奏类型的框架,而要根据具体作品,灵活运用。

四、朗读与朗诵的区别

有人常常把朗读和朗诵混为一谈,认为朗读就是朗诵,朗诵就是朗读,其实这是一种误解。这两种言语形式在所承担的任务、文本选择、评价标准和技巧方面都有区别和联系。

朗读就是出声地读。一切文字都可以作为朗读对象,长到一篇长篇小说,短到一个字、一个词。它所承担的任务只是传递信息,朗读者所要做的就是"照本宣科",把"沉默"的字、词、句、章转换成有声语言。评价一个人朗读水平的好坏就是看他这个转换是否正确、清晰、完整。要做到这几点其实不容易。除了要读准声、韵、调,还要做到不添字、不漏字、不回读、不颠倒语序、语调平稳。概括地说,朗读就是用声音再现文本内容,不仅再现文字,甚至标点符号、行文格式、表达的内容都要再现出来。因此,朗读除了要求说好普通话,还要正确处理好停连、语调、语速等朗读技巧。

朗诵是依托文本,结合自己的审美体验进行二次创作。朗诵属于艺术表演范畴。朗读强调的是忠实于原文,朗诵则容许朗诵者在忠实原文的基础上进行艺术加工,用丰富多彩的语言手段及其他声音形式,比如音乐,创造优美动人的意境和形象。评价朗诵的优劣往往是看朗诵者的艺术创造能否给人一种美的享受。这样,朗诵者的文化修养、对语言文字的感悟能力、语音运用技巧、艺术表现能力往往就成了决定朗诵水平高低的因素。朗诵文本的选择范围较朗读就狭窄得多。一般说来,抒情色彩较浓的文学作品适宜作为朗诵的文本。另外,在选择文本时还要兼顾到朗诵者的性别、年龄、个性特征及音色等因素。朗读考虑的是让听众听清楚,朗诵考虑的是让听众受感动。而要感动别人首先要感动自己。因此,朗诵时一定要做到"眼前有景,心中有情",可以借助音乐、体态等辅助手段形成一种"未成曲调先有情"的氛围。在音色、音量、语速、节律等方面也可做些适当的夸张,以渲染气氛。

第二节　朗读训练

《普通话水平测试用朗读作品》
说　明

1. 朗读作品共50篇,供普通话水平测试第三项——朗读短文测试使用。50篇作品全部从国家《普通话水平测试实施纲要》(2021年版)中的《普通话水平测试用朗读作品》照录,作品顺序也保持一致。

2. 每篇作品采用汉字和汉语拼音对照的方式编排。

3. 每篇作品在第400个音节后用"//"标注。测试时只显示400个音节。

4. 为适应朗读的需要,作品中的数字一律采用汉字的书写方式书写,如:"2000年",写作"二〇〇〇年";"50％",写作"百分之五十"。

5. 注音一般只标本调,不标变调。

6. 作品中的必读轻声音节,拼音不标调号。一般轻读,间或重读的音节,拼音加注调号,并在拼音前加圆点提示,如:"因为",拼音写作"yīn·wèi"。此类音节如重读则语感生硬、不自然,影响普通话的语音面貌,所以一般也要读轻声。

7. 作品中的儿化音节分两种情况。一是书面上有"儿",拼音时在基本形式后加r,如"小孩儿",拼音为"xiǎoháir";二是书面上没有"儿",但口语里一般儿化的音节,拼音时也在基本形式后加r,如"辣味",拼音为"làwèir"。

Zuòpǐn 1 Hào
作品1号

作品1号
朗读

Zhào Běijīng de lǎo guīju　Chūnjié chà·bùduō zài làyuè de chūxún jiù kāishǐ le　　Làqī Làbā
照　北京的老规矩,春节　差不多　在腊月的初旬就开始了。"腊七腊八,

dòngsǐ hányā　zhè shì yī nián·lǐ zuì lěng de shíhou　Zài Làbā zhè tiān　jiājiā dōu áo làbāzhōu
冻死寒鸦",这是一年里最冷的时候。在腊八这天,家家都熬腊八粥。

Zhōu shì yòng gè zhǒng mǐ　gè zhǒng dòu　yǔ gè zhǒng gānguǒ áochéng de　Zhè bù shì zhōu　ér shì
粥是用各种米,各种豆,与各种干果熬成的。这不是粥,而是

xiǎoxíng de nóngyè zhǎnlǎnhuì
小型的农业展览会。

Chú cǐ zhī wài　zhè yī tiān hái yào pào làbāsuàn　Bǎ suànbànr fàngjìn cù·lǐ fēng qǐ·lái　wèi
除此之外,这一天还要泡腊八蒜。把蒜瓣　放进醋里,封起来,为

guònián chī jiǎozi yòng　Dào niándǐ　suàn pào de sè rú fěicuì　cù yě yǒule xiē làwèir　sè wèi
过年吃饺子用。到年底,蒜泡得色如翡翠,醋也有了些辣味,色味

shuāng měi　shǐ rén rěn·buzhù yào duō chī jǐ gè jiǎozi　Zài Běijīng　guònián shí　jiājiā chī jiǎozi
双　美,使人忍不住要多吃几个饺子。在北京,过年时,家家吃饺子。

Háizimen zhǔnbèi guònián　dì-yī jiàn dàshì jiù shì mǎi zábànr　Zhè shì yòng huāshēng　jiāozǎo
孩子们准备过年,第一件大事就是买杂拌儿。这是用花生、胶枣、

zhēnzi　lìzi děng gānguǒ yǔ mìjiàn chānhuo chéng de　Háizimen xǐhuan chī zhèxiē　língqī-bāsuìr
榛子、栗子等干果与蜜饯掺和成的。孩子们喜欢吃这些零七八碎儿

Dì-èr jiàn dàshì shì mǎi bàozhú　tèbié shì nánháizimen　Kǒngpà dì-sān jiàn shì cái shì mǎi gè zhǒng
第二件 大事 是 买 爆竹，特别 是 男孩子们。恐怕 第三 件 事 才 是 买 各 种

wányìr　　fēngzheng　kōngzhú　kǒuqín děng
玩意儿——　风筝 、空竹、口琴 等。

　　Háizimen huānxǐ　dà·rénmen yě mángluàn　Tāmen bìxū yùbèi guònián chīde　hēde　chuānde
　　孩子们 欢喜，大人们 也 忙乱。他们 必须 预备 过年 吃的、喝的、穿的、

yòngde　hǎozài xīnnián shí xiǎnchū wànxiàng-gèngxīn de qìxiàng
用的，好在 新年 时 显出 万象更新 的 气象。

　　Làyuè èrshísān guò xiǎonián　chà·bùduō jiùshì guò Chūnjié de　cǎipái　Tiān yī cāhēir
　　腊月 二十三 过 小年，差不多 就是 过 春节 的"彩排"。天 一 擦黑儿，

biānpào xiǎng qǐ·lái　biàn yǒule guònián de wèi·dào　Zhè yī tiān　shì yào chī táng de　jiē·shàng
鞭炮 响 起来，便 有了 过年 的 味道。这 一 天，是 要 吃 糖 的，街 上

zǎo yǒu hǎoduō mài màiyátáng yǔ jiāngmǐtáng de　tángxíng huò wéi chángfāngkuàir huò wéi guāxíng
早 有 好多 卖 麦芽糖 与 江米糖 的，糖形 或 为 长方块 或 为 瓜形，

yòu tián yòu nián　xiǎoháizimen zuì xǐhuan
又 甜 又 黏，小孩子们 最 喜欢。

　　Guòle èrshísān　dàjiā gèng máng　Bìxū dàsǎochú yī cì　hái yào bǎ ròu　jī　yú　qīngcài
　　过了 二十三，大家 更 忙。必须 大扫除 一 次，还要 把 肉、鸡、鱼、青菜、

niángāo shénme de dōu yùbèi chōngzú　diàn　pù duōshù zhēngyuè chūyī dào chūwǔ guānmén
年糕 什么 的 都 预备 充足——店 // 铺 多数 正月 初一 到 初五 关门，

dào zhēngyuè chūliù cái kāizhāng
到 正月 初六 才 开张。

Jiéxuǎn zì Lǎoshě　Běijīng de Chūnjié
节选 自 老舍《北京 的 春节》

Zuòpǐn 2 Hào
作品 2 号

　　Pànwàngzhe　Pànwàngzhe　dōngfēng lái le　chūntiān de jiǎobù jìn le
　　盼望着，盼望着，东风 来 了，春天 的 脚步 近 了。

作品 2 号
朗读

　　Yīqiè dōu xiàng gāng shuìxǐng de yàngzi　xīnxīnrán zhāngkāile yǎn　Shān lǎngrùn qǐ·lái le　shuǐ
　　一切 都 像 刚 睡醒 的 样子，欣欣然 张开了 眼。山 朗润 起来 了，水

zhǎng qǐ·lái le　tài·yáng de liǎn hóng qǐ·lái le
涨 起来 了，太阳 的 脸 红 起来 了。

　　Xiǎocǎo tōutōu de cóng tǔ·lǐ zuān chū·lái　nènnèn de　lùlù de　Yuánzi·lǐ tiányě·lǐ
　　小草 偷偷地 从 土·里 钻 出来，嫩嫩的，绿绿的。园子里，田野 里，

qiáo·qù　yī dà piàn yī dà piàn mǎn shì de　Zuòzhe tǎngzhe dǎ liǎng gè gǔnr　tī jǐ jiǎo qiúr
瞧 去，一大片 一大片 满 是 的。坐着，躺着，打 两 个 滚，踢 几 脚 球儿，

sài jǐ tàng pǎo　zhuō jǐ huí mícáng　Fēng qīngqiāoqiāo de　cǎo ruǎnmiánmián de
赛 几 趟 跑，捉 几 回 迷藏。风 轻悄悄 的，草 软绵绵 的。

……

　　Chuī miàn bù hán yángliǔ fēng　bùcuò de　xiàng mǔ·qīn de shǒu fǔmō zhe nǐ　Fēng·lǐ dàilái
　　"吹 面 不 寒 杨柳 风"，不错 的，像 母亲 的 手 抚摸着 你。风 里 带来

xiē xīn fān de nítǔ de qìxī　hùnzhe qīngcǎo wèir　hái yǒu gè zhǒng huā de xiāng　dōu zài wēiwēi shīrùn
些 新翻 的 泥土 的 气息，混着 青草 味儿，还有 各 种 花 的 香，都 在 微微 湿润

de kōngqì·lǐ yùnniàng　Niǎo'ér jiāng cháo ān zài fánhuā-lùyè dāngzhōng　gāoxìng qǐ·lái le
的 空气·里 酝酿。鸟儿 将 巢 安 在 繁花绿叶 当中，高兴 起来 了，

hūpéng-yǐnbàn de mài·nòng qīngcuì de hóu·lóng　chàngchū wǎnzhuǎn de qǔzi　gēn qīngfēng-liúshuǐ
呼朋引伴 地 卖弄 清脆 的 喉咙 ， 唱出 婉转 的 曲子， 跟 轻风流水

yìnghèzhe　Niúbèi·shàng mùtóng de duǎndí　zhè shíhou yě chéngtiān liáoliàng de xiǎngzhe
应和着。牛背 上 牧童 的 短笛，这时候也 成天 嘹亮 地 响着 。

　　Yǔ shì zuì xúncháng de　yī xià jiùshì sān-liǎng tiān　Kě bié nǎo　Kàn　xiàng niúmáo　xiàng
雨是最 寻常 的， 一下 就是 三两 天。可别 恼。看， 像 牛毛， 像

huāzhēn　xiàng xìsī　mìmì de xié zhīzhe　rénjiā wūdǐng·shàng quán lǒngzhe yī céng bóyān
花针， 像 细丝，密密 地 斜 织着，人家 屋顶 上 全 笼着 一 层 薄烟。

Shùyèr què lǜ de fāliàng　xiǎocǎor yě qīng de bī nǐ de yǎn　Bàngwǎn shíhou　shàngdēng le
树叶儿 却 绿得 发亮， 小草儿 也 青 得 逼 你的 眼。 傍晚 时候， 上灯 了，

yīdiǎndiǎn huángyùn de guāng　hōngtuō chū yī piàn ānjìng ér hépíng de yè　Zài xiāngxia xiǎolù·shàng
一点点 黄晕 的 光， 烘托 出一 片 安静而 和平 的 夜。在 乡下， 小路 上 ，

shíqiáo biān　yǒu chēngqǐ sǎn mànmàn zǒuzhe de rén　dì·lǐ háiyǒu gōngzuò de nóngmín　pīzhe suō
石桥 边， 有 撑起 伞 慢慢 走着 的 人，地里 还有 工作 的 农民， 披着 蓑

dàizhe lì　Tāmen de fángwū　xīxīshūshū de　zài yǔ·lǐ jìngmòzhe
戴着 笠。他们 的 房屋，稀稀疏疏 的， 在 雨里 静默着 。

　　Tiān·shàng fēngzheng jiànjiàn duō le　dì·shàng háizi yě duō le　Chéng·lǐ xiāngxia
天上 风筝 渐渐 多 了， 地上 孩子 也 多 了。 城里 乡下 ，

jiājiāhùhù　lǎolǎoxiǎoxiǎo　yě gǎntàngr shìde　yīgègè dōu chū·lái le　Shūhuó shūhuó jīngǔ
家家户户， 老老小小 ， // 也 赶趟儿 似的， 一个个 都 出来 了。 舒活 舒活 筋骨，

dǒusǒu dǒusǒu jīngshen　gè zuò gè de yī fènr shì·qù　Yī nián zhī jì zàiyú chūn　gāng
抖擞 抖擞 精神， 各做各 的 一份儿 事 去。"一 年 之 计 在于 春"， 刚

qǐtóur　yǒu de shì gōngfu　yǒu de shì xīwàng
起头儿，有 的 是 功夫， 有 的 是 希望。

　　Chūntiān xiàng gāng luòdì de wáwa　cóng tóu dào jiǎo dōu shì xīn de　tā shēngzhǎngzhe
春天 像 刚 落地的 娃娃，从头到脚 都是 新 的，它 生长着 。

　　Chūntiān xiàng xiǎo gūniang　huāzhī-zhāozhǎn de　xiàozhe zǒuzhe
春天 像 小 姑娘 ， 花枝招展 的， 笑着 ，走着 。

　　Chūntiān xiàng jiànzhuàng de qīngnián　yǒu tiě yībān de gēbo hé yāojiǎo　lǐngzhe wǒmen
春天 像 健壮 的 青年 ， 有 铁一般 的 胳膊 和 腰脚 ， 领着 我们

shàngqián·qù
上前 去。

Jiéxuǎn zì Zhū Zìqīng　Chūn
节选 自 朱自清《 春 》

Zuòpǐn 3 Hào
作品 3 号

　　Yànzi qù le　yǒu zài lái de shíhou　yángliǔ kū le　yǒu zài qīng de shíhou　táohuā xiè le　yǒu
燕子 去 了，有 再来 的 时候；杨柳 枯 了，有 再青 的 时候；桃花 谢了，有

zài kāi de shíhou　Dànshì　cōng·míng de　nǐ gàosu wǒ　wǒmen de rìzi wéi shénme yī qù bù fù
再开 的 时候。但是， 聪明 的，你 告诉 我，我们 的 日子 为 什么 一去 不复

fǎn ne　Shì yǒu rén tōule tāmen ba　nà shì shuí　Yòu cáng zài héchù ne　Shì tāmen zìjǐ
返 呢？——是 有人 偷了 他们 罢：那 是 谁？又 藏 在 何处 呢？是 他们 自己

táozǒule ba　xiànzài yòu dàole nǎ·lǐ ne
逃走了 罢：现在 又 到了 哪里 呢？

　　Qù de jǐnguǎn qù le　lái de jǐnguǎn láizhe　qù-lái de zhōngjiān　yòu zěnyàng de cōngcōng ne
去 的 尽管 去 了，来 的 尽管 来着；去来 的 中间 ， 又 怎样 地 匆匆 呢？

Zǎoshang wǒ qǐ•lái de shíhou xiǎowū•lǐ shèjìn liǎng-sān fāng xiéxié de tài•yáng Tài•yáng tā yǒu
早上 我 起来 的 时候，小屋 里 射进 两三 方 斜斜 的 太阳 。太阳 他 有

jiǎo a qīngqīngqiāoqiāo de nuóyí le wǒ yě mángmángrán gēnzhe xuánzhuǎn Yúshì xǐ shǒu
脚 啊，轻轻悄悄 地 挪移 了；我 也 茫茫然 跟着 旋转 。于是——洗手

de shíhou rìzi cóng shuǐpén•lǐ guò•qù chī fàn de shíhou rìzi cóng fànwǎn•lǐ guò•qù mòmò
的 时候，日子 从 水盆 里 过去 ；吃饭 的 时候，日子 从 饭碗 里 过去 ；默默

shí biàn cóng níngrán de shuāngyǎn qián guò•qù Wǒ juéchá tā qù de cōngcōng le shēnchū shǒu
时，便 从 凝然 的 双眼 前 过去 。我 觉察 他 去 的 匆匆 了，伸出 手

zhēwǎn shí tā yòu cóng zhēwǎnzhe de shǒu biān guò•qù tiān hēi shí wǒ tǎng zài chuáng•shàng
遮挽 时，他 又 从 遮挽着 的 手 边 过去 ；天 黑 时，我 躺 在 床 上 ，

tā biàn línglínglìlì de cóng wǒ shēn•shàng kuà•guò cóng wǒ jiǎo biān fēiqù le Děng wǒ zhēngkāi
他 便 伶伶俐俐 地 从 我 身上 跨过 ，从 我 脚边 飞去 了。等 我 睁开

yǎn hé tài•yáng zàijiàn zhè suàn yòu liūzǒule yī rì Wǒ yǎnzhe miàn tànxī Dànshì xīn lái de
眼 和 太阳 再见 ，这 算 又 溜走了 一 日。我 掩着 面 叹息 ，但是 新来的

rìzi de yǐng'ér yòu kāishǐ zài tànxī•lǐ shǎn•guò le
日子 的 影儿 又 开始 在 叹息 里 闪过 了。

　　Zài táoqù rú fēi de rìzi•lǐ zài qiānmén-wànhù de shìjiè•lǐ de wǒ néng zuò xiē shénme ne
　　在 逃去 如飞 的 日子 里，在 千门万户 的 世界 里的 我 能 做些 什么 呢？

Zhǐyǒu páihuái bàle zhǐyǒu cōngcōng bàle zài bāqiān duō rì de cōngcōng•lǐ chú páihuái wài
只有 徘徊 罢了，只有 匆匆 罢了；在 八千 多 日 的 匆匆 里，除 徘徊 外，

yòu shèng xiē shénme ne Guòqù de rìzi rú qīngyān bèi wēifēng chuīsàn le rú bówù bèi
又 剩 些 什么 呢？过去 的 日子 如 轻烟 ，被 微风 吹散 了，如 薄雾，被

chūyáng zhēngróng le Wǒ liúzhe xiē shénme hénjì ne Wǒ hécéng liúzhe xiàng yóusī yàng de hénjì
初阳 蒸融 了；我 留着 些 什么 痕迹 呢？我 何曾 留着 像 游丝 样 的 痕迹

ne Wǒ chìluǒluǒ láidào zhè shìjiè zhuǎnyǎnjiān yě jiāng chìluǒluǒ de huí•qù ba Dàn bù néng
呢？我 赤裸裸 // 来到 这 世界 ，转眼间 也 将 赤裸裸 的 回去 罢？但 不 能

píng de wèi shénme piān báibái zǒu zhè yī zāo a
平 的，为 什么 偏 白白 走 这 一 遭 啊？

　　Nǐ cōng•míng de gàosu wǒ wǒmen de rìzi wèi shénme yī qù bù fù fǎn ne
　　你 聪明 的，告诉 我，我们 的 日子 为 什么 一 去 不 复 返 呢？

Jiéxuǎn zì Zhū Zìqīng Cōngcōng
节选 自 朱自清《 匆匆 》

Zuòpǐn 4 Hào
作品 4 号

　　Yǒude rén zài gōngzuò xuéxí zhōng quēfá nàixìng hé rènxìng tāmen yīdàn pèngle dīngzi zǒule
　　有的 人 在 工作 、学习 中 缺乏 耐性 和 韧性 ，他们 一旦 碰了 钉子，走了

wānlù jiù kāishǐ huáiyí zìjǐ shìfǒu yǒu yánjiū cáinéng Qíshí wǒ kěyǐ gàosu dàjiā xǔduō yǒumíng
弯路，就 开始 怀疑 自己 是否 有 研究 才能 。其实，我 可以 告诉 大家，许多 有名

de kēxuéjiā hé zuòjiā dōushì jīngguò hěn duō cì shībài zǒuguo hěn duō wānlù cái chénggōng de Yǒu
的 科学家 和 作家，都是 经过 很 多 次 失败 ，走过 很 多 弯路 才 成功 的。有

rén kàn•jiàn yī gè zuòjiā xiěchū yī běn hǎo xiǎoshuō huòzhě kàn•jiàn yī gè kēxuéjiā fābiǎo jǐ piān yǒu
人 看见 一 个 作家 写出 一 本 好 小说 ，或者 看见 一 个 科学家 发表 几 篇 有

fèn•liàng de lùnwén biàn yǎngmù-bùyǐ hěn xiǎng zìjǐ nénggòu xìnshǒu-niānlái miàoshǒu-chéngzhāng
分量 的 论文 ，便 仰慕不已 ，很 想 自己 能够 信手拈来 ， 妙手成章 ，

yī jiào xǐnglái yùmǎn-tiānxià Qíshí chénggōng de zuòpǐn hé lùnwén zhǐ bùguò shì zuòjiā
一 觉 醒来 ，誉满天下 。其实，成功 的 作品 和 论文 只 不过 是 作家、

xuézhěmen zhěnggè chuàngzuò hé yánjiū zhōng de jí xiǎo bùfen shènzhì shùliàng·shàng hái bù jí
学者们 整个 创作 和研究 中 的极小部分，甚至 数量 上 还不及

shībài zuòpǐn de shí fēn zhī yī Dàjiā kàndào de zhǐ shì tāmen chénggōng de zuòpǐn ér shībài de
失败 作品的十分之一。大家 看到 的只是他们 成功 的作品，而失败的

zuòpǐn shì bù huì gōngkāi fābiǎo chū·lái de
作品 是不会 公开 发表 出来 的。

　　Yào zhī·dào yī gè kēxuéjiā zài gōngkè kēxué bǎolěi de chángzhēng zhōng shībài de cìshù hé
　　要 知道，一个科学家在 攻克 科学 堡垒的 长征 中，失败的 次数和

jīngyàn yuǎn bǐ chénggōng de jīngyàn yào fēngfù shēnkè de duō Shībài suīrán bù shì shénme lìng
经验 远 比 成功 的经验要丰富、深刻 得多。失败 虽然不是 什么 令

rén kuàilè de shìqíng dàn yě juébù yīnggāi yīncǐ qìněi Zài jìnxíng yánjiū shí yánjiū fāngxiàng bù
人快乐的事情，但也决不 应该 因此气馁。在 进行 研究时，研究 方向 不

zhèngquè zǒule xiē chàlù báifèile xǔduō jīnglì zhè yě shì cháng yǒu de shì Dàn bù yàojǐn kěyǐ
正确，走了些 岔路，白费了许多 精力，这也是 常 有的事。但不要紧，可以

zài diàohuàn fāngxiàng jìnxíng yánjiū Gèng zhòngyào de shì yào shànyú xīqǔ shībài de jiàoxùn
再 调换 方向 进行 研究。 更 重要 的是要善于 吸取 失败的 教训，

zǒngjié yǐ yǒu de jīngyàn zài jìxù qiánjìn
总结 已有的 经验，再继续 前进。

　　Gēnjù wǒ zìjǐ de tǐhuì suǒwèi tiāncái jiù shì jiānchí bùduàn de nǔlì Yǒuxiē rén yéxǔ
　　根据我自己的体会，所谓 天才，就是 坚持 不断 的努力。有些 人也许

jué·dé wǒ zài shùxué fāngmiàn yǒu shénme tiānfèn qíshí cóng wǒ shēn·shàng shì zhǎo·bù dào
觉得 我在 数学 方面 有什么 天分，// 其实从我 身上 是找 不 到

zhè zhǒng tiānfèn de Wǒ dú xiǎoxué shí yīn·wèi chéngjì bù hǎo méi·yǒu nádào bìyè zhèngshū
这 种 天分的。我读 小学 时，因为 成绩不好，没有 拿到毕业 证书，

zhǐ nádào yī zhāng xiūyè zhèngshū Chūzhōng yī niánjí shí wǒ de shùxué yě shì jīngguò bǔkǎo cái jígé
只拿到一 张 修业 证书。初中 一年级时，我的数学 也是 经过 补考才及格

de Dànshì shuō lái qíguài cóng chūzhōng èr niánjí yǐhòu wǒ jiù fāshēngle yī gè gēnběn zhuǎnbiàn
的。但是 说来奇怪，从 初中 二年级以后，我就 发生了一个 根本 转变，

yīn·wèi wǒ rènshi dào jìrán wǒ de zīzhì chà xiē jiù yīnggāi duō yòng diǎnr shíjiān lái xuéxí
因为 我认识到既然我的资质差些，就应该多用 点儿时间来学习。

Bié·rén xué yī xiǎoshí wǒ jiù xué liǎng xiǎoshí zhèyàng wǒ de shùxué chéngjì déyǐ bùduàn tígāo
别人 学一小时，我就学 两 小时，这样，我的数学 成绩 得以不断 提高。

　　Yī zhí dào xiànzài wǒ yě guànchè zhège yuánzé bié·rén kàn yī piān dōngxi yào sān xiǎoshí wǒ
　　一直 到 现在我也贯彻 这个 原则：别人 看一篇 东西要三 小时，我

jiù huā sān gè bàn xiǎoshí Jīngguò chángqī jīlěi jiù duōshǎo kěyǐ kànchū chéngjì lái Bìngqiě zài
就花三个半小时。经过 长期 积累，就 多少 可以 看出 成绩来。并且在

jīběn jìqiǎo lànshú zhīhòu wǎngwǎng nénggòu yī gè zhōngtóu jiù kàndǒng yī piān rénjia kàn
基本 技巧 烂熟 之后， 往往 能够 一个 钟头 就 看懂 一 篇 人家 看

shítiān-bànyuè yě jiě·bù tòu de wénzhāng Suǒyǐ qián yī duàn shíjiān de jiābèi nǔlì zài hòu yī
十天半月 也解不透 的 文章。所以，前一段 时间 的加倍努力，在后一

duàn shíjiān néng shōudào yùxiǎng·bù dào de xiàoguǒ
段 时间 能 收到 预想 不到 的 效果。

　　Shì de cōng·míng zàiyú xuéxí tiāncái zàiyú jīlěi
　　是的， 聪明 在于学习，天才 在于积累。

　　　　　Jiéxuǎn zì Huà Luógēng Cōng·míng zàiyú Xuéxí Tiāncái zàiyú Jīlěi
　　　　　节选 自 华罗庚《 聪明 在于学习，天才 在于积累》

Zuòpǐn 5 Hào
作品 5 号

Qùguo Gùgōng dàxiū xiànchǎng de rén　jiù huì fāxiàn zhè·lǐ hé wài·miàn gōngdì de láozuò
去过　故宫　大修　现场　的人，就会发现　这里和　外面　工地的劳作

jǐngxiàng yǒu gè míngxiǎn de qūbié zhè·lǐ méi·yǒu qǐzhòngjī　jiànzhù cáiliào dōu shì yǐ shǒutuīchē
景象　有个　明显　的区别：这里　没有　起重机，建筑　材料都是以手推车

de xíngshì sòng wǎng gōngdì　yùdào rénlì wúfǎ yùnsòng de mùliào shí　gōngrénmen huì shǐyòng
的形式　送　往　工地，遇到人力无法　运送　的木料时，工人们　会　使用

bǎinián-bùbiàn de gōngjù　huálúnzǔ Gùgōng xiūshàn　zūnzhòngzhe Sì-Yuán yuánzé jí yuán
百年不变　的工具——滑轮组。故宫　修缮，尊重着"四原"原则，即原

cáiliào yuán gōngyì yuán jiégòu yuán xíngzhì Zài bù yǐngxiǎng tǐxiàn chuántǒng gōngyì jìshù shǒufǎ
材料、原工艺、原结构、原型制。在不影响体现传统　工艺技术手法

tèdiǎn de dìfang　gōngjiàng kěyǐ yòng diàndòng gōngjù　bǐrú kāi huāngliào jié tóu Dàduōshù
特点的地方，工匠可以用　电动工具，比如开荒料、截头。大多数

shíhou gōngjiàng dōu yòng chuántǒng gōngjù mùjiang huà xiàn yòng de shì mòdǒu huàqiān máobǐ
时候工匠都用传统工具：木匠画线用的是墨斗、画签、毛笔、

fāngchǐ zhànggān wǔchǐ jiāgōng zhìzuò mùgòujiàn shǐyòng de gōngjù yǒu bēn záo fǔ jù bào
方尺、杖竿、五尺；加工制作木构建使用的工具有锛、凿、斧、锯、刨

děngděng
等等。

Zuì néng tǐxiàn dàxiū nándù de biàn shì wǎzuò zhōng　shànbèi　de huánjié Shànbèi shì zhǐ zài
最能体现大修难度的便是瓦作中"苫背"的环节。"苫背"是指在

fángdǐng zuò huībèi de guòchéng tā xiāngdāngyú wèi mùjiànzhù tiān·shàng fángshuǐcéng Yǒu jù
房顶做灰背的过程，它相当于为木建筑添上防水层。有句

kǒujué shì sānjiāng-sānyā yě jiù shì shàng sān biàn shíhuījiāng ránhòu zài yā·shàng sān biàn Dàn
口诀是三浆三压，也就是上三遍石灰浆，然后再压上三遍。但

zhè shì gè xūshù Jīntiān shì qíngtiān gān de kuài sānjiāng-sānyā yìngdù jiù néng fúhé yāoqiú
这是个虚数。今天是晴天，干得快，三浆三压硬度就能符合要求，

yàoshì gǎn·shàng yīntiān shuō·bùdìng jiù yào liùjiāng-liùyā Rènhé yī gè huánjié de shūlòu dōu
要是赶上阴天，说不定就要六浆六压。任何一个环节的疏漏都

kěnéng dǎozhì lòuyǔ ér zhè duì jiànzhù de sǔnhuài shì zhìmìng de
可能导致漏雨，而这对建筑的损坏是致命的。

Gōng zì zǎo zài Yīnxū jiǎgǔ bǔcí zhōng jiù yǐ·jīng chūxiàngguo Zhōu guān yǔ Chūnqiū
"工"字早在殷墟甲骨卜辞中就已经出现过。《周官》与《春秋

Zuǒzhuàn jìzǎi Zhōu wángcháo yǔ zhūhóu dōu shèyǒu zhǎngguǎn yíngzào de jīgòu Wúshù de
左传》记载周王朝与诸侯都设有掌管营造的机构。无数的

mínggōng-qiǎojiàng wèi wǒmen liú·xiàle nàme duō hóngwěi de jiànzhù dàn què hěn shǎo bèi lièrù
名工巧匠为我们留下了那么多宏伟的建筑，但却//很少被列入

shǐjí yángmíng yú hòushì
史籍，扬名于后世。

Jiàngrén zhīsuǒyǐ chēng zhī wéi jiàng　qíshí bù jǐnjǐn shì yīn·wèi tāmen yōngyǒule mǒu zhǒng
匠人之所以称之为"匠"，其实不仅仅是因为他们拥有了某种

xiánshú de jìnéng bìjìng jìnéng hái kěyǐ tōngguò shíjiān de lěijī shúnéngshēngqiǎo dàn yùncáng
娴熟的技能，毕竟技能还可以通过时间的累积"熟能生巧"，但蕴藏

zài shǒuyì zhī shàng de nà zhǒng duì jiànzhù běnshēn de jìngwèi hé rè'ài què xūyào cóng lìshǐ de
在"手艺"之上的那种对建筑本身的敬畏和热爱却需要从历史的

cháng hé zhōng qù xúnmì
长 河 中 去 寻 觅。

Jiāng zhuànglì de Zǐjìnchéng wánhǎo de jiāo gěi wèilái zuì néng yǎngzhàng de biàn shì zhèxiē
将 壮 丽 的 紫 禁 城 完 好 地 交 给 未 来，最 能 仰 仗 的 便 是 这 些
mòmò fèngxiàn de jiàngrén Gùgōng de xiūhù zhùdìng shì yī chǎng méi·yǒu zhōngdiǎn de jiēlì ér
默 默 奉 献 的 匠 人。故 宫 的 修 护 注 定 是 一 场 没 有 终 点 的 接 力，而
tāmen jiù shì zuì hǎo de jiēlìzhě
他 们 就 是 最 好 的 接 力 者。

Jiéxuǎn zì Shàn Jìxiáng Dà Jiàng Wú Míng
节 选 自 单 霁 翔《大 匠 无 名》

Zuòpǐn 6 Hào
作品 6 号

Lìchūn guò hòu dàdì jiànjiàn cóng chénshuì zhōng sūxǐng guò·lái Bīngxuě rónghuà cǎomù
立 春 过 后，大 地 渐 渐 从 沉 睡 中 苏 醒 过 来。冰 雪 融 化，草 木
méngfā gè zhǒng huā cìdì kāifàng Zài guò liǎng gè yuè yànzi piānrán guīlái Bùjiǔ bùgǔniǎo yě
萌 发，各 种 花 次 第 开 放。再 过 两 个 月，燕 子 翩 然 归 来。不 久，布 谷 鸟 也
lái le Yúshì zhuǎnrù yánrè de xiàjì zhè shì zhíwù yùnyù guǒshí de shíqī Dàole qiūtiān guǒshí
来 了。于 是 转 入 炎 热 的 夏 季，这 是 植 物 孕 育 果 实 的 时 期。到 了 秋 天，果 实
chéngshú zhíwù de yèzi jiànjiàn biàn huáng zài qiūfēng zhōng sùsù de luò xià·lái Běiyàn-nánfēi
成 熟，植 物 的 叶 子 渐 渐 变 黄，在 秋 风 中 簌 簌 地 落 下 来。北 雁 南 飞，
huóyuè zài tiánjiān-cǎojì de kūnchóng yě dōu xiāoshēng-nìjì Dàochù chéngxiàn yī piàn shuāicǎo-liántiān
活 跃 在 田 间 草 际 的 昆 虫 也 都 销 声 匿 迹。到 处 呈 现 一 片 衰 草 连 天
de jǐngxiàng zhǔnbèi yíngjiē fēngxuě-zàitú de hándōng Zài dìqiú·shàng wēndài hé yàrèdài qūyù·lǐ
的 景 象，准 备 迎 接 风 雪 载 途 的 寒 冬。在 地 球 上 温 带 和 亚 热 带 区 域 里，
niánnián rú shì zhōu'érfùshǐ
年 年 如 是，周 而 复 始。

Jǐ qiān nián lái láodòng rénmín zhùyìle cǎomù-róngkū hòuniǎo-qùlái děng zìrán xiànxiàng tóng
几 千 年 来，劳 动 人 民 注 意 了 草 木 荣 枯、候 鸟 去 来 等 自 然 现 象 同
qìhòu de guānxi jù yǐ ānpái nóngshì Xìnghuā kāi le jiù hǎoxiàng dàzìrán zài chuányù yào gǎnkuài
气 候 的 关 系，据 以 安 排 农 事。杏 花 开 了，就 好 像 大 自 然 在 传 语 要 赶 快
gēng dì táohuā kāi le yòu hǎoxiàng zài ànshì yào gǎnkuài zhòng gǔzi Bùgǔniǎo kāishǐ chànggē
耕 地；桃 花 开 了，又 好 像 在 暗 示 要 赶 快 种 谷 子。布 谷 鸟 开 始 唱 歌，
láodòng rénmín dǒng·dé tā zài chàng shénme Āgōng āpó gē mài chā hé Zhèyàng kànlái
劳 动 人 民 懂 得 它 在 唱 什 么："阿 公 阿 婆，割 麦 插 禾。"这 样 看 来，
huāxiāng-niǎoyǔ cǎozhǎng-yīngfēi dōu shì dàzìrán de yǔyán
花 香 鸟 语，草 长 莺 飞，都 是 大 自 然 的 语 言。

Zhèxiē zìrán xiànxiàng wǒguó gǔdài láodòng rénmín chēng tā wéi wùhòu Wùhòu zhīshi zài
这 些 自 然 现 象，我 国 古 代 劳 动 人 民 称 它 为 物 候。物 候 知 识 在
wǒguó qǐyuán hěn zǎo Gǔdài liúchuán xià·lái de xǔduō nóngyàn jiù bāohánle fēngfù de wùhòu zhīshi
我 国 起 源 很 早。古 代 流 传 下 来 的 许 多 农 谚 就 包 含 了 丰 富 的 物 候 知 识。
Dàole jìndài lìyòng wùhòu zhīshi lái yánjiū nóngyè shēngchǎn yǐ·jīng fāzhǎn wéi yī mén kēxué jiù
到 了 近 代，利 用 物 候 知 识 来 研 究 农 业 生 产，已 经 发 展 为 一 门 科 学，就
shì wùhòuxué Wùhòuxué jìlù zhíwù de shēngzhǎng-róngkū dòngwù de yǎngyù-wǎnglái rú táohuā
是 物 候 学。物 候 学 记 录 植 物 的 生 长 荣 枯，动 物 的 养 育 往 来，如 桃 花
kāi yànzi lái děng zìrán xiànxiàng cóng'ér liǎojiě suízhe shíjié tuīyí de qìhòu biànhuà hé zhè
开、燕 子 来 等 自 然 现 象，从 而 了 解 随 着 时 节 // 推 移 的 气 候 变 化 和 这

zhǒng biànhuà duì dòng-zhíwù de yǐngxiǎng
种 变化 对 动植物 的 影响 。

Jiéxuǎn zì Zhú Kězhēn　Dàzìrán de Yǔyán
节选 自 竺可桢《 大自然 的 语言 》

Zuòpǐn 7 Hào
作品 7 号

　　Dāng gāosù lièchē cóng yǎnqián hūxiào ér guò shí　nà zhǒng zhuǎnshùn-jíshì de gǎnjué ràng
　　当 高速 列车 从 眼前 呼啸 而 过时，那 种 转瞬即逝 的 感觉 让
rénmen bù·débù fāwèn　gāosù lièchē pǎo de nàme kuài　sījī néng kànqīng lù ma
人们 不 得不 发问：高速 列车 跑 得 那么 快，司机 能 看清 路 吗？

　　Gāosù lièchē de sùdù fēicháng kuài　zuì dī shísù biāozhǔn shì èrbǎi gōnglǐ　Qiě bù shuō
　　高速 列车 的 速度 非常 快，最 低 时速 标准 是 二百 公里。且 不 说
néngjiàndù dī de wùmáitiān　jiùshì qíngkōng-wànlǐ de dàbáitiān　jíshǐ shì shìlì hǎo de sījī　yě
能见度 低 的 雾霾天，就是 晴空万里 的 大白天，即使 是 视力 好 的 司机，也
bù néng bǎozhèng zhèngquè shíbié dìmiàn de xìnhào　Dāng ròuyǎn kàndào qián·miàn yǒu zhàng'ài shí
不 能 保证 正确 识别 地面 的 信号。当 肉眼 看到 前面 有 障碍 时，
yǐ·jīng lái·bùjí fǎnyìng
已经 来不及 反应 。

　　Zhuānjiā gàosu wǒ　mùqián　wǒguó shísùsānbǎi gōnglǐ yǐshàng de gāotiě xiànlù bù shèzhì xìnhàojī
　　专家 告诉我，目前，我国 时速三百 公里 以上 的 高铁 线路 不 设置 信号机，
gāosù lièchē bù yòng kàn xìnhào xíngchē　ér shì tōngguò liè-kòng xìtǒng zìdòng shíbié qiánjìn fāngxiàng
高速 列车 不 用 看 信号 行车，而 是 通过 列控 系统 自动 识别 前进 方向 。
Qí gōngzuò liúchéng wéi　yóu tiělù zhuānyòng de quánqiú shùzì yídòng tōngxìn xìtǒng lái shíxiàn shùjù
其 工作 流程 为，由 铁路 专用 的 全球 数字 移动 通信 系统 来 实现 数据
chuánshū　kòngzhì zhōngxīn shíshí jiēshōu wúxiàn diànbō xìnhào　yóu jìsuànjī zìdòng páiliè chū měi tàng
传输 ，控制 中心 实时 接收 无线 电波 信号，由 计算机 自动 排列 出 每 趟
lièchē de zuì jiā yùnxíng sùdù hé zuì xiǎo xíngchē jiàngé jùlí　shíxiàn shíshí zhuīzōng kòngzhì
列车 的 最佳 运行 速度 和 最 小 行车 间隔 距离，实现 实时 追踪 控制，
quèbǎo gāosù lièchē jiàngé hélǐ de ānquán yùnxíng　Dāngrán　shísù èrbǎi zhì èrbǎi wǔshí gōnglǐ de
确保 高速 列车 间隔 合理地 安全 运行 。当然 ，时速 二百 至 二百五十 公里 的
gāotiě xiànlù　réngrán shèzhì xìnhàodēng kòngzhì zhuāngzhì　yóu chuántǒng de guǐdào diànlù jìnxíng
高铁 线路，仍然 设置 信号灯 控制 装置 ，由 传统 的 轨道 电路 进行
xìnhào chuánshū
信号 传输 。

　　Zhōngguó zìgǔ jiù yǒu qiānlǐyǎn de chuánshuō　jīnrì gāotiě ràng gǔrén de chuánshuō
　　中国 自古 就 有"千里眼 "的 传说 ，今日 高铁 让 古人 的 传说
chéngwéi xiànshí
成为 现实 。

　　Suǒwèi qiānlǐyǎn　jí gāotiě yánxiàn de shèxiàngtóu　jǐ háomǐ jiànfāng de shízǐr yě
　　所谓"千里眼"，即 高铁 沿线 的 摄像头 ，几 毫米 见方 的 石子儿 也
táo·bùguò tā de fǎyǎn　Tōngguò shèxiàngtóu shíshí cǎijí yánxiàn gāosù lièchē yùnxíng de xìnxī
逃 不 过 它 的 法眼。通过 摄像头 实时 采集 沿线 高速 列车 运行 的 信息，
yīdàn　chūxiàn gùzhàng huòzhě yìwù qīnxiàn　gāotiě diàodù zhǐhuī zhōngxīn jiānkòng zhōngduān de
一旦// 出现 故障 或者 异物 侵限，高铁 调度 指挥 中心 监控 终端 的
jièmiàn·shàng jiù huì chūxiàn yī gè hóngsè de kuàng jiāng mùbiāo suǒdìng　tóngshí　jiānkòng xìtǒng
界面 上 就会 出现 一个 红色 的 框 将 目标 锁定，同时，监控 系统

mǎshàng bàojǐng xiǎnshì　Diàodù zhǐhuī zhōngxīn huì xùnsù bǎ zhǐlìng chuándì gěi gāosù lièchē　sījī
马上　报警　显示。调度　指挥　中心　会迅速　把　指令　传递　给高速　列车　司机。

Jiéxuǎn zì Wáng Xióng　Dāngjīn Qiānlǐyǎn
节选　自　王雄　《当今"千里眼"》

Zuòpǐn 8 Hào
作品 8 号

　　Cóng Zhàoqìng Shì qūchē bàn xiǎoshí zuǒyòu　biàn dàole dōngjiāo fēngjǐng míngshèng Dǐnghú Shān
　　从　肇庆　市驱车半　小时　左右，便　到了　东郊　风景　名胜　鼎湖山。
Xiàle jǐ tiān de xiǎoyǔ gāng tíng　mǎn shān lǒngzhàozhe qīngshā shìde bówù
下了几天的小雨刚　停，满　山　笼罩着　轻纱　似的薄雾。

　　Guòle Háncuìqiáo　jiù tīngdào cóngcóng de quánshēng　Jìn shān yī kàn　cǎocóng shífèng
　　过了　寒翠桥，就　听到　淙淙　的　泉声。进山一看，草丛　石缝，
dàochù dōu yǒngliúzhe qīngliàng de quánshuǐ Cǎofēng-línmào　yīlù·shàng quánshuǐ shí yǐn shí xiàn
到处　都　涌流着　清亮　的　泉水。草丰林茂，一路　上　泉水　时隐时现，
quánshēng bùjuéyú'ěr　Yǒushí jǐ gǔ quánshuǐ jiāocuò liúxiè　zhēduàn lùmiàn　wǒmen děi xúnzhǎozhe
泉声　不绝于耳。有时几股　泉水　交错　流泻，遮断　路面，我们　得　寻找着
diànjiǎo de shíkuàir tiàoyuèzhe qiánjìn　Yù wǎng shàng zǒu shù yù mì　lùyīn yù nóng　Shīlùlù de
垫脚　的　石块　跳跃着　前进。愈往　上　走树愈密，绿阴愈浓。湿漉漉的
lùyè　yóurú dàhǎi de bōlàng　yī céng yī céng yǒngxiàng shāndǐng　Quánshuǐ yǐndàole nóngyīn de
绿叶，犹如大海的　波浪，一层　一层　涌向　山顶。泉水　隐到了　浓阴　的
shēnchù　ér quánshēng què gèngjiā qīngchún yuè'ěr　Hūrán　yún zhōng chuán·lái zhōngshēng　dùnshí
深处，而　泉声　却更加　清纯　悦耳。忽然，云中　传来　钟声，顿时
shān míng gǔ yìng　yōuyōuyángyáng　Ānxiáng hòuzhòng de zhōngshēng hé huānkuài huópo de
山　鸣谷应，悠悠扬扬。安详　厚重　的　钟声　和　欢快　活泼　的
quánshēng　zài yǔhòu níngjìng de mùsè zhōng　huìchéng yī piàn měimiào de yīnxiǎng
泉声，在雨后　宁静　的暮色　中　汇成　一片　美妙　的　音响。

　　Wǒmen xúnzhe zhōngshēng　láidàole bànshānyāo de Qìngyún Sì　Zhè shì yī zuò jiànyú Míngdài
　　我们　循着　钟声，来到了　半山腰　的庆云寺。这是一座　建于　明代、
guīmó hóngdà de Lǐngnán zhùmíng gǔchà　Tíngyuàn·lǐ fánhuā-sìjǐn　gǔshù-cāntiān Yǒu yī zhū yǔ
规模　宏大　的　岭南　著名　古刹。庭院　里繁花似锦，古树参天。有一株与
gǔchà tónglíng de cháhuā　hái yǒu liǎng zhū cóng　Sīlǐlánkǎ yǐnzhòng de　yǒu èrbǎi duō nián shùlíng
古刹　同龄　的茶花，还　有　两　株　从　斯里兰卡　引种的、有二百多年　树龄
de pútíshù　Wǒmen juédìng jiù zài zhè zuò sìyuàn·lǐ jièsù
的菩提树。我们　决定　就在这座　寺院　里借宿。

　　Rùyè　shān zhōng wànlài-jùjì　zhǐ yǒu quánshēng yīzhí chuánsòng dào zhěnbiān　Yīlù·shàng
　　入夜，山中　万籁俱寂，只有　泉声　一直　传送　到　枕边。一路　上
tīngdào de gè zhǒng quánshēng　zhè shíhou tǎng zài chuáng·shàng　kěyǐ yòng xīn xìxì de língtīng
听到的各种　泉声，这时候躺在床　上，可以用心细细地聆听、
biànshí pǐnwèi Nà xiàng xiǎotíqín yīyàng qīngróu de　shì cǎocóng zhōng liútǎng de xiǎoxī de shēngyīn
辨识、品味。那像　小提琴一样　轻柔的，是草丛　中　流淌的小溪的　声音；
nà xiàng pí·pá yīyàng qīngcuì de　　shì zài shífèng jiān diēluò de jiànshuǐ de shēngyīn　nà xiàng
那　像　琵琶一样　清脆的，//是在　石缝　间跌落的涧水的　声音；那　像
dàtíqín yīyàng hòuzhòng huíxiǎng de　shì wúshù dào xìliú huìjù yú kōnggǔ de shēngyīn　nà xiàng
大提琴一样　厚重　回响　的，是无数　道细流汇聚于空谷的　声音；那像
tóngguǎn qímíng yīyàng xiónghún pángbó de　shì fēipù-jíliú diērù shēntán de shēngyīn Hái yǒu yīxiē
铜管　齐鸣一样　雄浑　磅礴的，是飞瀑急流跌入深潭的　声音。还有一些

quánshēng hū gāo hū dī   hū jí hū huǎn   hū qīng hū zhuó   hū yáng hū yì   shì quánshuǐ zhèngzài
泉声 忽高忽低，忽急忽缓，忽清忽浊，忽扬忽抑，是 泉水 正在
rào·guò shùgēn   pāidǎ luǎnshí   chuānyuè cǎocóng   liúlián huājiān
绕过 树根，拍打 卵石，穿越 草丛，流连 花间……
Ménglóng zhōng   nà zīrùnzhe Dǐnghú Shān wàn mù   yùnyù chū péngbó shēngjī de qīngquán   fǎngfú
蒙眬 中，那滋润着鼎湖 山 万木，孕育出 蓬勃 生机的 清泉，仿佛
gǔgǔ de liújìnle wǒ de xīntián
汩汩地流进了我的 心田。

Jiéxuǎn zì Xiè Dàguāng   Dǐnghú Shān Tīng Quán
节选自 谢大光《鼎湖 山 听 泉》

Zuòpǐn 9 Hào
作品 9 号

　　Wǒ cháng xiǎng dúshūrén shì shìjiān xìngfú rén   Yīn·wèi tā chúle yōngyǒu xiànshí de shìjiè zhī
　　我 常 想 读书人是世间 幸福 人，因为 他除了 拥有 现实 的世界之
wài   hái yōngyǒu lìng yī gè gèngwéi hàohàn yě gèngwéi fēngfù de shìjiè   Xiànshí de shìjiè shì rénrén
外，还 拥有 另一个 更为 浩瀚也 更为 丰富的世界。现实 的 世界是人人
dōu yǒu de   ér hòu yī gè shìjiè què wéi dúshūrén suǒ dúyǒu   Yóu cǐ wǒ xiǎng   nàxiē shīqù huò bù
都 有的，而后一个 世界却为 读书人所 独有。由此我想，那些 失去或不
néng yuèdú de rén shì duōme de bùxìng   tāmen de sàngshī shì bù kě bǔcháng de   Shìjiān yǒu zhūduō
能 阅读的人是多么的 不幸，他们的 丧失是不可 补偿 的。世间 有 诸多
de bù píngděng   cáifù de bù píngděng   quánlì de bù píngděng   ér yuèdú nénglì de yōngyǒu huò
的不 平等，财富的不 平等，权力的不 平等，而阅读能力的 拥有 或
sàngshī què tǐxiàn wéi jīngshén de bù píngděng
丧失 却体现为 精神 的不 平等。

　　Yī gè rén de yīshēng   zhǐnéng jīnglì zìjǐ yōngyǒu de nà yī fèn xīnyuè   nà yī fèn kǔnàn
　　一个人的 一生，只能 经历自己 拥有 的那一份 欣悦，那一份苦难，
yéxǔ zài jiā·shàng tā qīnzì wén zhī de nà yīxiē guānyú zìshēn yǐwài de jīnglì hé jīngyàn   Rán'ér
也许再 加上 他亲自闻知的那一些 关于 自身以外的经历和 经验。然而
rénmen tōngguò yuèdú   què néng jìnrù bùtóng shíkōng de zhūduō tārén de shìjiè   Zhèyàng   jùyǒu
人们 通过 阅读，却能 进入 不同 时空 的诸多他人的 世界。这样，具有
yuèdú nénglì de rén   wúxíng jiān huòdéle chāoyuè yǒuxiàn shēngmìng de wúxiàn kěnéngxìng   Yuèdú
阅读 能力的人，无形 间 获得了 超越 有限 生命 的无限 可能性。阅读
bùjǐn shǐ tā duō shíle cǎo-mù-chóng-yú zhī míng   érqiě kěyǐ shàngsù yuǎngǔ xià jí wèilái   bǎolǎn
不仅 使他多 识了 草木虫鱼 之名，而且可以 上溯 远古下及未来，饱览
cúnzài de yǔ fēicúnzài de qífēng-yìsú
存在 的与非存在的奇风异俗。

　　Gèngwéi zhòngyào de shì   dúshū jiāhuì yú rénmen de bùjǐn shì zhīshi de zēngguǎng   érqiě hái
　　更为 重要 的是，读书加惠于人们 的不仅是知识的 增广，而且还
zàiyú jīngshén de gǎnhuà yǔ táoyě   Rénmen cóng dúshū xué zuòrén   cóng nàxiē wǎngzhé xiānxián
在于 精神 的 感化与陶冶。人们 从 读书学 做人，从 那些 往哲 先贤
yǐjí dāngdài cáijùn de zhùshù zhōng xuédé tāmen de réngé   Rénmen cóng   Lúnyǔ   zhōng xuédé
以及 当代 才俊的 著述 中 学得 他们的 人格。人们 从《论语》中 学得
zhìhuì de sīkǎo   cóng   Shǐjì   zhōng xuédé yánsù de lìshǐ jīngshén   cóng   Zhèngqìgē   zhōng
智慧的思考，从《史记》中 学得严肃的历史 精神，从《正气歌》中
xuédé réngé de gāngliè   cóng Mǎkèsī xuédé rénshì   de jīqíng   cóng Lǔ Xùn xuédé pīpàn jīngshén
学得人格的 刚烈，从 马克思学得人世//的激情，从鲁迅学得 批判 精神，

cóng tuō'ěrsītài xuédé dàodé de zhízhuó　Gēdé de shījù kèxiězhe ruìzhì de rénshēng　Bàilún de shījù
从 托尔斯泰 学得 道德 的 执着。歌德 的 诗句 刻写着 睿智 的 人生，拜伦 的 诗句

hūhuànzhe fèndòu de rèqíng　Yī gè dúshūrén　yī gè yǒu jī·huì yōngyǒu chāohū gèrén shēngmìng tǐyàn
呼唤着 奋斗 的 热情。一个 读书人，一个 有 机会 拥有 超乎 个人 生命 体验

de xìngyùn rén
的 幸运 人。

Jiéxuǎn zì Xiè Miǎn　Dúshūrén Shì Xìngfú Rén
节选 自 谢冕《读书人 是 幸福 人》

Zuòpǐn 10 Hào
作品 10 号

　　Wǒ ài yuèyè　dàn wǒ yě ài xīngtiān　Cóngqián zài jiāxiāng qī-bāyuè de yèwǎn zài tíngyuàn·lǐ
　　我 爱 月夜，但 我 也 爱 星天。从前 在 家乡 七八月 的 夜晚 在 庭院 里

nàliáng de shíhou　wǒ zuì ài kàn tiān·shàng mìmìmámá de fánxīng　Wàngzhe xīngtiān　wǒ jiù huì
纳凉 的 时候，我 最 爱 看 天上 密密麻麻 的 繁星。望着 星天，我 就 会

wàngjì yīqiē　fǎngfú huídàole mǔ·qīn de huái·lǐ shìde
忘记 一切，仿佛 回到了 母亲 的 怀 里 似的。

　　Sān nián qián zài Nánjīng wǒ zhù de dìfang yǒu yī dào hòumén　měi wǎn wǒ dǎkāi hòumén　biàn
　　三 年 前 在 南京 我 住 的 地方 有 一 道 后门，每 晚 我 打开 后门，便

kàn·jiàn yī gè jìngjì de yè　xià·miàn shì yī piàn càiyuán　shàng·miàn shì xīngqún mìbù de
看见 一个 静寂 的 夜。下面 是 一片 菜园，上面 是 星群 密布 的

lántiān　Xīngguāng zài wǒmen de ròuyǎn·lǐ suīrán wēixiǎo　rán'ér tā shǐ wǒmen jué·dé guāngmíng
蓝天。星光 在 我们 的 肉眼 里 虽然 微小，然而 它 使 我们 觉得 光明

wúchù-bùzài　Nà shíhou wǒ zhèngzài dú yīxiē tiānwénxué de shū　yě rènde yīxiē xīngxing hǎoxiàng
无处不在。那 时候 我 正在 读 一些 天文学 的 书，也 认得 一些 星星，好像

tāmen jiùshì wǒ de péngyou　tāmen chángcháng zài hé wǒ tánhuà yīyàng
它们 就是 我 的 朋友，它们 常常 在 和 我 谈话 一样。

　　Rújīn zài hǎi·shàng　měi wǎn hé fánxīng xiāngduì　wǒ bǎ tāmen rènde hěn shú le　Wǒ tǎng zài
　　如今 在 海上，每 晚 和 繁星 相对，我 把 它们 认得 很 熟 了。我 躺 在

cāngmiàn·shàng　yǎngwàng tiānkōng　Shēnlánsè de tiānkōng·lǐ xuánzhe wúshù bànmíng-bànmèi de
舱面 上，仰望 天空。深蓝色 的 天空 里 悬着 无数 半明半昧 的

xīng　Chuán zài dòng　xīng yě zài dòng　tāmen shì zhèyàng dī　zhēn shì yáoyáo-yùzhuì ne　Jiànjiàn
星。船 在 动，星 也 在 动，它们 是 这样 低，真 是 摇摇欲坠 呢！渐渐

de wǒ de yǎnjing móhu le　wǒ hǎoxiàng kàn·jiàn wúshù yínghuǒchóng zài wǒ de zhōuwéi fēiwǔ
地 我 的 眼睛 模糊 了，我 好像 看见 无数 萤火虫 在 我 的 周围 飞舞。

Hǎi·shàng de yè shì róuhé de　shì jìngjì de　shì mènghuàn de　Wǒ wàngzhe xǔduō rènshi de xīng
海上 的 夜 是 柔和 的，是 静寂 的，是 梦幻 的。我 望着 许多 认识 的 星，

wǒ fǎngfú kàn·jiàn tāmen zài duì wǒ zhǎyǎn　wǒ fǎngfú tīng·jiàn tāmen zài xiǎoshēng shuōhuà　Zhèshí
我 仿佛 看见 它们 在 对 我 眨眼，我 仿佛 听见 它们 在 小声 说话。这时

wǒ wàngjìle yīqiē　Zài xīng de huáibào zhōng wǒ wēixiàozhe　wǒ chénshuìzhe　Wǒ jué·dé zìjǐ shì
我 忘记了 一切。在 星 的 怀抱 中 我 微笑着，我 沉睡着。我 觉得 自己 是

yī gè xiǎoháizi　xiànzài shuì zài mǔ·qīn de huái·lǐ le
一个 小孩子，现在 睡 在 母亲 的 怀 里 了。

　　Yǒu yī yè　nàge zài Gēlúnbō shàng chuán de Yīngguórén zhǐ gěi wǒ kàn tiān·shàng de jùrén
　　有 一夜，那个 在 哥伦波 上 船 的 英国人 指给 我 看 天上 的 巨人。

Tā yòng shǒu zhǐzhe　nà sì kē míngliàng de xīng shì tóu　xià·miàn de jǐ kē shì shēnzi　zhè jǐ
他 用 手 指着：//那 四颗 明亮 的 星 是 头，下面 的 几颗 是 身子，这 几

kē shì shǒu　nà jǐ kē shì tuǐ hé jiǎo　hái yǒu sān kē xīng suànshì yāodài　Jīng tā zhè yīfān zhǐdiǎn
颗是手，那几颗是腿和脚，还有三颗星算是腰带。经他这一番指点，
wǒ guǒrán kàn qīngchule nàge tiān·shàng de jùren　Kàn　nàge jùren hái zài pǎo ne
我果然看清楚了那个天上的巨人。看，那个巨人还在跑呢！

Jiéxuǎn zì Bājīn　Fánxīng
节选自巴金《繁星》

Zuòpǐn 11 Hào
作品 11 号

　　Qiántáng Jiāng dàcháo　zìgǔ yǐlái bèi chēngwéi tiānxià qíguān
　　钱塘江大潮，自古以来被称为天下奇观。

　　Nónglì bāyuè shíbā shì yī nián yī dù de guāncháorì　Zhè yī tiān zǎoshang　wǒmen láidàole
　　农历八月十八是一年一度的观潮日。这一天早上，我们来到了
Hǎiníng Shì de Yánguān Zhèn　jùshuō zhè·lǐ shì guāncháo zuì hǎo de dìfang　Wǒmen suízhe guāncháo
海宁市的盐官镇，据说这里是观潮最好的地方。我们随着观潮
de rénqún　dēng·shàngle hǎitáng dàdī　Kuānkuò de Qiántáng Jiāng héngwò zài yǎnqián　Jiāngmiàn
的人群，登上了海塘大堤。宽阔的钱塘江横卧在眼前。江面
hěn píngjìng　yuè wǎng dōng yuè kuān　zài yǔhòu de yángguāng·xià　lǒngzhàozhe yī céng méngméng
很平静，越往东越宽，在雨后的阳光下，笼罩着一层蒙蒙
de bówù　Zhènhǎi gǔtǎ　Zhōngshāntíng hé Guāncháotái yìlì zài jiāngbiān　Yuǎnchù　jǐ zuò
的薄雾。镇海古塔、中山亭和观潮台屹立在江边。远处，几座
xiǎoshān zài yúnwù zhōng ruòyǐn-ruòxiàn　Jiāngcháo hái méi·yǒu lái　hǎitáng dàdī·shàng zǎoyǐ
小山在云雾中若隐若现。江潮还没有来，海塘大堤上早已
rénshān-rénhǎi　Dàjiā ángshǒu dōng wàng　děngzhe　pànzhe
人山人海。大家昂首东望，等着，盼着。

　　Wǔhòu yī diǎn zuǒyòu　cóng yuǎnchù chuánlái lónglóng de xiǎngshēng　hǎoxiàng mènléi gǔndòng
　　午后一点左右，从远处传来隆隆的响声，好像闷雷滚动。
Dùnshí rénshēng-dǐngfèi　yǒu rén gàosu wǒmen　cháo lái le　Wǒmen diǎnzhe jiǎo wǎng dōng wàng·qù
顿时人声鼎沸，有人告诉我们，潮来了！我们踮着脚往东望去，
jiāngmiàn háishi fēngpíng-làngjìng　kàn·bù chū yǒu shénme biànhuà　Guòle yīhuìr　xiǎng shēng yuè
江面还是风平浪静，看不出有什么变化。过了一会儿，响声越
lái yuè dà　zhǐ jiàn dōng·biān shuǐtiān-xiāngjiē de dìfang chūxiànle yī tiáo báixiàn　rénqún yòu
来越大，只见东边水天相接的地方出现了一条白线，人群又
fèiténg qǐ·lái
沸腾起来。

　　Nà tiáo báixiàn hěn kuài de xiàng wǒmen yí·lái　zhújiàn lā cháng　biàn cū　héngguàn jiāngmiàn
　　那条白线很快地向我们移来，逐渐拉长，变粗，横贯江面。
Zài jìn xiē　zhǐ jiàn báilàng fāngǔn　xíngchéng yī dǔ liǎng zhàng duō gāo de shuǐqiáng　Làngcháo yuè
再近些，只见白浪翻滚，形成一堵两丈多高的水墙。浪潮越
lái yuè jìn　yóurú qiān-wàn pǐ báisè zhànmǎ qítóu-bìngjìn　hàohàodàngdàng de fēibēn'érlái　nà
来越近，犹如千万匹白色战马齐头并进，浩浩荡荡地飞奔而来；那
shēngyīn rútóng shānbēng-dìliè　hǎoxiàng dàdì dōu bèi zhèn de chàndòng qǐ·lái
声音如同山崩地裂，好像大地都被震得颤动起来。

　　Shàshí　cháotóu bēnténg xī qù　kěshì yúbō hái zài màntiān-juǎndì bān yǒng·lái　jiāngmiàn·shàng
　　霎时，潮头奔腾西去，可是余波还在漫天卷地般涌来，江面上
yījiù fēngháo-lànghǒu　Guòle hǎojiǔ　Qiántáng Jiāng cái huīfùle　píngjìng　Kànkan dī xià
依旧风号浪吼。过了好久，钱塘江才恢复了//平静。看看堤下，

jiāngshuǐ yǐ·jīng zhǎngle liǎng zhàng lái gāo le
江水 已经 涨了 两 丈 来 高了。

Jiéxuǎn zì Zhào Zōngchéng Zhū Míngyuán Guān Cháo
节选自　赵宗成　、朱明元《观 潮》

Zuòpǐn 12 Hào
作品 12 号

　　Wǒ hé jǐ gè háizi zhàn zài yī piàn yuánzi·lǐ gǎnshòu qiūtiān de fēng Yuánzi·lǐ zhǎngzhe
我 和 几 个 孩子 站 在 一 片 园子 里，感受 秋天 的 风。园子 里 长着

jǐ kē gāodà de wútóngshù wǒmen de jiǎo dǐ·xià pūle yī céng hòuhòu de wútóngyè Yè kūhuáng
几 棵 高大 的 梧桐树，我们 的 脚 底 下，铺了 一 层 厚厚 的 梧桐叶。叶 枯黄，

jiǎo cǎi zài shàng·miàn gāzhī gāzhī cuìxiǎng Fēng hái zài yígèjìnr de guā chuīdǎzhe shù·shàng
脚 踩 在 上 面 ，嘎吱 嘎吱 脆响。风 还 在 一个 劲儿 地 刮，吹打着 树 上

kělián de jǐ piàn yèzi nà shàng·miàn jiù kuài chéng guāngtūtū de le
可怜 的 几 片 叶子，那 上 面 就 快 成 光秃秃 的 了。

　　Wǒ gěi háizimen shàng xiězuòkè ràng háizimen miáomó zhè qiūtiān de fēng Yǐwéi tāmen yīdìng
我 给 孩子们 上 写作课，让 孩子们 描摹 这 秋天 的 风。以为 他们 一定

huì shuō hánlěng cánkù hé huāngliáng zhīlèi de jiéguǒ què chūhū wǒ de yìliào
会 说 寒冷、残酷 和 荒凉 之类 的，结果 却 出乎 我 的 意料。

　　Yī gè háizi shuō qiūtiān de fēng xiàng bǎ dà jiǎndāo tā jiǎn ya jiǎn de jiù bǎ shù·shàng
一 个 孩子 说，秋天 的 风，像 把 大 剪刀，它 剪 呀 剪 的，就 把 树 上

de yèzi quán jiǎnguāng le
的 叶子 全 剪光 了。

　　Wǒ zànxǔle zhège bǐyù Yǒu èryuè chūnfēng sì jiǎndāo zhī shuō qiūtiān de fēng hécháng bù
我 赞许了 这个 比喻。有 二月 春风 似 剪刀 之 说，秋天 的 风，何尝 不

shì yī bǎ jiǎndāo ne Zhǐ bùguò tā jiǎn chū·lái de bù shì huāhóng-yèlù ér shì bàiliǔ-cánhé
是 一 把 剪刀 呢？只 不过，它 剪 出 来 的 不 是 花红叶绿，而 是 败柳残荷。

　　Jiǎnwán le tā ràng yángguāng lái zhù zhège háizi tūrán jiēzhe shuō yī jù Tā yǎng xiàng wǒ
剪完 了，它 让 阳光 来 住，这个 孩子 突然 接着 说 一 句。他 仰 向 我

de xiǎoliǎnr bèi fēng chuīzhe xiàng zhǐ tōnghóng de xiǎo píngguǒ Wǒ zhèngzhù tái tóu kàn shù nà
的 小脸，被 风 吹着，像 只 通红 的 小 苹果。我 怔住，抬头 看树，那

shàng·miàn guǒzhēn de pámǎn yángguāng a měi gēn zhītiáo·shàng dōu shì Shī yǔ dé cónglái
上 面 ，果真 的，爬满 阳光 啊，每 根 枝条 上 都 是。失 与 得，从来

dōu shì rúcǐ jūnhéng shù zài shīqù yèzi de tóngshí què chéngjiēle mǎn shù de yángguāng
都 是 如此 均衡，树 在 失去 叶子 的 同时，却 承接了 满 树 的 阳光 。

　　Yī gè háizi shuō qiūtiān de fēng xiàng gè móshùshī tā huì biànchū hǎoduō hǎochīde língjiǎo
一 个 孩子 说，秋天 的 风，像 个 魔术师，它 会 变出 好多 好吃的，菱角

ya huāshēng ya píngguǒ ya pú·táo ya hái yǒu guìhuā kěyǐ zuò guìhuāgāo Wǒ zuótiān chīle
呀，花生 呀，苹果 呀，葡萄 呀。还 有 桂花，可以 做 桂花糕。我 昨天 吃了

guìhuāgāo māma shuō shì fēng biàn chū·lái de
桂花糕，妈妈 说，是 风 变 出 来 的。

　　Wǒ xiào le Xiǎokě'ài jīng nǐ zhème yī shuō qiūtiān de fēng hái zhēn shì xiāng de Wǒ hé hái //
我 笑 了。小可爱，经 你 这么 一 说，秋天 的 风，还 真 是 香 的。我 和 孩 //

zimen yīqǐ xiù sìhū jiù wénjiànle fēng de wèi·dào xiàng kuàir zhēng de rèqì-téngténg de guìhuāgāo
子们 一起 嗅，似乎 就 闻见了 风 的 味道 ，像 块 蒸 得 热气腾腾 的 桂花糕。

Jiéxuǎn zì Dīng Lìméi Háizi hé Qiūfēng
节选 自 丁立梅《孩子 和 秋风》

Zuòpǐn 13 Hào
作品 13 号

　　Xīyáng luòshān bùjiǔ　xīfāng de tiānkōng　hái ránshāozhe yī piàn júhóngsè de wǎnxiá　Dàhǎi
　　夕阳 落山 不久，西方 的 天空，还 燃烧着 一 片 橘红色 的 晚霞。大海，

yě bèi zhè xiáguāng rǎnchéngle hóngsè　érqiě bǐ tiānkōng de jǐngsè gèng yào zhuàngguān　Yīn·wèi
也 被 这 霞光 染成了 红色，而且 比 天空 的 景色 更 要 壮观 。 因为

tā shì huó·dòng de　měi dāng yīpáipái bōlàng yǒngqǐ de shíhou　nà yìngzhào zài làngfēng·shàng
它 是 活动 的，每当 一排排 波浪 涌起 的 时候，那 映照 在 浪峰 上

de xiáguāng　yòu hóng yòu liàng　jiǎnzhí jiù xiàng yīpiànpiàn huòhuò ránshāozhe de huǒyàn
的 霞光 ，又 红 又 亮，简直 就 像 一片片 霍霍 燃烧着 的 火焰

shǎnshuòzhe xiāoshī le　Ér hòu·miàn de yī pái　yòu shǎnshuòzhe　gǔndòngzhe　yǒngle guò·lái
闪烁着 ，消失 了。而 后面 的 一排，又 闪烁着 ，滚动着 ，涌了 过 来。

　　Tiānkōng de xiáguāng jiànjiàn de dàn xià·qù le　shēnhóng de yánsè biànchéngle fēihóng
　　天空 的 霞光 渐渐 地 淡 下去 了，深红 的 颜色 变成了 绯红

fēihóng yòu biànwéi qiǎnhóng　Zuìhòu　dāng zhè yīqiē hóngguāng dōu xiāoshīle de shíhou　nà tūrán
绯红 又 变为 浅红 。最后， 当 这 一切 红光 都 消失了 的 时候，那 突然

xiǎn·dé gāo ér yuǎn le de tiānkōng　zé chéngxiàn chū yī piàn sùmù de shénsè　Zuì zǎo chūxiàn de
显得 高 而 远了 的 天空， 则 呈现 出 一 片 肃穆 的 神色。最早 出现 的

qǐmíngxīng　zài zhè lánsè de tiānmù·shàng shǎnshuò qǐ·lái le　Tā shì nàme dà　nàme liàng
启明星，在 这 蓝色 的 天幕 上 闪烁 起来 了。它 是 那么 大，那么 亮，

zhěnggè guǎngmò de tiānmù·shàng zhǐyǒu tā zài nà·lǐ fàngshèzhe lìng rén zhùmù de guānghuī
整个 广漠 的 天幕 上 只有 它 在 那里 放射着 令人 注目 的 光辉，

huóxiàng yī zhǎn xuánguà zài gāokōng de míngdēng
活像 一 盏 悬挂 在 高空 的 明灯 。

　　Yèsè jiā nóng　cāngkōng zhōng de míngdēng yuè lái yuè duō le　Ér chéngshì gè chù de zhēn
　　夜色 加浓， 苍空 中 的"明灯"越 来越 多了。而 城市 各 处 的 真

de dēnghuǒ yě cìdì liàngle qǐ·lái yóuqí shì wéirǎo zài hǎigǎng zhōuwéi shānpō·shàng de nà yī
的 灯火 也 次第 亮了 起来，尤其 是 围绕 在 海港 周围 山坡 上 的 那一

piàn dēngguāng cóng bànkōng dàoyìng zài wūlán de hǎimiàn·shàng suízhe bōlàng huàngdòngzhe
片 灯光 ，从 半空 倒映 在 乌蓝 的 海面 上 ，随着 波浪 ，晃动着 ，

shǎnshuòzhe xiàng yī chuàn liúdòngzhe de zhēnzhū hé nà yīpiànpiàn mìbù zài cāngqióng·lǐ de
闪烁着 ，像 一 串 流动着 的 珍珠 ，和那 一片片 密布 在 苍穹 里 的

xīngdǒu hùxiāng huīyìng shà shì hǎokàn
星斗 互相 辉映，煞 是 好看。

　　Zài zhè yōuměi de yèsè zhōng　wǒ tàzhe ruǎnmiánmián de shātān　yánzhe hǎibiān　mànmàn de
　　在 这 优美 的 夜色 中，我 踏着 软绵绵 的 沙滩 ，沿着 海边，慢慢 地

xiàngqián zǒu·qù Hǎishuǐ　qīngqīng de fǔmōzhe xìruǎn de shātān fāchū wēnróu de　shuāshuā
向前 走去。海水，轻轻 地 抚摸着 细软 的 沙滩，发出 温柔 的 // 唰唰

shēng Wǎnlái de hǎifēng　qīngxīn ér yòu liángshuǎng Wǒ de xīn·lǐ yǒuzhe shuō·bù chū de
声 。晚来 的 海风 清新 而 又 凉爽 。我 的 心里，有着 说 不 出 的

xīngfèn hé yúkuài
兴奋 和 愉快。

　　Yèfēng qīngpiāopiāo de chuīfúzhe　kōngqì zhōng piāodàngzhe yī zhǒng dàhǎi hé tiánhé xiāng
　　夜风 轻飘飘 地 吹拂着，空气 中 飘荡着 一 种 大海 和 田禾 相

hùnhé de xiāngwèir　róuruǎn de shātān·shàng hái cánliúzhe bái·tiān tài·yáng zhìshài de yúwēn
混合 的 香味儿，柔软 的 沙滩 上 还 残留着 白天 太阳 炙晒 的 余温。

Nàxiē zài gègè gōngzuò gǎngwèi·shàng láodòngle yī tiān de rénmen　sānsānliǎngliǎng de láidào zhè
那些 在 各个 工作 岗位 上 劳动了 一 天 的 人们， 三三两两 地 来到 这
ruǎnmiánmián de shātān·shàng　tāmen yùzhe liángshuǎng de hǎifēng　wàngzhe nà zhuìmǎnle xīngxing
软绵绵 的 沙滩 上 ，他们 浴着 凉爽 的 海风， 望着 那 缀满了 星星
de yèkōng　jìnqíng de shuōxiào　jìnqíng de xiūqì
的 夜空，尽情 地 说笑， 尽情 地 休憩。

Jiéxuǎn zì Jùnqīng　Hǎibīn Zhòngxià Yè
节选 自 峻青《 海滨 仲夏 夜》

Zuòpǐn 14 Hào
作品 14 号

　　Shēngmìng zài hǎiyáng·lǐ dànshēng jué bù shì ǒurán de　hǎiyáng de wùlǐ hé huàxué xìngzhì
　　生命 在 海洋 里 诞生 绝不是 偶然 的， 海洋 的 物理 和 化学 性质，
shǐ tā chéngwéi yùnyù yuánshǐ shēngmìng de yáolán
使它 成为 孕育 原始 生命 的 摇篮。

　　Wǒmen zhī·dào　shuǐ shì shēngwù de zhòngyào zǔchéng bùfen　xǔduō dòngwù zǔzhī de
　　我们 知道， 水 是 生物 的 重要 组成 部分， 许多 动物 组织 的
hánshuǐliàng zài bǎi fēn zhī bāshí yǐshàng　ér yīxiē hǎiyáng shēngwù de hánshuǐliàng gāodá bǎi fēn zhī
含水量 在 百分之八十 以上，而 一些 海洋 生物 的 含水量 高达 百分之
jiǔshíwǔ　Shuǐ shì xīnchén-dàixiè de zhòngyào méijiè　méi·yǒu tā　tǐnèi de yīxìliè shēnglǐ hé
九十五。水 是 新陈代谢 的 重要 媒介， 没有 它， 体内 的 一系列 生理 和
shēngwù huàxué fǎnyìng jiù wúfǎ jìnxíng　shēngmìng yě jiù tíngzhǐ　Yīncǐ　zài duǎn shíqī nèi dòngwù
生物 化学 反应 就无法 进行， 生命 也就 停止。因此，在 短 时期 内 动物
quē shuǐ yào bǐ quēshǎo shíwù gèngjiā wēixiǎn　Shuǐ duì jīntiān de shēngmìng shì rúcǐ zhòngyào　tā
缺 水要 比 缺少 食物 更加 危险。水 对 今天 的 生命 是 如此 重要，它
duì cuìruò de yuánshǐ shēngmìng　gèng shì jǔzú-qīngzhòng le　Shēngmìng zài hǎiyáng·lǐ dànshēng
对 脆弱 的 原始 生命， 更是 举足轻重 了。 生命 在 海洋 里 诞生，
jiù bù huì yǒu quē shuǐ zhī yōu
就 不会 有 缺 水 之忧。

　　Shuǐ shì yī zhǒng liánghǎo de róngjì　Hǎiyáng zhōng hányǒu xǔduō shēngmìng suǒ bìxū de
　　水 是 一 种 良好 的 溶剂。海洋 中 含有 许多 生命 所 必需 的
wújīyán　rú lǜhuànà　lǜhuàjiǎ　tànsuānyán　línsuānyán　háiyǒu róngjiěyǎng　yuánshǐ shēngmìng
无机盐，如 氯化钠、氯化钾、碳酸盐 、磷酸盐，还有 溶解氧， 原始 生命
kěyǐ háobù fèilì de cóngzhōng xīqǔ tā suǒ xūyào de yuánsù
可以 毫不 费力 地 从中 吸取 它 所 需要 的 元素。

　　Shuǐ jùyǒu hěn gāo de rè róngliàng　jiāzhī hǎiyáng hàodà　rènpíng xiàjì lièrì pùshài　dōngjì
　　水 具有 很 高 的 热 容量，加之 海洋 浩大，任凭 夏季 烈日 曝晒，冬季
hánfēng sǎodàng　tā de wēndù biànhuà què bǐjiào xiǎo　Yīncǐ　jùdà de hǎiyáng jiù xiàng shì tiānrán
寒风 扫荡，它 的 温度 变化 却 比较 小。因此，巨大 的 海洋 就 像 是 天然
de wēnxiāng　shì yùnyù yuánshǐ shēngmìng de wēnchuáng
的" 温箱"，是 孕育 原始 生命 的 温床 。

　　Yángguāng suīrán wéi shēngmìng suǒ bìxū　dànshì yángguāng zhōng de zǐwàixiàn què yǒu èshā
　　阳光 虽然 为 生命 所 必需，但是 阳光 中 的 紫外线 却 有 扼杀
yuánshǐ shēngmìng de wēixiǎn　Shuǐ néng yǒuxiào de xīshōu zǐwàixiàn　yīn'ér yòu wèi yuánshǐ
原始 生命 的 危险。水 能 有效 地 吸收 紫外线， 因而 又 为 原始
shēngmìng tígōngle tiānrán de píngzhàng
生命 提供了 天然 的" 屏障"。

Zhè yīqiè dōu shì yuánshǐ shēngmìng déyǐ chǎnshēng hé fāzhǎn de bìyào tiáojiàn
这 一切 都 是 原始 生命 得以 产生 和 发展 的 必要 条件。//

Jiéxuǎn zì Tóng Chángliàng Hǎiyáng yǔ Shēngmìng
节选 自 童裳亮 《海洋 与 生命》

Zuòpǐn 15 Hào
作品 15 号

Zài wǒguó lìshǐ dìlǐ zhōng yǒu sān dà dūchéng mìjíqū tāmen shì Guānzhōng Péndì Luòyáng
在 我国 历史 地理 中，有 三大 都城 密集区，它们 是：关中 盆地、洛阳
Péndì Běijīng Xiǎopíngyuán Qízhōng měi yī gè dìqū dōu céng dànshēngguo sì gè yǐshàng dàxíng
盆地、北京 小平原。其中 每 一个 地区 都 曾 诞生过 四 个 以上 大型
wángcháo de dūchéng Ér Guānzhōng Péndì Luòyáng Péndì shì qiáncháo lìshǐ de liǎng gè dūchéng
王朝 的 都城。而 关中 盆地、洛阳 盆地 是 前朝 历史 的 两 个 都城
mìjíqū zhèng shì tāmen gòuchéngle zǎoqī wénmíng héxīn dìdài zhōng zuì zhòngyào de nèiróng
密集区，正 是 它们 构成了 早期 文明 核心 地带 中 最 重要 的 内容。

Wèi shénme zhège dìdài huì chéngwéi Huáxià wénmíng zuì xiānjìn de dìqū Zhè zhǔyào shì yóu
为 什么 这个 地带 会 成为 华夏 文明 最 先进 的 地区？这 主要 是 由
liǎng gè fāngmiàn de tiáojiàn cùchéng de yī gè shì zìrán huánjìng fāngmiàn de yī gè shì rénwén
两 个 方面 的 条件 促成 的，一个 是 自然 环境 方面 的，一个 是 人文
huánjìng fāngmiàn de
环境 方面 的。

Zài zìrán huánjìng fāngmiàn zhè·lǐ shì wǒguó wēndài jìfēng qìhòudài de nánbù jiàngyǔ qìwēn
在 自然 环境 方面，这里 是 我国 温带 季风 气候带 的 南部，降雨、气温、
tǔrǎng děng tiáojiàn dōu kěyǐ mǎnzúhànzuò nóngyè de xūqiú Zhōngguó běifāng de gǔdài nóngzuòwù
土壤 等 条件 都 可以 满足 旱作 农业 的 需求。中国 北方 的 古代 农作物，
zhǔyào shì yīniánshēng de sù hé shǔ Huánghé zhōng-xiàyóu de zìrán huánjìng wèi sù-shǔ zuòwù de
主要 是 一年生 的 粟 和 黍。黄河 中下游 的 自然 环境 为 粟黍 作物 的
zhòngzhí hé gāochǎn tígōngle détiān-dúhòu de tiáojiàn Nóngyè shēngchǎn de fādá huì cùjìn zhěnggè
种植 和 高产 提供了 得天独厚 的 条件。农业 生产 的 发达，会 促进 整个
shèhuì jīngjì de fāzhǎn cóng'ér tuīdòng shèhuì de jìnbù
社会 经济 的 发展，从而 推动 社会 的 进步。

Zài rénwén huánjìng fāngmiàn zhè·lǐ shì nán-běifāng dōng-xīfāng dàjiāoliú de zhóuxīn dìqū Zài zuì
在 人文 环境 方面，这里 是 南北方、东西方 大交流 的 轴心 地区。在 最
zǎo de liù dà xīn shíqì wénhuà fēnbù xíngshìtú zhōng kěyǐ kàndào Zhōngyuán chǔyú zhèxiē wénhuà fēnbù
早 的 六大 新石器 文化 分布 形势图 中 可以 看到，中原 处于 这些 文化 分布
de zhōngyāng dìdài Wúlùn shì kǎogǔ fāxiàn háishi lìshǐ chuánshuō dōu yǒu nán-běi wénhuà cháng jùlí
的 中央 地带。无论 是 考古 发现 还是 历史 传说，都 有 南北 文化 长 距离
jiāoliú dōng-xi wénhuà xiānghù pèngzhuàng de zhèngjù Zhōngyuán dìqū zài kōngjiān·shàng qiàqià wèijū
交流、东西 文化 相互 碰撞 的 证据。中原 地区 在 空间 上 恰恰 位居
zhōngxīn chéngwéi xìnxī zuì fādá yǎnjiè zuì kuānguǎng huó·dòng zuì fánmáng jìngzhēng zuì jīliè
中心，成为 信息 最发达、眼界 最 宽广、活动 最// 繁忙、竞争 最 激烈
de dìfang Zhèng shì zhèxiē huó·dòng tuīdòngle gè xiàng rénwén shìwù de fāzhǎn wénmíng de
的 地方。正 是 这些 活动，推动了 各 项 人文 事务 的 发展，文明 的
fāngfāngmiànmiàn jiù shì zài chǔlǐ gè lèi shìwù de guòchéng zhōng bèi kāichuàng chū·lái de
方方面面 就是 在 处理 各类 事务 的 过程 中 被 开创 出来 的。

Jiéxuǎn zì Táng Xiǎofēng Huáxià Wénmíng de Fāzhǎn yǔ Rónghé
节选 自 唐晓峰 《华夏 文明 的 发展 与 融合》

Zuòpǐn 16 Hào
作品 16 号

于很多中国人而言，火车就是故乡。在中国人的心中，故乡的地位尤为重要，老家的意义非同寻常，所以，即便是坐过无数次火车，但印象最深刻的，或许还是返乡那一趟车。那一列列返乡的火车所停靠的站台边，熙攘的人流中，匆忙的脚步里，张望的目光下，涌动着的都是思乡的情绪。每一次看见返乡那趟火车，总觉得是那样可爱与亲切，仿佛看见了千里之外的故乡。上火车后，车启动的一刹那，在车轮与铁轨碰撞的"况且"声中，思乡的情绪便陡然在车厢里弥漫开来。你知道，它将驶向的，是你最熟悉也最温暖的故乡。再过几个或者十几个小时，你就会回到故乡的怀抱。这般感受，相信在很多人的身上都曾发生过。尤其在春节、中秋等传统节日到来之际，亲人团聚的时刻，更为强烈。

火车是故乡，火车也是远方。速度的提升，铁路的延伸，让人们通过火车实现了向远方自由流动的梦想。今天的中国老百姓，坐着火车，可以去往九百六十多万平方公里土地上的天南地北，来到祖国东部的平原，到达祖国南方的海边，走进祖国西部的沙漠，踏上祖国北方的草原，去观三山五岳，去看大江大河……

火车与空 // 间有着密切的联系，与时间的关系也让人觉得颇有意思。那长长的车厢，仿佛一头连着中国的过去，一头连着中国的未来。

Jiéxuǎn zì Shū Yì 　Jìyì Xiàng Tiěguǐ Yíyàng Cháng
节选自舒翼《记忆像铁轨一样长》

Zuòpǐn 17 Hào
作品 17 号

奶奶给我讲过这样一件事：有一次她去商店，走在她前面

de yī wèi āyí tuīkāi chénzhòng de dàmén yīzhí děngdào tā gēn shàng·lái cái sōngkāi shǒu Dāng
的一位 阿姨 推开 沉重 的 大门，一直 等到 她 跟 上来 才 松开 手。当

nǎinai xiàng tā dàoxiè de shíhou nà wèi āyí qīngqīng de shuō Wǒ de māma hé nín de niánlíng
奶奶 向 她 道谢 的 时候，那 位 阿姨 轻轻 地 说："我 的 妈妈 和 您 的 年龄

chà·bùduō wǒ xīwàng tā yùdào zhèzhǒng shíhou yě yǒu rén wéi tā kāimén Tīngle zhè jiàn shì
差不多，我 希望 她 遇到 这种 时候，也 有 人 为 她 开门。"听了 这 件 事，

wǒ de xīn wēnnuǎnle xǔjiǔ
我 的 心 温暖了 许久。

Yī tiān wǒ péi huànbìng de mǔ·qīn qù yīyuàn shūyè niánqīng de hùshi wèi mǔ·qīn zhāle liǎng
一天，我 陪 患病 的 母亲 去 医院 输液，年轻 的 护士 为 母亲 扎了 两

zhēn yě méi·yǒu zhā jìn xuèguǎn·lǐ yǎnjiàn zhēnyǎnchù gǔqǐ qīngbāo Wǒ zhèng yào bàoyuàn jǐ
针 也 没有 扎 进 血管 里，眼见 针眼 处 鼓起 青包。我 正 要 抱怨 几

jù yī tái tóu kàn·jiànle mǔ·qīn píngjìng de yǎnshén tā zhèngzài zhùshìzhe hùshi étóu
句，一 抬头 看见了 母亲 平静 的 眼神——她 正在 注视着 护士 额头

·shàng mìmì de hànzhū wǒ bùjīn shōuzhùle yǒngdào zuǐ biān de huà Zhǐ jiàn mǔ·qīn qīngqīng de
上 密密 的 汗珠，我 不禁 收住了 涌到 嘴边 的 话。只见 母亲 轻轻 地

duì hùshi shuō Bù yàojǐn zài lái yī cì Dì-sān zhēn guǒrán chénggōng le Nà wèi hùshi zhōngyú
对 护士 说："不要紧，再来一次！"第三 针 果然 成功 了。那 位 护士 终于

cháng chūle yī kǒu qì tā liánshēng shuō Āyí zhēn duì·bùqǐ Wǒ shì lái shíxí de zhè shì wǒ
长 出了 一 口 气，她 连声 说："阿姨，真 对不起。我 是 来 实习 的，这 是 我

dì-yī cì gěi bìngrén zhā zhēn tài jǐnzhāng le Yào·bùshì nín de gǔlì wǒ zhēn bù gǎn gěi nín zhā
第一 次 给 病人 扎针，太 紧张 了。要不是 您 的 鼓励，我 真 不 敢 给 您 扎

le Mǔ·qīn yòng lìng yī zhī shǒu lāzhe wǒ píngjìng de duì hùshi shuō Zhè shì wǒ de nǚ'ér hé
了。"母亲 用 另 一只 手 拉着 我，平静 地 对 护士 说："这 是 我 的 女儿，和

nǐ chà·bùduō dàxiǎo zhèngzài yīkē dàxué dúshū tā yě jiāng miànduì zìjǐ de dì-yī gè huànzhě
你 差不多 大小，正在 医科 大学 读书，她 也 将 面对 自己 的 第一 个 患者。

Wǒ zhēn xīwàng tā dì-yī cì zhā zhēn de shíhou yě néng dédào huànzhě de kuānróng hé gǔlì
我 真 希望 她 第一 次 扎针 的 时候，也 能 得到 患者 的 宽容 和 鼓励。"

Tīngle mǔ·qīn de huà wǒ de xīn·lǐ chōngmǎnle wēnnuǎn yǔ xìngfú
听了 母亲 的 话，我 的 心里 充满了 温暖 与 幸福。

Shì a rúguǒ wǒmen zài shēnghuó zhōng néng jiāngxīn-bǐxīn jiù huì duì lǎorén shēngchū yī fèn //
是 啊，如果 我们 在 生活 中 能 将心比心，就 会 对 老人 生出 一 份 //

zūnzhòng duì háizi zēngjiā yī fèn guān'ài jiù huì shǐ rén yǔ rén zhījiān duō yīxiē kuānróng hé líjiě
尊重，对 孩子 增加 一 份 关爱，就 会 使 人 与 人 之间 多 一些 宽容 和 理解。

Jiéxuǎn zì Jiāng Guìhuá Jiāngxīn-bǐxīn
节选 自 姜桂华 《 将心比心 》

Zuòpǐn 18 Hào
作品 18 号

Jìncí zhī měi zài shān zài shù zài shuǐ
晋祠之美，在 山，在 树，在 水。

Zhè·lǐ de shān wēiwēi de yǒurú yī dào píngzhàng chángcháng de yòu rú shēnkāi de
这里 的 山，巍巍 的，有如 一 道 屏障；长长 的，又 如 伸开 的

liǎngbì jiāng Jìncí yōng zài huáizhōng Chūnrì huánghuā mǎn shān jìngyōu-xiāngyuǎn qiūlái cǎomù
两臂，将 晋祠 拥 在 怀中。春日 黄花 满 山，径幽香远；秋来 草木

xiāoshū tiāngāo-shuǐqīng Wúlùn shénme shíhou shèjí dēngshān dū huì xīnkuàng-shényí
萧疏，天高水清。无论 什么 时候 拾级 登山 都 会 心旷神怡。

Zhè·lǐ de shù　yǐ gǔlǎo cāngjìng jiàncháng　Yǒu liǎng kē lǎoshù　yī kē shì zhōubǎi　lìng yī kē
这里 的 树，以 古老 苍劲　见长 。有 两 棵 老树：一棵 是 周柏，另 一棵

shì tánghuái　Nà zhōubǎi　shùgàn jìnzhí　shùpí zhòuliè　dǐng·shàng tiǎozhe jǐ gēn qīngqīng de shū
是 唐槐。那 周柏，树干 劲直，树皮 皱裂，顶 上 挑着 几 根 青青 的 疏

zhī　yǎnwò yú shíjiē páng　Nà tánghuái　lǎogàn cūdà　qiúzhī pánqū　yī cùcù róutiáo　lǜyè rú
枝，偃卧 于 石阶 旁。那 唐槐，老干 粗大，虬枝 盘屈，一 簇簇 柔条，绿叶 如

gài　Hái yǒu shuǐ biān diàn wài de sōng-bǎi-huái-liǔ　wúbù xiǎnchū cāngjìng de fēnggǔ　Yǐ zàoxíng
盖。还 有 水 边 殿外 的 松柏槐柳 ，无不 显出 苍劲 的 风骨。以 造型

qítè jiàncháng de　yǒude yǎn rú lǎoyù fù shuǐ　yǒude tǐng rú zhuàngshì tuō tiān　bùyī'érzú
奇特 见长 的，有的 偃 如 老妪 负水，有的 挺 如 壮士 托天，不一而足。

Shèngmǔdiàn qián de zuǒniǔbǎi　bádì'érqǐ　zhíchōng-yúnxiāo　tā de shùpí·shàng de wénlǐ yīqí
圣母殿 前 的 左扭柏，拔地而起， 直冲云霄 ，它 的 树皮 上 的 纹理 一齐

xiàng zuǒ·biān nǐngqù　yī quān yī quān　sīwén bù luàn　xiàng dì·xià xuánqǐle yī gǔ yān　yòu sì
向 左边 拧去，一 圈 一 圈，丝纹 不 乱， 像 地下 旋起 了 一 股 烟，又 似

tiān·shàng chuíxiàle yī gēn shéng　Jìncí zài gǔmù de yìnhù xià　xiǎn·dé fènwài yōujìng　diǎnyǎ
天上 垂下了 一 根 绳。晋祠 在 古木 的 荫护 下， 显得 分外 幽静 、典雅。

Zhè·lǐ de shuǐ　duō　qīng　jìng　róu　Zài yuán·lǐ xìnbù　dàn jiàn zhè·lǐ yī hóng shēntán
这里 的 水，多、清、静、柔。在 园 里 信步，但 见 这里 一 泓 深潭，

nà·lǐ yī tiáo xiǎoqú　Qiáo·xià yǒu hé　tíng zhōng yǒu jǐng　lù biān yǒu xī　Shí jiān xìliú mòmò
那里 一 条 小渠。桥 下 有 河，亭 中 有 井，路边 有 溪。石 间 细流 脉脉，

rú xiàn rú lǚ　lín zhōng bìbō shǎnshǎn　rú jǐn rú duàn　Zhèxiē shuǐ dōu láizì　Nánlǎoquán
如线 如缕；林 中 碧波 闪闪 ，如锦 如 缎。这些 水 都 来自" 难老泉 "。

Quán·shàng yǒu tíng　tíng·shàng xuánguàzhe Qīngdài zhùmíng xuézhě Fù Shān xiě de　Nánlǎoquán
泉 上 有亭，亭 上 悬挂着 清代 著名 学者 傅 山 写 的 " 难老泉

sān gè zì　Zhème duō de shuǐ chángliú-bùxī　rìrìyèyè　fāchū dīngdīngdōngdōng de xiǎngshēng
"三 个 字。这么 多 的 水 长流不息，日日夜夜 发出 叮叮咚咚 的 响声 。

Shuǐ de qīngchè zhēn lìng rén jiàojué　wúlùn　duō shēn de shuǐ　zhǐyào guāngxiàn hǎo　yóuyú suìshí
水 的 清澈 真 令人 叫绝，无论 // 多 深 的 水，只要 光线 好，游鱼 碎石，

lìlì kě jiàn　Shuǐ de liúshì dōu bù dà　qīngqīng de wēibō　jiāng chángcháng de cǎomàn lāchéng yī
历历 可 见。水 的 流势 都 不 大，清清 的 微波，将 长长 的 草蔓 拉成 一

lǚlǚ de sī　pū zài hé dǐ　guà zài àn biān　hézhe nàxiē jīnyú　qīngtái yǐjí shílán de dàoyǐng
缕缕 的 丝，铺 在 河底，挂 在 岸 边，合着 那些 金鱼、青苔 以及 石栏 的 倒影，

zhīchéng yī tiáotiáo dà piāodài　chuān tíng rào xiè　rǎnrǎn-bùjué　Dāngnián Lǐ Bái láidào zhè·lǐ
织成 一 条条 大 飘带， 穿 亭 绕榭，冉冉不绝。当 年 李 白 来到 这里，

céng zàntàn shuō　Jìncí liúshuǐ rú bìyù　Dāng nǐ yánzhe liúshuǐ qù guānshǎng nà tíng-tái-lóu-gé shí
曾 赞叹 说："晋祠 流水 如 碧玉。"当 你 沿着 流水 去 观赏 那 亭台楼阁 时，

yěxǔ huì zhèyàng wèn　zhè jǐ bǎi jiān jiànzhù pà dōu shì zài shuǐ·shàng piāozhe de ba
也许 会 这样 问：这 几 百 间 建筑 怕 都 是 在 水 上 漂着 的 吧！

Jiéxuǎn zì Liáng Héng　Jìncí
节选 自 梁衡 《晋祠》

Zuòpǐn 19 Hào
作品 19 号

Rénmen chángcháng bǎ rén yǔ zìrán duìlì qǐ·lái　xuānchēng yào zhēngfú zìrán　Shūbùzhī zài
人们 常常 把 人 与 自然 对立 起来， 宣称 要 征服 自然。殊不知 在

dàzìrán miànqián　rénlèi yǒngyuǎn zhǐ shì yī gè tiānzhēn yòuzhì de háitóng　zhǐ shì dàzìrán jītǐ·shàng
大自然 面前，人类 永远 只是 一 个 天真 幼稚 的 孩童，只是 大自然 机体 上

pǔtōng de yī bùfen   zhèng xiàng yī zhū xiǎocǎo zhǐ shì tā de pǔtōng yī bùfen yīyàng   Rúguǒ shuō
普通的一部分，正 像 一株 小草 只是 她的 普通 一部分一样。如果 说

zìrán de zhìhuì shì dàhǎi   nàme   rénlèi de zhìhuì jiù zhǐ shì dàhǎi zhōng de yī gè xiǎo shuǐdī   suīrán
自然的 智慧 是 大海，那么，人类的 智慧 就 只 是 大海 中 的 一个 小 水滴，虽然

zhège shuǐdī yě néng yìngzhào dàhǎi   dàn bìjìng bù shì dàhǎi   kěshì   rénmen jìngrán bùzìliànglì de
这个 水滴 也 能 映照 大海，但 毕竟 不 是 大海，可是，人们 竟然 不自量力地

xuānchēng yào yòng zhè dī shuǐ lái dàitì dàhǎi
宣称 要 用 这 滴 水 来 代替 大海。

　　Kànzhe rénlèi zhè zhǒng kuángwàng de biǎoxiàn   dàzìrán yīdìng huì qièxiào   jiù xiàng mǔ·qīn
　　看着 人类 这 种 狂妄 的 表现，大自然 一定 会 窃笑——就 像 母亲

miànduì wúzhī de háizi nàyàng de xiào   Rénlèi de zuòpǐn fēi·shàngle tàikōng   dǎkāile yīgègè
面对 无知的 孩子 那样 的 笑。人类 的 作品 飞上了 太空，打开了 一个个

wēiguān shìjiè   yúshì rénlèi zhānzhān-zìxǐ   yǐwéi jiēkāile dàzìrán de mìmì   Kěshì   zài zìrán kànlái
微观 世界，于是 人类 沾沾自喜，以为 揭开了 大自然 的 秘密。可是，在 自然 看来，

rénlèi shàngxià fānfēi de zhè piàn jùdà kōngjiān   bùguò shì zhǐchǐ zhījiān éryǐ   jiù rútóng kūnpéng
人类 上下 翻飞 的 这 片 巨大 空间，不过 是 咫尺 之间 而已，就 如同 鲲鹏

kàndài chìyàn yībān   zhǐ shì pénghāo zhījiān bàle   Jíshǐ cóng rénlèi zìshēn zhìhuì fāzhǎnshǐ de jiǎodù
看待 斥鷃 一般，只 是 蓬蒿 之间 罢了。即使 从 人类 自身 智慧 发展史 的 角度

kàn   rénlèi yě méi·yóu lǐyóu guòfèn zì'ào   rénlèi de zhīshi yǔ qí zǔxiān xiāngbǐ chéngrán yǒule jí
看，人类 也 没有 理由 过分 自傲：人类 的 知识 与 其 祖先 相比 诚然 有了 极

dà de jìnbù   sìhū yǒu cháoxiào gǔrén de zīběn   kěshì   shūbùzhī duìyú hòurén ér yán wǒmen yě shì
大的 进步，似乎 有 嘲笑 古人 的 资本；可是，殊不知 对于 后人 而 言 我们 也是

gǔrén   yīwàn nián yǐhòu de rénmen yě tóngyàng huì cháoxiào jīntiān de wǒmen   yěxǔ zài tāmen kànlái
古人，一万 年 以后 的 人们 也 同样 会 嘲笑 今天 的 我们，也许 在 他们 看来，

wǒmen de kēxué guānniàn hái yòuzhì de hěn   wǒmen de hángtiānqì zài tāmen yǎnzhōng bùguò shì gè
我们 的 科学 观念 还 幼稚 得 很，我们 的 航天器 在 他们 眼中 不过 是 个

fēicháng jiǎndān de   értóng wánjù
非常 简单 的 // 儿童 玩具。

　　　　　　　　　　　　　　Jiéxuǎn zì Yán Chūnyǒu   Jìngwèi Zìrán
　　　　　　　　　　　　　　节选 自 严春友 《 敬畏 自然 》

Zuòpǐn 20 Hào
作品 20 号

　　Wǔtái·shàng de mùbù lākāi le   yīnyuè zòu qǐ·lái le   Yǎnyuánmen cǎizhe yīnyuè de pāizi
　　舞台 上 的 幕布 拉开 了，音乐 奏 起来 了。演员们 踩着 音乐 的 拍子，

yǐ zhuāngzhòng ér yǒu jiézòu de bùfǎ zǒudào dēngguāng qián·miàn lái le   Dēngguāng shè zài
以 庄重 而 有 节奏 的 步法 走到 灯光 前面 来 了。灯光 射 在

tāmen wǔyán-liùsè de fúzhuāng hé tóushì·shàng   yī piàn jīnbì-huīhuáng de cǎixiá
他们 五颜六色 的 服装 和 头饰 上 ，一片 金碧辉煌 的 彩霞。

　　Dāng nǚzhǔjué Mù Guìyīng yǐ qīngyíng ér jiǎojiàn de bùzi chūchǎng de shíhou   zhège píngjìng de
　　当 女主角 穆桂英 以 轻盈 而 矫健 的 步子 出场 的 时候，这个 平静 的

hǎimiàn dǒurán dòngdàng qǐ·lái le   tā shàng·miàn juǎnqǐle yī zhèn bàofēngyǔ   guānzhòng xiàng
海面 陡然 动荡 起来 了，它 上面 卷起了 一 阵 暴风雨：观众 像

chùle diàn shìde xùnjí duì zhè wèi nǚyīngxióng bào yǐ léimíng bān de zhǎngshēng   Tā kāishǐ chàng le
触了 电 似的 迅即 对 这 位 女英雄 报 以 雷鸣 般 的 掌声。她 开始 唱 了。

Tā yuánrùn de gēhóu zài yèkōng zhōng chàndòng   tīng qǐ·lái liáoyuǎn ér yòu qièjìn   róuhé ér yòu
她 圆润 的 歌喉 在 夜空 中 颤动，听 起来 辽远 而 又 切近，柔和 而 又

kēngqiāng　Xìcí　xiàng zhūzi shìde cóng tā de yī xiào yī pín zhōng　cóng tā yōuyǎ de　shuǐxiù
铿锵 。戏词 像 珠子 似的 从 她 的 一 笑 一 颦 中 ，从 她 优雅 的 " 水袖 "
zhōng　cóng tā ēnuó de shēnduàn zhōng　yī lì yī lì de gǔn xià·lái　dī zài dì·shàng　jiàndào
中 ，从 她 婀娜 的 身段 中 ，一 粒 一 粒 地 滚 下来 ，滴 在 地上 ，溅到
kōngzhōng　luò·jìn měi yī gè rén de xīn·lǐ　yǐnqǐ yī piàn shēnyuǎn de huíyīn　Zhè huíyīn tīng·bù
空中 ，落进 每 一 个 人 的 心里 ，引起 一 片 深远 的 回音 。这 回音 听 不
jiàn　què yānmòle gāngcái yǒngqǐ de nà yī zhèn rèliè de zhǎngshēng
见 ，却 淹没了 刚才 涌起 的 那 一 阵 热烈 的 掌声 。

　Guānzhòng xiàng zhele mó yīyàng　hūrán biàn de yāquè-wúshēng　Tāmen kàn de rùle shén
观众 像 着了 魔 一样 ，忽然 变 得 鸦雀无声 。他们 看 得 入了 神 。
Tāmen de gǎnqíng hé wǔtái·shàng nǚzhǔjué de gǎnqíng róngzàile yīqǐ　Nǚzhǔjué de gēwǔ jiànjiàn
他们 的 感情 和 舞台 上 女主角 的 感情 融在了 一起 。女主角 的 歌舞 渐渐
jìnrù gāocháo　Guānzhòng de qínggǎn yě jiànjiàn jìnrù gāocháo　Cháo zài zhǎng　Méi·yǒu shuí néng
进入 高潮 。观众 的 情感 也 渐渐 进入 高潮 。潮 在 涨 。没有 谁 能
kòngzhì zhù tā　Zhège yīdù píngjìng xià·lái de rénhǎi hūrán yòu dòngdàng qǐ·lái le　Xì jiù zài zhè
控制 住 它 。这个 一度 平静 下来 的 人海 忽然 又 动荡 起来 了 。戏 就 在 这
shíhou yào dàodá díngdiǎn　Wǒmen de nǚzhǔjué zài zhè shíhou jiù xiàng yī duǒ shèngkāi de xiānhuā
时候 要 到达 顶点 。我们 的 女主角 在 这 时候 就 像 一 朵 盛开 的 鲜花 ，
guānzhòng xiǎng bǎ zhè duǒ xiānhuā pěng zài shǒu·lǐ　bù ràng　tā xiāoshì　Tāmen bùyuē'értóng
观众 想 把 这 朵 鲜花 捧 在 手里 ，不 让 // 它 消逝 。他们 不约而同
de cóng zuòwèi·shàng lì qǐ·lái　xiàng cháoshuǐ yīyàng　yǒngdào wǒmen zhè wèi yìshùjiā miànqián
地 从 座位 上 立 起来 ，像 潮水 一样 ，涌到 我们 这 位 艺术家 面前 。
Wǔtái yǐ·jīng shīqùle jièxiàn　zhěnggè de jùchǎng chéngle yī gè pángdà de wǔtái
舞台 已经 失去了 界限 ，整个 的 剧场 成了 一 个 庞大 的 舞台 。

　Wǒmen zhè wèi yìshùjiā shì shuí ne　Tā jiù shì Méi Lánfāng tóngzhì　Bàn gè shìjì de wǔtái
我们 这 位 艺术家 是 谁 呢 ？他 就 是 梅兰芳 同志 。半 个 世纪 的 舞台
shēngyá guò·qù le　liùshíliù suì de gāolíng　réngrán néng chuàngzào chū zhèyàng fùyǒu zhāoqì de
生涯 过去 了 ，六十六 岁 的 高龄 ，仍然 能 创造 出 这样 富有 朝气 的
měilì xíngxiàng　biǎoxiàn chū zhèyàng chōngpèi de qīngchūn huólì　zhè bù néng bù shuō shì qíjì
美丽 形象 ，表现 出 这样 充沛 的 青春 活力 ，这 不 能 不 说 是 奇迹 。
Zhè qíjì de chǎnshēng shì bìrán de　yīn·wèi wǒmen yōngyǒu zhèyàng rèqíng de guānzhòng hé
这 奇迹 的 产生 是 必然 的 ，因为 我们 拥有 这样 热情 的 观众 和
zhèyàng rèqíng de yìshùjiā
这样 热情 的 艺术家 。

Jiéxuǎn zì Yè Jūnjiàn　KànXì
节选 自 叶君健《看戏》

Zuòpǐn 21 Hào
作品 21 号

　Shí nián zài lìshǐ·shàng bùguò shì yī shùnjiān　Zhǐyào shāo jiā zhùyì　rénmen jiù huì fāxiàn
十 年 ，在 历史 上 不过 是 一 瞬间 。只要 稍 加 注意 ，人们 就 会 发现 ：
zài zhè yī shùnjiān·lǐ gè zhǒng shìwù dōu qiāoqiāo jīnglìle　zìjǐ de qiānbiàn-wànhuà
在 这 一 瞬间 里 ，各 种 事物 都 悄悄 经历了 自己 的 千变万化 。

　Zhè cì chóngxīn fǎng Rì　wǒ chùchù gǎndào qīnqiè hé shú·xī　yě zài xǔduō fāngmiàn fājuéle
这 次 重新 访日 ，我 处处 感到 亲切 和 熟悉 ，也 在 许多 方面 发觉了
Rìběn de biànhuà　Jiù ná Nàiliáng de yī gè jiǎoluò lái shuō ba　wǒ chóngyóule wèi zhī gǎnshòu hěn
日本 的 变化 。就 拿 奈良 的 一 个 角落 来 说 吧 ，我 重游了 为 之 感受 很

shēn de Táng Zhāotí Sì　zài sì nèi gè chù cōngcōng zǒule yī biàn　tíngyuàn yījiù　dàn yìxiǎng ·bù dào
深 的 唐 招提寺,在 寺内 各处　匆匆　走了 一 遍,　庭院 依旧　但 意想 不 到

hái kàndàole yīxiē xīn de dōngxi　Qízhōng zhīyī　jiù shì jìn jǐ nián cóng Zhōngguó yízhí lái de
还 看到了 一些 新 的 东西 。 其中 之一 ,就 是 近 几 年 从　中国　移植 来 的

yǒuyì zhī lián
"友谊 之 莲"。

Zài cúnfàng Jiànzhēn yíxiàng de nàge yuànzi ·lǐ　jǐ　jǐ zhū Zhōngguó lián ángrán tǐnglì　cuìlù de
在 存放　鉴真 遗像 的 那个 院子 里,几 株　中国　莲 昂然 挺立,翠绿 的

kuāndà héyè zhèng yíngfēng ér wǔ　xiǎn ·dé shífēn yúkuài　Kāihuā de jìjié yǐ guò　héhuā duǒduǒ
宽大 荷叶 正　迎风 而 舞 ,　显得　十分 愉快。开花 的 季节 已 过, 荷花 朵朵

yǐ biànwéi liánpeng léiléi　Liánzǐ de yánsè zhèngzài yóu qīng zhuǎn zǐ　kànlái yǐ·jīng chéngshú le
已 变为　莲蓬 累累。莲子 的 颜色　正在 由 青 转 紫,看来 已经　成熟 了。

Wǒ jīn·bùzhù xiǎng　yīn yǐ zhuǎnhuà wéi　guǒ
我 禁不住 想 :"因"已 转化 为"果"。

Zhōngguó de liánhuā kāi zài Rìběn　Rìběn de yīnghuā kāi zài Zhōngguó　zhè bù shì ǒurán　Wǒ
中国　的 莲花 开 在 日本,日本 的 樱花 开 在　中国　,这 不 是 偶然。我

xīwàng zhèyàng yī zhǒng shèngkuàng yánxù bù shuāi
希望 这样 一 种　盛况 延续 不 衰。

Zài zhèxiē rìzi ·lǐ　wǒ kàndàole bùshǎo duō nián bù jiàn de lǎo péngyou　yòu jiéshíle yīxiē
在 这些 日子 里,我 看到了 不少 多 年 不 见 的 老 朋友 ,又 结识了 一些

xīn péngyou　Dàjiā xǐhuan shèjí de huàtí zhī yī　jiù shì gǔ Cháng'ān hé gǔ Nàiliáng　Nà hái yòng
新 朋友 。大家 喜欢 涉及 的 话题 之一,就 是 古 长安 和 古 奈良　那 还 用

de zháo wèn ma　péngyoumen miǎnhuái guòqù　zhèng shì zhǔwàng wèilái　Zhǔmù yú wèilái de rénmen
得 着 问 吗,朋友们　缅怀 过去,正 是 瞩望 未来。瞩目 于 未来 的 人们

bìjiāng huòdé wèilái
必将 获得 未来。

Wǒ bù lìwài　yě xīwàng yī gè měihǎo de wèilái
我 不 例外,也 希望 一 个 美好 的 未来。

Wèile Zhōng-Rì rénmín zhījiān de yǒuyì　wǒ jiāng bù huì làngfèi jīnhòu shēngmìng de měi yī
为了 中日　人民 之间 的 友谊,我 将 不 会 浪费 今后　生命　的 每一

shùnjiān
瞬间 。//

Jiéxuǎn zì Yán Wénjǐng　Liánhuā hé Yīnghuā
节选 自　严文井《　莲花 和　樱花 》

Zuòpǐn 22 Hào
作品 22 号

Wǒ dǎliè guīlái　yánzhe huāyuán de　línyīnlù zǒuzhe　Gǒu pǎo zài wǒ qián ·biān
我 打猎 归来,沿着　花园 的　林阴①路 走着。狗 跑 在 我　前边 。

Tūrán　gǒu fàngmàn jiǎobù　nièzú-qiánxíng　hǎoxiàng xiùdàole qián ·biān yǒu shénme yěwù
突然,狗　放慢 脚步,蹑足潜行,好像 嗅到了　前边　有 什么 野物

Wǒ shùnzhe línyīnlù wàng·qù　kàn ·jiànle yī zhī zuǐ biān hái dài huángsè　tóu ·shàng shēngzhe
我 顺着 林阴路 望去,看见了 一 只 嘴 边 还 带 黄色 、 头上　生着

róumáo de xiǎo máquè　Fēng měngliè de chuīdǎzhe línyīnlù ·shàng de báihuàshù　máquè cóng cháo ·lǐ
柔毛 的 小 麻雀。风　猛烈 地 吹打着 林阴路 上 的 白桦树,麻雀 从 巢 里

---

① 引自《普通话水平测试实施纲要》(2021 年版),文字不作变动。

diēluò xià·lái　dāidāi de fú zài dì·shàng　gūlì wúyuán de zhāngkāi liǎng zhī yǔmáo hái wèi
跌落 下来 ， 呆呆 地 伏 在 地上 ， 孤立 无援 地 张开 两 只 羽毛 还 未

fēngmǎn de xiǎo chìbǎng
丰满 的 小 翅膀 。

Wǒ de gǒu mànmàn xiàng tā kàojìn　Hūrán　cóng fùjìn yī kē shù·shàng fēi·xià yī zhī hēi
我的 狗 慢慢 向 它 靠近 。 忽然 ， 从 附近 一棵 树 上 飞下 一只 黑

xiōngpú de lǎo máquè　xiàng yī kē shízǐ shìde luòdào gǒu de gēn·qián　Lǎo máquè quánshēn
胸脯 的 老 麻雀 ， 像 一 颗 石子 似的 落到 狗 的 跟前 。 老 麻雀 全身

dǎoshùzhe yǔmáo　jīngkǒng-wànzhuàng　fāchū juéwàng　qīcǎn de jiàoshēng jiēzhe xiàng lòuchū yáchǐ
倒竖着 羽毛 ， 惊恐万状 ， 发出 绝望 、 凄惨 的 叫声 ， 接着 向 露出 牙齿 、

dà zhāng zhe de gǒuzuǐ pū·qù
大 张 着 的 狗嘴 扑去 。

Lǎo máquè shì měng pū xià·lái jiùhù yòuquè de　Tā yòng shēntǐ yǎnhùzhe zìjǐ de yòu'ér
老 麻雀 是 猛 扑 下来 救护 幼雀 的 。 它 用 身体 掩护着 自己 的 幼儿……

Dàn tā zhěnggè xiǎoxiǎo de shēntǐ yīn kǒngbù ér zhànlìzhe　tā xiǎoxiǎo de shēngyīn yě biàndе cūbào
但它 整个 小小 的 身体 因 恐怖 而 战栗着 ， 它 小小 的 声音 也 变得 粗暴

sīyǎ　tā zài xīshēng zìjǐ
嘶哑 ， 它 在 牺牲 自己 。

Zài tā kànlái　gǒu gāi shì duōme pángdà de guàiwu a　Rán'ér　tā háishi bùnéng zhàn zài zìjǐ
在 它 看来 ， 狗 该 是 多么 庞大 的 怪物 啊 ！ 然而 ， 它 还是 不能 站 在 自己

gāogāo de、ānquán de shùzhī·shàng　Yī zhǒng bǐ tā de lǐzhì gèng qiángliè de lì·liàng　shǐ
高高 的 、 安全 的 树枝 上 …… 一 种 比 它 的 理智 更 强烈 的 力量 ， 使

tā cóng nàr pū·xià shēn·lái
它 从 那儿 扑下 身 来 。

Wǒ de gǒu zhànzhù le　xiàng hòu tuìle tuì　Kànlái　tā yě gǎndàole zhè zhǒng lì·liàng
我的 狗 站住 了 ， 向 后 退了 退…… 看来 ，它 也 感到 了 这 种 力量 。

Wǒ gǎnjǐn huànzhù jīnghuāng-shīcuò de gǒu　ránhòu wǒ huáizhe chóngjìng de xīnqíng　zǒukāi le
我 赶紧 唤住 惊慌失措 的 狗 ， 然后 我 怀着 崇敬 的 心情 ， 走开 了 。

Shì a　qǐng bùyào jiànxiào　Wǒ chóngjìng nà zhī xiǎoxiǎo de　yīngyǒng de niǎo'ér　wǒ
是 啊 ， 请 不要 见笑 。我 崇敬 那 只 小小 的 、 英勇 的 鸟儿 ，我

chóngjìng tā nà zhǒng ài de chōngdòng hé lì·liàng
崇敬 它 那 种 爱的 冲动 和 力量 。

Ài　wǒ　xiǎng　bǐ sǐ hé sǐ de kǒngjù gèng qiángdà　Zhǐyǒu yīkào tā　yīkào zhè zhǒng ài
爱 ，我 // 想 ，比 死 和 死的 恐惧 更 强大 。只有 依靠 它 ， 依靠 这 种 爱 ，

shēngmìng cái néng wéichí xià·qù　fāzhǎn xià·qù
生命 才 能 维持 下去 ， 发展 下去 。

Jiéxuǎn zì　É　Túgénièfū　Máquè　Bājīn Yì
节选 自 ［ 俄 ］ 屠格涅夫 《 麻雀 》，巴金 译

Zuòpǐn 23 Hào
作品 23 号

Zài hàohàn wúyín de shāmò·lǐ　yǒu yī piàn měilì de lùzhōu　lùzhōu·lǐ cángzhe yī kē
在 浩瀚 无垠 的 沙漠 里 ， 有 一 片 美丽 的 绿洲 ， 绿洲 里 藏着 一 颗

shǎnguāng de zhēnzhū　Zhè kē zhēnzhū jiùshì Dūnhuáng Mògāokū　Tā zuòluò zài wǒguó Gānsù Shěng
闪光 的 珍珠 。这 颗 珍珠 就是 敦煌 莫高窟。它 坐落 在 我国 甘肃 省

Dūnhuáng Shì Sānwēi Shān hé Míngshā Shān de huáibào zhōng
敦煌 市 三危 山 和 鸣沙 山 的 怀抱 中 。

Míngshā Shān dōnglù shì píngjūn gāodù wéi shíqī mǐ de yábì　Zài yīqiān liùbǎi duō mǐ cháng de
鸣沙　山 东麓是 平均　高度 为 十七米的崖壁。在 一千六百　多米 长 的

yábì • shàng　záo yǒu dàxiǎo dòngkū qībǎi yú gè　xíngchéngle guīmó hóngwěi de shíkūqún　Qízhōng
崖壁　上　，凿有 大小 洞窟 七百余个， 形成了　规模 宏伟 的 石窟群。其中

sìbǎi jiǔshí'èr gè dòngkū zhōng　gòng yǒu cǎisè sùxiàng liǎngqiān yībǎi yú zūn　gè zhǒng bìhuà gòng
四百九十二个 洞窟　中 ，共 有 彩色 塑像　两千一百 余尊， 各 种 壁画共

sìwàn wǔqiān duō píngfāngmǐ　Mògāokū shì wǒguó gǔdài wúshù yìshù jiàngshī liú gěi rénlèi de zhēnguì
四万五千　多 平方米 。莫高窟是 我国 古代 无数艺术 匠师 留给人类的 珍贵

wénhuà yíchǎn
文化 遗产。

Mògāokū de cǎisù　měi yī zūn dōu shì yī jiàn jīngměi de yìshùpǐn　Zuì dà de yǒu jiǔ céng lóu
莫高窟的彩塑，每一 尊 都是 一件 精美 的艺术品。最大的有九层 楼

nàme gāo　zuì xiǎo de hái bù rú yī gè shǒuzhǎng dà　Zhèxiē cǎisù gèxìng xiānmíng　shéntài gè yì
那么高，最小的还不如一个 手掌大。这些彩塑个性 鲜明， 神态各异。

Yǒu címéi-shànmù de pú • sà　yǒu wēifēng-lǐnlǐn de tiānwáng　hái yǒu qiángzhuàng yǒngměng de
有 慈眉善目的菩萨，有 威风凛凛的 天王， 还有 强壮 勇猛 的

lìshì
力士……

Mògāokū bìhuà de nèiróng fēngfù-duōcǎi　yǒude shì miáohuì gǔdài láodòng rénmín dǎliè　bǔyú
莫高窟 壁画的 内容 丰富多彩，有的是 描绘 古代 劳动 人民 打猎、捕鱼、

gēngtián　shōugē de qíngjǐng　yǒude shì miáohuì rénmen zòuyuè　wǔdǎo　yǎn zájì de chǎngmiàn
耕田 、收割 的 情景，有的是 描绘 人们 奏乐、舞蹈、演 杂技的 场面 ，

hái yǒude shì miáohuì dàzìrán de měilì fēngguāng　Qízhōng zuì yǐnrén-zhǔmù de shì fēitiān　Bìhuà • shàng
还有的是 描绘 大自然的美丽 风光 。其中 最引人注目的是飞天。壁画 上

de fēitiān　yǒude bì kuà huālán　cǎizhāi xiānhuā　yǒude fǎn tán pí • pá　qīng bō yínxián　yǒude dào
的飞天，有的臂 挎 花篮， 采摘 鲜花；有的反 弹 琵琶， 轻 拨 银弦；有的倒

xuán shēnzi　zì tiān ér jiàng　yǒude cǎidài piāofú　màntiān áoyóu　yǒude shūzhǎnzhe shuāngbì
悬 身子，自天 而 降；有的 彩带 飘拂， 漫天 遨游；有的 舒展着 双臂，

piānpiān-qǐwǔ　Kànzhe zhèxiē jīngměi dòngrén de bìhuà　jiù xiàng zǒujìnle　cànlàn huīhuáng de
翩翩起舞 。看着 这些 精美 动人 的壁画，就 像 走进了 // 灿烂 辉煌 的

yìshù diàntáng
艺术 殿堂 。

Mògāokū • lǐ hái yǒu yī gè miànjī bù dà de dòngkū　Cángjīngdòng　Dòng • lǐ céng cángyǒu
莫高窟 里还有 一个 面积不大的 洞窟—— 藏经洞 。洞 里曾 藏有

wǒguó gǔdài de gè zhǒng jīngjuàn　wénshū bóhuà cìxiù　tóngxiàng děng gòng liùwàn duō jiàn
我国 古代的各 种 经卷 、文书、帛画、刺绣、 铜像 等 共 六万多件 。

Yóuyú Qīngcháo zhèngfǔ fǔbài wúnéng　dàliàng zhēnguì de wénwù bèi wàiguó qiángdào lüèzǒu　Jǐncún
由于 清朝 政府 腐败无能，大量 珍贵 的文物 被 外国 强盗 掠走。仅存

de bùfen jīngjuàn　xiànzài chénliè yú Běijīng Gùgōng děng chù
的部分 经卷 ，现在 陈列 于北京 故宫 等 处。

Mògāokū shì jǔshì-wénmíng de yìshù bǎokù　Zhè • lǐ de měi yī zūn cǎisù　měi yī fú bìhuà　měi
莫高窟是 举世闻名 的艺术宝库。这里 的每一 尊彩塑、每一幅壁画、每

yī jiàn wénwù　dōu shì Zhōngguó gǔdài rénmín zhìhuì de jiéjīng
一件 文物，都是 中国 古代人民 智慧 的 结晶。

Jiéxuǎn zì　Mògāokū
节选 自《 莫高窟 》

Zuòpǐn 24 Hào
作品 24 号

Sēnlín hányǎng shuǐyuán bǎochí shuǐtǔ fángzhǐ shuǐ-hàn zāihài de zuòyòng fēicháng dà Jù
森林 涵养 水源，保持 水土，防止 水旱 灾害 的 作用 非常 大。据

zhuānjiā cèsuàn yī piàn shíwàn mǔ miànjī de sēnlín xiāngdāngyú yī gè liǎngbǎi wàn lìfāngmǐ de
专家 测算，一 片 十万 亩 面积 的 森林，相当于 一 个 两百万 立方米 的

shuǐkù zhè zhèng rú nóngyàn suǒ shuō de Shān·shàng duō zāi shù děngyú xiū shuǐkù Yǔ duō tā
水库，这 正 如 农谚 所 说 的：“山 上 多栽 树，等于 修 水库。雨 多 它

néng tūn yǔ shǎo tā néng tǔ
能 吞，雨 少 它 能 吐。”

Shuōqǐ sēnlín de gōng·láo nà hái duō de hěn Tā chúle wèi rénlèi tígōng mùcái jí xǔduō zhǒng
说起 森林 的 功劳，那 还 多 得 很。它 除了 为 人类 提供 木材 及 许多 种

shēngchǎn shēnghuó de yuánliào zhī wài zài wéihù shēngtài huánjìng fāngmiàn yě shì gōng·láo
生产 、 生活 的 原料 之外，在 维护 生态 环境 方面 也 是 功劳

zhuózhù tā yòng lìng yī zhǒng néngtūn-néngtǔ de tèshū gōngnéng yùnyùle rénlèi Yīn·wèi dìqiú
卓著，它 用 另一 种 “能吞能吐”的 特殊 功能 孕育了 人类。因为 地球

zài xíngchéng zhī chū dàqì zhōng de èryǎnghuàtàn hánliàng hěn gāo yǎngqì hěn shǎo qìwēn yě gāo
在 形成 之初，大气 中 的 二氧化碳 含量 很 高，氧气 很 少，气温 也 高，

shēngwù shì nányǐ shēngcún de Dàyuē zài sìyì nián zhīqián lùdì cái chǎnshēngle sēnlín Sēnlín
生物 是 难以 生存 的。大约 在 四亿 年 之前，陆地 才 产生了 森林。森林

mànmàn jiāng dàqì zhōng de èryǎnghuàtàn xīshōu tóngshí tǔchū xīn·xiān yǎngqì tiáojié qìwēn zhè
慢慢 将 大气 中 的 二氧化碳 吸收，同时 吐出 新鲜 氧气，调节 气温：这

cái jùbèile rénlèi shēngcún de tiáojiàn dìqiú·shàng cái zuìzhōng yǒule rénlèi
才 具备了 人类 生存 的 条件，地球 上 才 最终 有了 人类。

Sēnlín shì dìqiú shēngtài xìtǒng de zhǔtǐ shì dàzìrán de zǒng diàodùshì shì dìqiú de lǜsè
森林，是 地球 生态 系统 的 主体，是 大自然 的 总 调度室，是 地球 的 绿色

zhī fèi Sēnlín wéihù dìqiú shēngtài huánjìng de zhè zhǒng néngtūn-néngtǔ de tèshū gōngnéng shì
之肺。森林 维护 地球 生态 环境 的 这 种 “能吞能吐”的 特殊 功能 是

qítā rènhé wùtǐ dōu bù néng qǔdài de Rán'ér yóuyú dìqiú·shàng de ránshāowù zēngduō
其他 任何 物体 都 不 能 取代 的。然而，由于 地球 上 的 燃烧物 增多，

èryǎnghuàtàn de páifàngliàng jíjù zēngjiā shǐ·dé dìqiú shēngtài huánjìng jíjù èhuà zhǔyào
二氧化碳 的 排放量 急剧 增加，使得 地球 生态 环境 急剧 恶化，主要

biǎoxiàn wéi quánqiú qìhòu biàn nuǎn shuǐfèn zhēngfā jiākuài gǎibiànle qìliú de xúnhuán shǐ qìhòu
表现 为 全球 气候 变 暖，水分 蒸发 加快，改变了 气流 的 循环，使 气候

biànhuà jiājù cóng'ér yǐnfā rèlàng jùfēng bàoyǔ hónglào jí gānhàn
变化 加剧，从而 引发 热浪、飓风、暴雨、洪涝 及 干旱。

Wèile shǐ dìqiú de zhège néngtūn-néngtǔ de lǜsè zhī fèi huīfù jiànzhuàng yǐ gǎishàn
为了 // 使 地球 的 这个 “能吞能吐”的 绿色 之肺 恢复 健壮，以 改善

shēngtài huánjìng yìzhì quánqiú biàn nuǎn jiǎnshǎo shuǐ-hàn děng zìrán zāihài wǒmen yīnggāi dàlì
生态 环境，抑制 全球 变 暖，减少 水旱 等 自然 灾害，我们 应该 大力

zàolín hùlín shǐ měi yī zuò huāngshān dōu lǜ qǐ·lái
造林、护林，使 每 一 座 荒山 都 绿 起来。

Jiéxuǎn zì Néngtūn-néngtǔ de Sēnlín
节选 自《“能吞能吐”的 森林》

Zuòpǐn 25 Hào
作品 25 号

Zhōngguó méi·yǒu rén bù ài héhuā de　Kě wǒmen lóu qián chítáng zhōng dúdú quēshǎo héhuā
中国 没有人不爱荷花的。可 我们 楼 前 池塘 中 独独 缺少 荷花。
Měi cì kàndào huò xiǎngdào　zǒng jué·dé shì yī kuài xīnbìng　Yǒu rén cóng Húběi lái　dàiláile Hóng
每次看到 或 想到 ，总 觉得 是 一块 心病。有人 从 湖北来，带来了 洪
Hú de jǐ kē liánzǐ　wàiké chéng hēisè　jíyìng　Jùshuō　rúguǒ mái zài yūní zhōng　nénggòu qiān
湖的 几颗 莲子，外壳 呈 黑色，极硬。据说，如果 埋 在 淤泥 中 ，能够 千
nián bù làn　Wǒ yòng tiěchuí zài liánzǐ·shàng zákāile yī tiáo féngr　ràng liányá nénggòu pòké-érchū
年 不烂。我 用 铁锤 在 莲子 上 砸开了 一条 缝， 让 莲芽 能够 破壳而出，
bù zhì yǒngyuǎn mái zài ní zhōng　Bǎ wǔ-liù kē qiāopò de liánzǐ tóurù chítáng zhōng　xià-miàn jiù shì
不至 永远 埋 在 泥 中 。把 五六颗 敲破 的 莲子 投入 池塘 中 ，下面 就是
tīngtiān-yóumìng le
听天由命 了。

Zhèyàng yī lái　wǒ měi tiān jiù duōle yī jiàn gōngzuò　dào chítáng biān·shàng qù kàn·shàng
这样 一来，我 每 天 就 多了 一件 工作：到 池塘 边上 去 看上
jǐ cì　Xīn·lǐ zǒng shì xīwàng　hūrán yǒu yī tiān　Xiǎo hé cái lù jiān jiān jiǎo　yǒu cuìlǜ de
几次。心里 总是 希望，忽然 有 一天，"小 荷才露尖尖 角"，有 翠绿的
liányè zhǎngchū shuǐmiàn　Kěshì shìyǔyuànwéi　tóu xià·qù de dì-yī nián　yīzhí dào qiūliáng luòyè
莲叶 长出 水面 。可是，事与愿违，投 下去 的 第一 年，一直 到 秋凉 落叶，
shuǐmiàn·shàng yě méi·yǒu chūxiàn shénme dōngxi　Dànshì dàole dì-sān nián　què hūrán chūle　qíjì
水面 上 也 没有 出现 什么 东西。但是 到了 第三 年 ，却 忽然 出了 奇迹。
Yǒu yī tiān　wǒ hūrán fāxiàn　zài wǒ tóu liánzǐ de dìfang zhǎngchūle jǐ gè yuányuán de lǜyè　suīrán
有 一天，我 忽然 发现，在 我 投 莲子 的 地方 长出了 几个 圆圆 的 绿叶，虽然
yánsè jí rě rén xǐ'ài　dànshì què xìruò dānbó　kěliánxīxī de píngwò zài shuǐmiàn·shàng　xiàng
颜色 极 惹人 喜爱，但是 却 细弱 单薄，可怜兮兮地 平卧 在 水面 上 ，像
shuǐfúlián de yèzi yīyàng
水浮莲 的 叶子 一样。

Zhēnzhèng de　qíjì　chūxiàn zài dì-sì nián·shàng　Dàole yībān héhuā zhǎng yè de shíhou　zài
真正 的 奇迹 出现 在 第四 年 上 。到了 一般 荷花 长 叶 的 时候，在
qùnián piāofúzhe wǔ-liù gè yèpiàn de dìfang　yī yè zhījiān　tūrán zhǎngchūle yīdàpiàn lǜyè　yèpiàn
去年 飘浮着 五六个 叶片 的 地方，一 夜 之间，突然 长出了 一大片 绿叶，叶片
kuòzhāng de sùdù　fànwéi de kuòdà　dōu shì jīngrén de kuài　Jǐ tiān zhī nèi　chítáng nèi bù xiǎo yī
扩张 的 速度，范围 的 扩大，都 是 惊人 地 快。几 天 之内，池塘 内 不 小 一
bùfen yǐ·jīng quán wéi lǜyè suǒ fùgài　Érqiě yuánlái píngwò zài shuǐmiàn·shàng de xiàng shì
部分，已经 全 为 绿叶 所 覆盖。而且 原来 平卧 在 水面 上 的 像是
shuǐfúlián yīyàng de　　yèpiàn　bù zhī·dào shì cóng nǎ·lǐ jùjí　láile lì·liàng　yǒu yīxiē jìngrán
水浮莲 一样的 // 叶片，不 知道 是 从 哪里 聚集 来了 力量，有 一些 竟然
yuèchūle shuǐmiàn　zhǎngchéng le tíngtíng de héyè　Zhèyàng yī lái　wǒ xīnzhōng de yíyún
跃出了 水面， 长成 了 亭亭 的 荷叶。这样 一来，我 心中 的 疑云
yīsǎo'érguāng　chítáng zhōng shēngzhǎng de zhēnzhèng shì Hóng Hú liánhuā de zǐsūn le　Wǒ xīnzhōng
一扫而光：池塘 中 生长 的 真正 是 洪湖 莲花 的 子孙了。我 心中
kuángxǐ　zhè jǐ nián zǒngsuàn shì méi·yǒu bái děng
狂喜，这 几年 总算 是 没有 白 等。

Jiéxuǎn zì Jì Xiànlín　Qīng Táng Hé Yùn
节选 自 季羡林《清 塘 荷 韵》

115

Zuòpǐn 26 Hào
作品 26 号

Zài yuánshǐ shèhuì·lǐ wénzì hái méi·yǒu chuàngzào chū·lái què xiān yǒule gēyáo yī lèi de
在 原始 社会 里，文字 还 没有 创造 出来，却 先 有了 歌谣 一类 的

dōngxi Zhè yě jiù shì wényì
东西。这 也 就 是 文艺。

Wénzì chuàngzào chū·lái yǐhòu rén jiù yòng tā bǎ suǒjiàn suǒwén suǒxiǎng suǒgǎn de yīqiè
文字 创造 出来 以后，人 就 用 它 把 所见 所闻 所想 所感 的 一切

jìlù xià·lái Yī shǒu gēyáo bùdàn kǒutóu chàng hái yào kè ya qī ya bǎ tā bǎoliú zài shénme
记录 下来。一 首 歌谣，不但 口头 唱，还要 刻呀，漆呀，把 它 保留 在 什么

dōngxi·shàng Zhèyàng wényì hé wénzì jiù bìngle jiā
东西 上。这样，文艺 和 文字 就 并了 家。

Hòulái zhǐ hé bǐ pǔbiàn de shǐyòng le érqiě fāmíngle yìnshuāshù Fánshì xūyào jìlù xià·lái
后来 纸 和 笔 普遍 地 使用 了，而且 发明了 印刷术。凡是 需要 记录 下来

de dōngxi yào duōshao fèn jiù kěyǐ yǒu duōshao fèn Yúshì suǒwèi wényì cóng wàibiǎo shuō jiù
的 东西，要 多少 份 就 可以 有 多少 份。于是 所谓 文艺，从 外表 说，就

shì yī piān gǎozi yī bù shū jiù shì xǔduō wénzì de jíhétǐ
是 一 篇 稿子，一部 书，就 是 许多 文字 的 集合体。

Wénzì shì yī dào qiáoliáng tōngguòle zhè yī dào qiáoliáng dúzhě cái hé zuòzhě huìmiàn Bùdàn
文字 是 一 道 桥梁，通过了 这 一 道 桥梁，读者 才 和 作者 会面。不但

huìmiàn bìngqiě liǎojiě zuòzhě de xīnqíng hé zuòzhě de xīnqíng xiāng qìhé
会面，并且 了解 作者 的 心情，和 作者 的 心情 相 契合。

Jiù zuòzhě de fāngmiàn shuō wényì de chuàngzuò jué bù shì suíbiàn qǔ xǔduō wénzì lái jiéhé zài
就 作者 的 方面 说，文艺 的 创作 决不 是 随便 取 许多 文字 来 集合 在

yīqǐ Zuòzhě zhuóshǒu chuàngzuò bìrán duìyú rénshēng xiān yǒu suǒjiàn xiān yǒu suǒgǎn Tā bǎ
一起。作者 着手 创作，必然 对于 人生 先 有 所见，先 有 所感。他 把

zhèxiē suǒjiàn suǒgǎn xiě chū·lái bù zuò chōuxiàng de fēnxī ér zuò jùtǐ de miáoxiě bù zuò
这些 所见 所感 写 出来，不作 抽象 的 分析，而作 具体 的 描写，不作

kèbǎn de jìzǎi ér zuò xiǎngxiàng de ānpái Tā zhǔnbèi xiě de bù shì pǔtōng de lùnshuōwén
刻板 的 记载，而作 想象 的 安排。他 准备 写 的 不是 普通 的 论说文、

jìxùwén tā zhǔnbèi xiě de shì wényì Tā dòngshǒu xiě bùdàn xuǎnzé nàxiē zuì shìdàng de wénzì
记叙文；他 准备 写 的 是 文艺。他 动手 写，不但 选择 那些 最 适当 的 文字，

ràng tāmen jiéhé qǐ·lái háiyào shěnchá nàxiē xiě xià·lái de wénzì kàn yǒuméiyǒu yīngdāng xiūgǎi
让 它们 集合 起来，还要 审查 那些 写 下来 的 文字，看 有没有 应当 修改

huòshì zēngjiǎn de Zǒngzhī zuòzhě xiǎng zuòdào de shì xiě xià·lái de wénzì zhènghǎo chuándá chū
或是 增减 的。总之，作者 想 做到 的 是：写 下来 的 文字 正好 传达 出

tā de suǒjiàn suǒgǎn
他 的 所见 所感。

Jiù dúzhě de fāngmiàn shuō dúzhě kàndào de shì xiě zài zhǐmiàn huòzhě yìn zài zhǐmiàn de
就 读者 的 // 方面 说，读者 看到 的 是 写 在 纸面 或者 印 在 纸面 的

wénzì dànshì kàndào wénzì bìng bù shì tāmen de mùdì Tāmen yào tōngguò wénzì qù jiēchù zuòzhě
文字，但是 看到 文字 并 不 是 他们 的 目的。他们 要 通过 文字 去 接触 作者

de suǒjiàn suǒgǎn
的 所见 所感。

Jiéxuǎn zì Yè Shèngtáo Qūqiǎn Wǒmen de Xiǎngxiàng
节选 自 叶圣陶 《 驱遣 我们 的 想象 》

Zuòpǐn 27 Hào
作品 27 号

Yǔyán yě jiù shì shuōhuà hǎoxiàng shì jíqí xīsōng píngcháng de shìr Kěshì zǐxì
语言，也就是 说话， 好像 是 极其 稀松 平常 的事儿。可是 仔细
xiǎngxiang shízài shì yī jiàn liǎo·bùqǐ de dàshì Zhèngshì yīn·wèi shuōhuà gēn chīfàn zǒulù yīyàng
想想 ，实在 是一件 了不起 的大事。正是 因为 说话 跟 吃饭、走路 一样
de píngcháng rénmen cái bù qù xiǎng tā jiūjìng shì zěnme huí shìr Qíshí zhè sān jiàn shìr dōu shì
的 平常 ，人们 才不去 想 它 究竟 是 怎么 回事儿。其实这三 件 事儿 都是
jí bù píngcháng de dōu shì shǐ rénlèi bù tóng yú bié de dòngwù de tèzhēng
极不 平常 的，都是 使人类 不同 于别的 动物 的 特征。

Jì·dé zài xiǎoxué·lǐ dúshū de shíhou bān·shàng yǒu yī wèi néng wén de dàshīxiōng zài
记得 在 小学 里读书 的时候，班 上 有一位"能 文"的 大师兄，在
yī piān zuòwén de kāitóu xiě·xià zhème liǎng jù Yīngwǔ néng yán bù lí yú qín xīngxing néng
一 篇 作文 的开头 写下 这么 两 句："鹦鹉 能 言，不离于禽；猩猩 能
yán bù lí yú shòu Wǒmen kànle dōu fēicháng pèi·fú Hòulái zhī·dào zhè liǎng jù shì yǒu láilì
言，不离于兽。"我们 看了都 非常 佩服。后来 知道 这 两 句是 有来历
de zhǐshì zìjù yǒu xiē chūrù Yòu guòle ruògān nián cái zhī·dào zhè liǎng jù huà dōu yǒu wèntí
的，只是 字句 有些 出入。又 过了 若干 年，才 知道 这 两 句话 都有 问题。
Yīngwǔ néng xué rén shuōhuà kě zhǐshì zuòwéi xiànchéng de gōngshì lái shuō bù huì jiāyǐ biànhuà
鹦鹉 能 学人 说话，可只是 作为 现成 的 公式 来说，不会 加以 变化。
Zhǐyǒu rénmen shuōhuà shì cóng jùtǐ qíngkuàng chūfā qíngkuàng yī biàn huà yě gēnzhe biàn
只有 人们 说话是 从 具体 情况 出发，情况 一变 ，话也 跟着 变。

Xīfāng xuézhě ná hēixīngxing zuò shíyàn tāmen néng xuéhuì jíqí yǒuxiàn de yīdiǎnr fúhào
西方 学者 拿 黑猩猩 做 实验，它们 能 学会 极其 有限 的一点儿 符号
yǔyán kěshì xué·bù huì bǎ tā biànchéng yǒushēng yǔyán Rénlèi yǔyán zhīsuǒyǐ nénggòu
语言，可是 学 不 会 把它 变成 有声 语言。人类 语言 之所以 能够
suíjī-yìngbiàn zàiyú yī fāngmiàn néng bǎ yǔyīn fēnxī chéng ruògān yīnsù yòu bǎ zhèxiē yīnsù
"随机应变"，在于一 方面 能 把 语音分析 成 若干 音素，又把 这些 音素
zǔhé chéng yīnjié zài bǎ yīnjié liánzhuì qǐ·lái Lìng yī fāngmiàn yòu néng fēnxī wàijiè shìwù jí
组合 成 音节，再把 音节 连缀 起来。另 一 方面 ，又 能 分析外界事物及
qí biànhuà xíngchéng wúshù de yìniàn yī yī pèi yǐ yǔyīn ránhòu zōnghé yùnyòng biǎodá
其 变化， 形成 无数 的"意念"，一一 配以 语音，然后 综合 运用，表达
gèzhǒng fùzá de yìsi Yī jù huà rénlèi yǔyán de tèdiǎn jiù zàiyú néng yòng biànhuà wúqióng de
各种 复杂 的意思。一句 话，人类 语言 的 特点 就 在于 能 用 变化 无穷 的
yǔyīn biǎodá biànhuà wúqióng de yìyì Zhè shì rènhé qítā dòngwù bàn·bù dào de
语音，表达 变化 无穷 的 // 意义。这是 任何 其他 动物 办 不 到的。

Jiéxuǎn zì Lǚ Shūxiāng Rénlèi de Yǔyán
节选 自 吕叔湘 《人类 的 语言》

Zuòpǐn 28 Hào
作品 28 号

Fù·qīn xǐhuan xià xiàngqí Nà yī nián wǒ dàxué huíjiā dùjià fù·qīn jiāo wǒ xiàqí
父亲 喜欢 下 象棋。那一 年，我 大学 回家 度假，父亲 教我 下棋。
Wǒmen liǎ bǎihǎo qí fù·qīn ràng wǒ xiān zǒu sān bù kě bù dào sān fēnzhōng sān xià wǔ chú
我们 俩 摆好 棋，父亲 让我 先 走 三步，可不到 三 分钟，三下 五除

117

èr wǒ de bīng jiàng sǔnshī dàbàn qípán ·shàng kōngdàngdàng de zhǐ shèngxià lǎoshuài shì hé
二，我的兵 将 损失 大半，棋盘 上 空荡荡 的，只 剩下 老帅 、士和

yī jū liǎng zú zài gūjūn-fènzhàn Wǒ hái bù kěn bàxiū kěshì yǐ wúlì-huítiān yǎnzhēngzhēng kànzhe
一车 两卒在 孤军奋战 。我还不肯罢休，可是已无力回天， 眼睁睁 看着

fù·qīn jiāngjūn wǒ shū le
父亲"将军"，我输了。

Wǒ bù fúqì bǎi qí zài xià Jǐ cì jiāofēng jīběn ·shàng dōu shì bù dào shí fēnzhōng wǒ jiù
我不服气，摆棋再下。几次 交锋 ，基本 上 都是不到十 分钟 我就

bài xià zhèn lái Wǒ bùjīn yǒuxiē xièqì Fù·qīn duì wǒ shuō Nǐ chū xué xiàqí shū shì zhèngcháng
败下 阵 来。我不禁有些泄气。父亲 对我 说："你初 学 下棋，输是 正常

de Dànshì nǐ yào zhī·dào shū zài shénme dìfang fǒuzé nǐ jiùshì zài xià ·shàng shínián yě
的。但是你要 知道 输在 什么 地方；否则，你就是再 下上 十年，也

háishi shū
还是输。

Wǒ zhī·dào shū zài qíyì ·shàng Wǒ jìshù ·shàng bù rú nǐ méi jīngyàn
"我 知道 ，输在棋艺 上 。我技术 上 不如你，没 经验 。

Zhè zhǐ shì cìyào yīnsù bù shì zuì zhòngyào de
"这只是次要因素，不是最 重要 的。

Nà zuì zhòngyào de shì shénme Wǒ qíguài de wèn
"那最 重要 的是什么？"我奇怪地 问。

Zuì zhòngyào de shì nǐ de xīntài bù duì Nǐ bù zhēnxī nǐ de qízǐ
"最 重要 的是你的心态不对。你不珍惜你的棋子。

Zěnme bù zhēnxī ya Wǒ měi zǒu yī bù dōu xiǎng bàntiān Wǒ bù fúqì de shuō
"怎么 不珍惜呀？我每走一步，都 想 半天。"我不服气地 说。

Nà shì hòulái kāishǐ nǐ shì zhèyàng ma Wǒ gěi nǐ jìsuànguo nǐ sān fēn zhī èr de qízǐ shì
"那是后来，开始你是 这样 吗？我给你计算过，你三 分之二的棋子是

zài qián sān fēn zhī yī de shíjiān nèi diūshī de Zhè qījiān nǐ zǒu qí bùjiǎ-sīsuǒ ná qǐ·lái jiù zǒu
在 前 三 分之一的时间内丢失的。这期间你走 棋不假思索，拿起来 就 走，

shīle yě bù jué·dé kěxī Yīn·wèi nǐ jué·dé qízǐ hěn duō shī yī-liǎng gè bù suàn shénme
失了也不 觉得 可惜。因为 你 觉得 棋子很多，失一两个不 算 什么 。

Wǒ kànkan fù·qīn bù hǎoyìsi de dī·xià tóu Hòu sān fēn zhī èr de shíjiān nǐ yòu fànle
我 看看 父亲，不好意思地 低下 头。"后 三 分之二 的时间，你又犯了

xiāngfǎn de cuòwù duì qízǐ guòyú zhēnxī měi zǒu yī bù dōu sīqián-xiǎnghòu huàndé-huànshī yī
相反 的 错误：对棋子过于 珍惜，每 走一步，都 思前想后 ， 患得患失 ，一

gè qí yě bù xiǎng shī jiéguǒ yī gè yī gè dōu shīqù le
个棋也不 想 失，// 结果一个一个都 失去了。

Jiéxuǎn zì Lín Xī Rénshēng Rú XiàQí
节选 自林夕《 人生 如下棋》

Zuòpǐn 29 Hào
作品 29 号

Zhòngxià péngyou xiāngyāo yóu Shídù Zài chéng·lǐ zhù jiǔ le yīdàn jìnrù shānshuǐ zhījiān
仲夏 ，朋友 相邀 游十渡。在 城里 住久了，一旦进入 山水 之间，

jìng yǒu yī zhǒng shēngmìng fùsū de kuàigǎn
竟有一种 生命 复苏 的 快感 。

Xià chē hòu wǒmen shěqìle dàlù tiāoxuǎnle yī tiáo bànyǐn-bànxiàn zài zhuāngjiadì·lǐ de
下车 后，我们 舍弃了大路， 挑选了一条 半隐半现 在 庄稼地 里的

xiǎojìng　wānwānràorào de láidàole Shídù dùkǒu　Xīyáng xià de Jùmǎ Hé kāngkǎi de sāchū yī piàn
小径，弯弯绕绕 地来到了十渡渡口。夕阳下的拒马河 慷慨 地撒出一片

sǎnjīn-suìyù　duì wǒmen biǎoshì huānyíng
散金碎玉，对 我们 表示 欢迎。

Àn biān shānyá · shàng dāofǔhén yóu cún de　qíqū xiǎodào　gāodī tū'āo　suī méi·yǒu　nán yú
岸边 山崖 上 刀斧痕 犹 存的 崎岖 小道，高低凸凹，虽 没有"难于

shàng qīngtiān de xiǎn'è　què yě yǒu tàkōngle gǔndào Jùmǎ Hé xǐzǎo de fēngxiǎn　Xiázhǎichù zhǐ
上 青天"的 险恶，却 也有 踏空了 滚到 拒马河洗澡的 风险。狭窄处 只

néng shǒu fú yánshí tiē bì ér xíng　Dāng　Dōngpō Cǎotáng　jǐ gè hóng qī dà zì hèrán chūxiàn zài
能 手 扶 岩石 贴壁而行。当"东坡 草堂"几个 红 漆大字赫然 出现 在

qiánfāng yánbì shí　yī zuò xiāngqiàn zài yányá jiān de shíqì máocǎowū tóngshí yuèjìn yǎndǐ　Cǎowū
前方 岩壁时，一座 镶嵌 在岩崖间的 石砌 茅草屋 同时 跃进眼底。草屋

bèi jǐ jí shítī tuō de gāogāo de　wū xià fǔkànzhe yī wān héshuǐ　wū qián shùn shānshì pìchūle yī
被几级石梯 托得 高高 的，屋下俯瞰着一 湾 河水，屋 前 顺 山势 辟出了一

piàn kòngdì　suànshì yuànluò ba　Yòucè yǒu yī xiǎoxiǎo de mógūxíng de liángtíng　nèi shè shízhuō
片 空地，算是 院落 吧！右侧有一 小小 的 蘑菇形 的 凉亭，内设 石桌

shídèng　tíng dǐng hèhuángsè de máocǎo xiàng liúsū bān xiàng xià chuíxiè　bǎ xiànshí hé tónghuà
石凳，亭 顶 褐黄色 的茅草 像 流苏般 向 下 垂泻，把 现实 和 童话

chuànchéngle yītǐ　Cǎowū de gòusīzhě zuì jīngcǎi de yī bǐ　shì shè zài yuànluò biānyán de cháimén
串成了 一体。草屋的 构思者最 精彩的一 笔，是 设在 院落 边沿 的 柴门

hé líba　zǒujìn zhèr　biàn yǒule　Huājìng bù céng yuán kè sǎo　péngmén jīn shǐ wèi jūn kāi　de
和篱笆，走近这儿，便 有了"花径 不 曾 缘 客扫，蓬门 今 始 为君 开"的

yìsi
意思。

Dāng wǒmen chóng dēng liángtíng shí　yuǎnchù de Biānfú Shān yǐ zài yèsè · xià huàwéi jiǎnyǐng
当 我们 重 登 凉亭时，远处的 蝙蝠 山已在夜色 下 化为 剪影，

hǎoxiàng jiù yào zhǎnchì pūlái　Jùmǎ Hé chèn rénmen kàn·bù qīng tā de róngmào shí huōkāile
好像 就要 展翅 扑来。拒马河 趁 人们 看 不 清它的 容貌 时豁开了

sǎngménr yùnwèi shízú de chàng ne　Ǒu yǒu bù ānfèn de xiǎoyúr hé qīngwā bèng tiào　chéng
嗓门儿 韵味 十足地 唱 呢！偶有 不 安分的 小鱼儿和 青蛙 蹦 跳 // 成

shēng　xiàng shì wèile qiánghuà zhè yèqǔ de jiézòu　Cǐshí　zhǐ jué shìjiān wéi yǒu shuǐshēng hé wǒ
声，像 是为了 强化 这夜曲的节奏。此时，只 觉世间 唯有 水声 和 我，

jiù lián ǒu'ěr cóng yuǎnchù gǎnlái xiējiǎo de wǎnfēng　yě qiǎowú-shēngxī
就 连偶尔 从 远处 赶来 歇脚的 晚风，也 悄无声息。

Dāng wǒ jiànjiàn bèi yè de níngzhòng yǔ shēnsuì suǒ róngshí　yī lǚ xīn de sīxù yǒngdòng shí
当 我 渐渐 被夜的 凝重 与 深邃所 融蚀，一缕新的 思绪 涌动 时，

duì'àn shātān · shàng ránqǐle gōuhuǒ　nà xiānliàng de huǒguāng　shǐ yèsè yǒule zàodònggǎn
对岸 沙滩 上 燃起了 篝火，那 鲜亮 的 火光 ，使 夜色 有了 躁动感。

Gōuhuǒ sìzhōu rényǐng chuòyuē rúgē-sìwǔ　Péngyou shuō　nà shì Běijīng de dàxuéshēngmen jiébàn
篝火 四周，人影 绰约，如歌似舞。朋友 说，那是北京的 大学生们 ，结伴

lái zhèr dù zhōumò de　Yáowàng nà míngmiè-wúdìng de huǒguāng　xiǎngxiàngzhe gōuhuǒ yìngzhào
来这儿度 周末的。遥望 那 明灭无定 的 火光 ， 想象着 篝火 映照

de qīngchūn niánhuá　yě shì yī zhǒng yìxiǎng · bù dào de lèqù
的 青春 年华，也是一 种 意想 不 到 的 乐趣。

Jiéxuǎn zì Liú Yán　Shídù Yóu Qù
节选 自 刘延《十渡 游 趣》

Zuòpǐn 30 Hào
作品 30 号

Zài Mǐnxīnán hé Yuèdōngběi de chóngshān-jùnlǐng zhōng diǎnzhuì zhe shùyǐqiānjì de yuánxíng
在 闽 西南 和 粤东北 的 崇山峻岭 中 ，点缀 着 数以千计 的 圆形
wéiwū huò tǔlóu zhè jiù shì bèi yù wéi shìjiè mínjū qípā de Kèjiā mínjū
围屋 或 土楼，这 就是 被誉为 "世界民居奇葩" 的 客家民居。

Kèjiārén shì gǔdài cóng Zhōngyuán fánshèng de dìqū qiāndào nánfāng de Tāmen de jūzhùdì
客家人 是 古代 从 中原 繁盛 的 地区 迁到 南方 的。他们 的 居住地
dàduō zài piānpì biānyuán de shānqū wèile fángbèi dàofěi de sāorǎo hé dāngdìrén de páijǐ biàn
大多 在 偏僻、边远 的 山区，为了 防备 盗匪 的 骚扰 和 当地人 的 排挤，便
jiànzàole yínglěishì zhùzhái zài tǔ zhōng chān shíhuī yòng nuòmǐfàn jīdànqīng zuò niánhéjì yǐ
建造了 营垒式 住宅，在 土 中 掺 石灰，用 糯米饭、鸡蛋清 作 黏合剂，以
zhúpiàn mùtiáo zuò jīngǔ hāngzhù qǐ qiáng hòu yī mǐ gāo shíwǔ mǐ yǐshàng de tǔlóu Tāmen
竹片、木条 作 筋骨，夯筑 起 墙 厚 一米，高 十五米 以上 的 土楼。它们
dàduō wéi sān zhì liù céng lóu yībǎi zhì èrbǎi duō jiān fángwū rú júbànzhuàng páiliè bùjú jūnyún
大多 为 三 至 六 层 楼，一百 至 二百 多 间 房屋 如 菊瓣状 排列，布局 均匀，
hóngwěi zhuàngguān Dàbùfen tǔlóu yǒu liǎng-sānbǎi nián shènzhì wǔ-liùbǎi nián de lìshǐ jīngshòu
宏伟 壮观。大部分 土楼 有 两三百 年 甚至 五六百 年 的 历史，经受
wúshù cì dìzhèn hàndòng fēngyǔ qīnshí yǐjí pàohuǒ gōngjī ér ānrán-wúyàng xiǎnshìle chuántǒng
无数 次 地震 撼动、风雨 侵蚀 以及 炮火 攻击 而 安然无恙、显示了 传统
jiànzhù wénhuà de mèilì
建筑 文化 的 魅力。

Kèjiā xiānmín chóngshàng yuánxíng rènwéi yuán shì jíxiáng xìngfú hé ānníng de xiàngzhēng
客家 先民 崇尚 圆形，认为 圆 是 吉祥、幸福 和 安宁 的 象征。
Tǔlóu wéichéng yuánxíng de fángwū jūn àn bāguà bùjú páiliè guà yǔ guà zhījiān shè yǒu fánghuǒqiáng
土楼 围成 圆形 的 房屋 均 按 八卦 布局 排列，卦 与 卦 之间 设 有 防火墙，
zhěngqí-huàyī
整齐划一。

Kèjiārén zài zhìjiā chǔshì dàirén lìshēn děng fāngmiàn wú bù tǐxiàn chū míngxiǎn de wénhuà
客家人 在 治家、处事、待人、立身 等 方面，无 不 体现出 明显 的 文化
tèzhēng Bǐrú xǔduō fángwū dàmén·shàng kèzhe zhèyàng de zhèngkǎi duìlián Chéng qián zǔdé
特征。比如，许多 房屋 大门 上 刻着 这样 的 正楷 对联："承 前 祖德
qín hé jiǎn qǐ hòu zǐsūn dú yǔ gēng biǎoxiànle xiānbèi xīwàng zǐsūn hémù xiāngchǔ qínjiǎn
勤和俭，启后子孙读与耕"，表现了 先辈 希望 子孙 和睦 相处、勤俭
chíjiā de yuànwàng Lóu nèi fángjiān dàxiǎo yīmú-yīyàng tāmen bù fēn pínfù guìjiàn měi hù rénjiā
持家 的 愿望。楼内 房间 大小 一模一样，他们 不 分 贫富、贵贱，每 户 人家
píngděng de fēndào dǐcéng zhì gāocéng gè yī jiān fáng Gè céng fángwū de yòngtú jīngrén de
平等 地 分到 底层 至 高层 各 // 一 间 房。各 层 房屋 的 用途 惊人 地
tǒngyī dǐcéng shì chúfáng jiān fàntáng èr céng dàng zhùcāng sān céng yǐshàng zuò wòshì
统一，底层 是 厨房 兼 饭堂，二 层 当 贮仓，三 层 以上 作 卧室，
liǎng-sānbǎi rén jùjū yī lóu zhìxù jǐngrán háobù hùnluàn Tǔlóu nèi suǒ bǎoliú de mínsú wénhuà
两三百 人 聚居 一楼，秩序 井然，毫不 混乱。土楼 内 所 保留 的 民俗 文化，
ràng rén gǎnshòu dào Zhōnghuá chuántǒng wénhuà de shēnhòu jiǔyuǎn
让 人 感受 到 中华 传统 文化 的 深厚 久远。

Jiéxuǎn zì Zhāng Yǔshēng Shìjiè Mínjū Qípā
节选 自 张宇生 《世界 民居 奇葩》

Zuòpǐn 31 Hào
作品 31 号

Wǒguó de jiànzhù　cóng gǔdài de gōngdiàn dào jìndài de yībān zhùfáng　jué dà bùfen shì duìchèn
我国 的 建筑，从 古代 的 宫殿 到 近代 的 一般 住房，绝大部分 是 对称

de　zuǒ·biān zěnmeyàng　yòu·biān yě zěnmeyàng　Sūzhōu yuánlín kě jué bù jiǎng·jiū duìchèn
的，左边 怎么样 ， 右边 也 怎么样 。苏州 园林 可绝不 讲究 对称，

hǎoxiàng gùyì bìmiǎn shìde　Dōng·biān yǒule yī gè tíngzi huòzhě yī dào huílláng　xī·biān jué bù
好像 故意 避免 似的。 东边 有了一个 亭子 或者 一道 回廊，西边 决不

huì lái yī gè tóngyàng de tíngzi huòzhě yī dào tóngyàng de huílláng　Zhè shì wèi shénme　Wǒ xiǎng
会来一个 同样 的 亭子 或者 一道 同样 的 回廊。这是为 什么？我 想，

yòng túhuà lái bǐfang　duìchèn de jiànzhù shì tú'ànhuà　bù shì měishùhuà　ér yuánlín shì měishùhuà
用 图画来 比方，对称 的 建筑 是 图案画，不是 美术画，而 园林 是 美术画，

měishùhuà yāoqiú zìrán zhī qù　shì bù jiǎng·jiū duìchèn de
美术画 要求 自然之趣，是 不 讲究 对称 的。

Sūzhōu yuánlín·lǐ dōu yǒu jiǎshān hé chízhǎo
苏州 园林 里 都 有 假山 和 池沼 。

Jiǎshān de duīdié　kěyǐ shuō shì yī xiàng yìshù ér bùjǐn shì jìshù　Huòzhě shì
假山 的 堆叠，可以 说 是 一 项 艺术 而 不仅 是 技术。或者 是

chóngluán-diézhàng　huòzhě shì jǐ zuò xiǎoshān pèihézhe zhúzi huāmù　quán zàihū shèjìzhě hé
重峦叠嶂 ，或者 是 几 座 小山 配合着 竹子 花木，全 在乎 设计者 和

jiàngshīmen shēngpíng duō yuèlì　xiōng zhōng yǒu qiūhè　cái néng shǐ yóulǎnzhě pāndēng de shíhou
匠师们 生平 多 阅历，胸 中 有 丘壑，才 能 使 游览者 攀登 的 时候

wàngquè Sūzhōu chéngshì　zhǐ jué·dé shēn zài shān jiān
忘却 苏州 城市，只 觉得 身 在 山 间。

Zhìyú chízhǎo　dàduō yǐnyòng huóshuǐ　Yǒuxiē yuánlín chízhǎo kuān·chǎng　jiù bǎ chízhǎo zuòwéi quán
至于 池沼，大多 引用 活水。有些 园林 池沼 宽敞 ，就 把 池沼 作为 全

yuán de zhōngxīn　qítā jǐngwù pèihézhe bùzhì　Shuǐmiàn jiǎrú chéng hédào múyàng　wǎngwǎng ānpái
园 的 中心，其他 景物 配合着 布置。水面 假如 成 河道 模样， 往往 安排

qiáoliáng　Jiǎrú ānpái liǎng zuò yǐshàng de qiáoliáng　nà jiù yī zuò yī gè yàng　jué bù léitóng
桥梁 。假如 安排 两 座 以上 的 桥梁，那 就 一 座 一 个 样，决不 雷同。

Chízhǎo huò hédào de biānyán hěn shǎo qì qízhěng de shí'àn　zǒngshì gāodī qūqū rèn qí zìrán
池沼 或 河道 的 边沿 很 少 砌 齐整 的 石岸，总是 高低 屈曲 任其 自然。

Hái zài nàr bùzhì jǐ kuài línglóng de shítou　huòzhě zhòng xiē huācǎo　Zhè yě shì wèile qǔdé cóng
还 在 那儿 布置 几 块 玲珑 的 石头，或者 种 些 花草。这 也 是 为了 取得 从

gègè jiǎodù kàn dōu chéng yī fú huà de xiǎoguǒ　Chízhǎo·lǐ yǎngzhe jīnyú huò gè sè lǐyú　xià-qiū
各个 角度 看 都 成 一 幅 画 的 效果。池沼 里 养着 金鱼 或 各色 鲤鱼，夏秋

jìjié héhuā huò shuìlián　kāi fàng　yóulǎnzhě kàn　yú xì liányè jiān　yòu shì rù huà de yī jǐng
季节 荷花 或 睡莲 // 开 放，游览者 看"鱼戏莲叶间"，又 是 入画 的 一景。

Jiéxuǎn zì Yè Shèngtáo　Sūzhōu Yuánlín
节选 自 叶圣陶 《苏州 园林 》

Zuòpǐn 32 Hào
作品 32 号

Tài Shān jí dǐng kàn rìchū　lìlái bèi miáohuì chéng shífēn zhuàngguān de qíjǐng　Yǒu rén shuō　Dēng
泰 山 极 顶 看 日出，历来 被 描绘 成 十分 壮观 的 奇景。有 人 说：登

Tài Shān ér kàn·bù dào rìchū　jiù xiàng yī chū dàxì méi·yǒu xìyǎn　wèir zhōngjiū yǒu diǎnr guǎdàn
泰山 而 看 不 到 日出，就 像 一 出 大戏 没有 戏眼，味儿 终究 有点 寡淡。

　Wǒ qù pá shān nà tiān　zhèng gǎn·shàng gè nándé de hǎotiān　wànlǐ chángkōng　yúncaisīr
　我去爬山那天，正 赶上 个难得 的 好天，万里 长空，云彩丝儿

dōu bù jiàn Sùcháng yānwù téngténg de shāntóu　xiǎn·dé méi·mù fēnmíng Tóngbànmen dōu xīnxǐ
都 不见。素常 烟雾 腾腾 的 山头，显得 眉目 分明。同伴们 都 欣喜

de shuō Míngtiān zǎo·chén zhǔn kěyǐ kàn·jiàn rìchū le Wǒ yě shì bàozhe zhè zhǒng xiǎngtou
地 说："明天 早晨 准 可以 看见 日出了。"我 也 是 抱着 这 种 想头，

pá·shàng shān·qù
爬上 山 去。

　Yīlù cóng shānjiǎo wǎng shàng pá　xì kàn shānjǐng　wǒ jué·dé guà zài yǎnqián de bù shì Wǔ
　一路 从 山脚 往 上 爬，细看 山景，我 觉得 挂 在 眼前 的 不是 五

Yuè dú zūn de Tài Shān　què xiàng yī fú guīmó jīngrén de qīnglù shānshuǐhuà　cóng xià·miàn dào
岳独尊的泰山，却 像 一 幅 规模 惊人 的 青绿 山水画，从 下面 倒

zhǎn kāi·lái　Zài huàjuàn zhōng zuì xiān lòuchū de shì shāngēnr dǐ nà zuò Míngcháo jiànzhù
展 开来。在 画卷 中 最先 露出 的 是 山根 底 那座 明朝 建筑

Dàizōngfāng　mànmàn de biàn xiànchū Wángmǔchí　Dòumǔgōng　Jīngshíyù　Shān shì yī céng bǐ yī
岱宗坊，慢慢 地 便 现出 王母池、斗母宫、经石峪。山 是 一 层 比一

céng shēn　yī dié bǐ yī dié qí　céngcéngdiédié　bù zhī hái huì yǒu duō shēn duō qí　Wàn shān cóng
层 深，一叠 比 一 叠 奇，层层叠叠，不知 还会 有 多 深 多 奇。万 山 丛

zhōng　shí'ér diǎnrǎnzhe jíqí gōngxì de rénwù　Wángmǔchí páng de Lǚzǔdiàn·lǐ yǒu bùshǎo zūn
中，时而 点染着 极其 工细 的 人物。王母池 旁 的 吕祖殿 里 有 不少 尊

míngsù　sùzhe Lǚ Dòngbīn děng yīxiē rén　zītài shénqíng shì nàyàng yǒu shēngqì　nǐ kàn le　bùjīn
明塑，塑着 吕 洞宾 等 一些人，姿态 神情 是 那样 有 生气，你 看了，不禁

huì tuōkǒu zàntàn shuō　Huó la
会 脱口 赞叹 说："活 啦。

　Huàjuàn jìxù zhǎnkāi　lùyīn sēnsēn de Bǎidòng lòumiàn bù tài jiǔ　biàn láidào Duìsōngshān
　画卷 继续 展开，绿荫 森森 的 柏洞 露面 不太久，便 来到 对松山。

Liǎngmiàn qífēng duìzhìzhe　mǎn shānfēng dōu shì qíxíng-guàizhuàng de lǎosōng　niánjì pà dōu yǒu
两面 奇峰 对峙着，满 山峰 都 是 奇形怪状 的 老松，年纪 怕 都 有

shàng qiān suì le　yánsè jìng nàme nóng　nóng de hǎoxiàng yào liú xià·lái shìde　Láidào zhèr　nǐ
上 千岁了，颜色 竟 那么 浓，浓得 好像 要 流 下来 似的。来到 这儿，你

bùfáng quán dàng yī cì huà·lǐ de xiěyì rénwù　zuò zài lùpáng de Duìsōngtíng·lǐ　kànkan shānsè
不妨 权 当 一次 画里 的 写意 人物，坐 在 路旁 的 对松亭 里，看看 山色，

tīngting liú　shuǐ hé sōngtāo
听听 流//水 和 松涛。

　Yīshíjiān　wǒ yòu jué·dé zìjǐ bùjǐn shì zài kàn huàjuàn　què yòu xiàng shì zài línglíngluànluàn
　一时间，我 又 觉得 自己 不仅 是 在 看 画卷，却 又 像 是 在 零零乱乱

fānzhe yī juàn lìshǐ gǎoběn
翻着 一 卷 历史 稿本。

Jiéxuǎn zì Yáng Shuò　Tài Shān Jí Dǐng
节选 自 杨朔 《泰山 极顶》

Zuòpǐn 33 Hào
作品 33 号

　Zài tàikōng de hēimù·shàng　dìqiú jiù xiàng zhàn zài yǔzhòu wǔtái zhōngyāng nà wèi zuì měi de
　在 太空 的 黑幕 上，地球 就 像 站 在 宇宙 舞台 中央 那位 最美 的

dà míngxīng　hùnshēn sànfā chū duórénxīnpò de　cǎisè de　míngliàng de guāngmáng　tā pīzhe
大　明星　，浑身　散发　出　夺人心魄　的、彩色的、明亮　的　光芒　，她披着

qiǎnlánsè de shāqún hé báisè de piāodài　rútóng tiān·shàng de xiānnǚ huǎnhuǎn fēixíng
浅蓝色　的　纱裙　和 白色的　飘带，如同　天上　的 仙女　缓缓　飞行。

Dìlǐ　zhīshi gàosu wǒ　dìqiú·shàng dàbùfen dìqū fùgàizhe hǎiyáng　wǒ guǒrán kàndàole
　　地理　知识 告诉 我，地球　上　大部分 地区 覆盖着　海洋　，我 果然　看到了

dàpiàn wèilánsè de hǎishuǐ　hàohàn de hǎiyáng jiāo'ào de pīlùzhe guǎngkuò zhuàngguān de quánmào
大片 蔚蓝色的　海水，浩瀚　的　海洋　骄傲 地 披露着　广阔　壮观　的　全貌　，

wǒ hái kàndàole huáng-lù xiāngjiàn de lùdì　liánmián de shānmài zònghéng qíjiān　wǒ kàndào wǒmen
我 还 看到了 黄绿　相间 的 陆地，连绵的　山脉　纵横　其间；我 看到 我们

píngshí suǒ shuō de tiānkōng　dàqìcéng zhōng piāofúzhe piànpiàn xuěbái de yúncai　nàme qīngróu
平时 所 说 的 天空，大气层　中　漂浮着　片片 雪白的 云彩，那么　轻柔，

nàme mànmiào　zài yángguāng pǔzhào xià　fǎngfú tiē zài dìmiàn·shàng yīyàng Hǎiyáng　lùdì
那么　曼妙，在　阳光　普照 下，仿佛 贴 在 地面　上　一样。海洋、陆地、

báiyún　tāmen chéngxiàn zài fēichuán xià·miàn　huǎnhuǎn shǐlái　yòu huǎnhuǎn lí·qù
白云，它们 呈现 在 飞船　下面　，缓缓　驶来，又 缓缓　离去。

Wǒ zhī·dào zìjǐ hái shì zài guǐdào·shàng fēixíng　bìng méi·yǒu wánquán tuōlí dìqiú de
　　我 知道 自己 还 是 在 轨道　上　飞行，并 没有　完全 脱离 地球 的

huáibào　chōngxiàng yǔzhòu de shēnchù rán'ér zhè yě zúyǐ ràng wǒ zhènhàn le　wǒ bìng bù néng
怀抱，冲向　宇宙 的 深处，然而 这 也 足以 让 我 震撼 了，我 并 不 能

kànqīng yǔzhòu zhōng zhòngduō de xīngqiú　yīn·wèi shíjì·shàng tāmen lí wǒmen de jùlí fēicháng
看清 宇宙　中　众多　的 星球，因为　实际上 它们 离 我们 的 距离 非常

yáoyuǎn　hěnduō dōu shì yǐ guāngnián jìsuàn Zhèng yīn·wèi rúcǐ　wǒ jué·dé yǔzhòu de guǎngmào
遥远，很多　都 是 以　光年 计算。正　因为　如此，我 觉得 宇宙 的　广袤

zhēnshí de bǎi zài wǒ de yǎnqián　jíbiàn zuòwéi Zhōnghuá Mínzú dì-yī gè fēitiān de rén wǒ yǐ·jīng
真实 地 摆 在 我 的 眼前，即便 作为　中华 民族 第一 个 飞天 的 人 我 已经

pǎodào lí dìqiú biǎomiàn sìbǎi gōnglǐ de kōngjiān　kěyǐ chēngwéi tàikōngrén le　dànshì
跑到 离 地球 表面 四百 公里 的 空间　，可以 称为　太空人 了，但是

shíjì·shàng zài hàohàn de yǔzhòu miànqián　wǒ jǐn xiàng yī lì chén'āi
实际上　在 浩瀚 的 宇宙　面前，我 仅 像 一 粒 尘埃。

Suīrán dúzì zài tàikōng fēixíng　dàn wǒ xiǎngdàole cǐkè qiānwàn　Zhōngguórén qiáoshǒuyǐdài
　　虽然 独自 在 太空 飞行，但 我 想到了 此刻 千万 ∥　中国人　翘首以待，

wǒ bù shì yī gè rén zài fēi　wǒ shì dàibiǎo suǒyǒu Zhōngguórén　shènzhì rénlèi láidàole tàikōng Wǒ
我 不 是 一 个 人 在 飞，我 是 代表 所有　中国人　，甚至 人类 来到了 太空。我

kàndào de yīqiē zhèngmíngle Zhōngguó hángtiān jìshù de chénggōng　wǒ rènwéi wǒ de xīnqíng yīdìng
看到 的 一切 证明了　中国　航天 技术 的　成功　，我 认为 我 的 心情 一定

yào biǎodá yīxià　jiù náchū tàikōngbǐ　zài gōngzuò rìzhì bèimiàn xiěle yī jù huà　Wèile rénlèi de
要 表达 一下，就 拿出 太空笔，在　工作 日志 背面 写了 一 句 话："为了 人类 的

hépíng yǔ jìnbù　Zhōngguórén láidào tàikōng le　Yǐ cǐ lái biǎodá yī gè Zhōngguórén de jiāo'ào
和平 与 进步，中国人　来到 太空 了。"以此 来 表达 一个　中国人　的 骄傲

hé zìháo
和 自豪。

Jiéxuǎn zì Yáng Lìwěi　Tiān Dì Jiǔ Chóng
节选 自 杨利伟《天 地 九 重 》

Zuòpǐn 34 Hào
作品 34 号

Zuì shǐ wǒ nánwàng de　shì wǒ xiǎoxué shíhou de nǔjiàoshī Cài Yúnzhī xiānsheng
最 使我 难忘 的，是我 小学 时候的 女教师 蔡芸芝 先生。

Xiànzài huíxiǎng qǐ·lái　tā nà shí yǒu shíbā-jiǔsuì　Yòu zuíjiǎo biān yǒu yúqián dàxiǎo yī kuàir
现在 回想 起来，她那时有 十八九岁。右 嘴角 边 有 榆钱 大小 一 块

hēizhì　Zài wǒ de jìyì·lǐ tā shì yī gè wēnróu hé měilì de rén
黑痣。在我的记忆里，她是一个温柔和美丽的人。

Tā cónglái bù dǎmà wǒmen　Jǐnjǐn yǒu yī cì　tā de jiàobiān hǎoxiàng yào luò xià·lái　wǒ
她从来不打骂我们。仅仅有一次，她的 教鞭 好像 要落 下来，我

yòng shíbǎn yī yíng　jiàobiān qīngqīng de qiāo zài shíbǎn biān·shàng　dàhuǒr xiào le　tā yě xiào
用 石板 一迎，教鞭 轻轻 地 敲在石板 边上 ，大伙 笑了，她也笑

le　Wǒ yòng értóng de jiǎohuá de yǎnguāng chájué　tā ài wǒmen　bìng méi·yǒu cúnxīn yào dǎ de
了。我 用 儿童 的 狡猾 的 眼光 察觉，她爱我们，并 没有 存心 要打的

yìsi　Háizimen shì duōme shànyú guānchá zhè yī diǎn a
意思。孩子们是 多么 善于 观察 这一点 啊。

Zài kèwài de shíhou　tā jiāo wǒmen tiàowǔ　wǒ xiànzài hái jìde tā bǎ wǒ bànchéng nǔháizi
在课外的时候，她教 我们 跳舞，我 现在 还记得她把我 扮成 女孩子

biǎoyǎn tiàowǔ de qíngjǐng
表演 跳舞 的 情景 。

Zài jiàrì·lǐ　tā bǎ wǒmen dàidào tā de jiā·lǐ hé nǔpéngyou de jiā·lǐ　Zài tā de nǔpéngyou
在 假日里，她把我们 带到 她的 家里 和 女朋友 的 家里。在 她 的 女朋友

de yuánzi·lǐ　tā hái ràng wǒmen guānchá mìfēng　yě shì zài nà shíhou　wǒ rènshile fēngwáng
的 园子里，她 还 让 我们 观察 蜜蜂；也是在 那 时候，我 认识了 蜂王 ，

bìngqiě píngshēng dì-yī cì chīle fēngmì
并且 平生 第一次吃了蜂蜜。

Tā ài shī　bìngqiě ài yòng gēchàng de yīndiào jiāo wǒmen dú shī　Zhí dào xiànzài wǒ hái jìde
她爱诗，并且 爱用 歌唱 的 音调 教 我们 读诗。直到 现在 我还记得

tā dú shī de yīndiào　hái néng bèisòng tā jiāo wǒmen de shī
她读诗的 音调，还能 背诵 她教 我们 的诗：

Yuán tiān gàizhe dàhǎi
圆 天 盖着大海，

Hēishuǐ tuōzhe gūzhōu
黑水 托着 孤舟，

Yuǎn kàn·bù jiàn shān
远 看 不 见 山，

Nà tiānbiān zhǐ yǒu yúntóu
那 天边 只 有 云头，

Yě kàn·bù jiàn shù
也 看 不 见 树，

Nà shuǐ·shàng zhǐ yǒu hǎi'ōu
那 水 上 只 有 海鸥……

Jīntiān xiǎnglái　tā duì wǒ de jiējìn wénxué hé àihào wénxué　shì yǒuzhe duōme yǒuyì de
今天 想来 ，她对我的接近 文学 和 爱好 文学 ，是 有着 多么 有益 的

yǐngxiǎng
影响 ！

Xiàng zhèyàng de jiàoshī　wǒmen zěnme huì bù xǐhuan tā　zěnme huì bù yuànyì hé tā qīnjìn ne
像 这样 的 教师，我们 怎么 会 不喜欢 她，怎么 会 不 愿意 和 她 亲近 呢？

Wǒmen jiànle tā bùyóude jiù wéi shàng·qù　Jíshǐ tā xiězì de shíhou wǒ　men yě mòmò de
我们 见了 她 不由得 就 围 上去 。即使 她 写字 的 时候，我 // 们 也 默默地

kànzhe tā　lián tā wò qiānbǐ de zīshì dōu jíyú mófǎng
看着 她，连 她 握 铅笔 的 姿势 都 急于 模仿。

Jiéxuǎn zì Wèi Wēi　Wǒ de Lǎoshī
节选 自 魏巍《我 的 老师》

Zuòpǐn 35 Hào
作品 35 号

Wǒ xǐhuan chūfā
我 喜欢 出发。

Fánshì dàodále de dìfang　dōu shǔyú zuótiān　Nǎpà nà shān zài qīng　nà shuǐ zài xiù　nà fēng
凡是 到达了 的 地方，都 属于 昨天。哪怕 那 山 再 青，那 水 再 秀，那 风

zài wēnróu　Tài shēn de liúlián biànchéngle yī zhǒng jībàn　bànzhù de bùjǐn yǒu shuāngjiǎo　hái yǒu
再 温柔。太 深 的 流连 便 成了 一 种 羁绊，绊住 的 不仅 有 双脚，还 有

wèilái
未来。

Zěnme néng bù xǐhuan chūfā ne　Méi jiànguo dàshān de wēi'é　zhēn shì yíhàn　jiànle dàshān de
怎么 能 不喜欢 出发呢？没 见过 大山 的 巍峨，真 是 遗憾；见了 大山 的

wēi'é méi jiànguo dàhǎi de hàohàn　réngrán yíhàn　jiànle dàhǎi de hàohàn méi jiànguo dàmò de
巍峨 没 见过 大海 的 浩瀚，仍然 遗憾；见了 大海 的 浩瀚 没 见过 大漠 的

guǎngmào　yījiù yíhàn　jiànle dàmò de guǎngmào méi jiànguo sēnlín de shénmì　hái shì yíhàn
广袤，依旧 遗憾；见了 大漠 的 广袤 没 见过 森林 的 神秘，还是 遗憾。

Shìjiè·shàng yǒu bù jué de fēngjǐng　wǒ yǒu bù lǎo de xīnqíng
世界 上 有 不绝 的 风景，我 有 不老 的 心情。

Wǒ zì·rán zhī·dào　dàshān yǒu kǎnkě　dàhǎi yǒu làngtāo　dàmò yǒu fēngshā　sēnlín yǒu
我 自然 知道，大山 有 坎坷，大海 有 浪涛，大漠 有 风沙，森林 有

měngshòu　Jíbiàn zhèyàng　wǒ yīrán xǐhuan
猛兽。即便 这样，我 依然 喜欢。

Dǎpò shēnghuó de píngjìng biàn shì lìng yī fān jǐngzhì　yī zhǒng shǔyú niánqīng de jǐngzhì　Zhēn
打破 生活 的 平静 便 是 另一 番 景致，一 种 属于 年轻 的 景致。真

qìngxìng　wǒ hái méi·yǒu lǎo　Jíbiàn zhēn lǎole yòu zěnmeyàng　bù shì yǒu jù huà jiào
庆幸，我 还 没有 老。即便 真 老了 又 怎么样，不 是 有 句 话 叫

lǎodāngyìzhuàng ma
老当益壮 吗？

Yúshì　wǒ hái xiǎng cóng dàshān nà·lǐ xuéxí shēnkè　wǒ hái xiǎng cóng dàhǎi nà·lǐ xuéxí
于是，我 还 想 从 大山 那里 学习 深刻，我 还 想 从 大海 那里 学习

yǒnggǎn　wǒ hái xiǎng cóng dàmò nà·lǐ xuéxí chénzhuó　wǒ hái xiǎng cóng sēnlín nà·lǐ xuéxí jīmǐn
勇敢，我 还 想 从 大漠 那里 学习 沉着，我 还 想 从 森林 那里 学习 机敏。

Wǒ xiǎng xuézhe pǐnwèi yī zhǒng bīnfēn de rénshēng
我 想 学着 品味 一 种 缤纷 的 人生。

Rén néng zǒu duō yuǎn　Zhè huà bù shì yào wèn liǎngjiǎo ér shì yào wèn zhìxiàng　Rén néng pān
人 能 走 多 远？这话 不是 要 问 两脚 而是 要 问 志向。人 能 攀

duō gāo　Zhè shì bù shì yào wèn shuāngshǒu ér shì yào wèn yìzhì　Yúshì　wǒ xiǎng yòng qīngchūn de
多 高？这事 不 是 要 问 双手 而是 要 问 意志。于是，我 想 用 青春 的

rèxuè gěi zìjǐ shùqǐ yī gè gāoyuǎn de mùbiāo　Bùjǐn shì wèile zhēngqǔ yī zhǒng guāngróng　gèng
热血 给 自己 树起 一 个 高远 的 目标。不仅 是 为了 争取 一 种 光荣 ，更

shì wèile zhuīqiú yī zhǒng jìngjiè　Mùbiāo shíxiàn le　biàn shì guāngróng　mùbiāo shíxiàn·bù liǎo
是 为了 追求 一 种 境界。目标 实现 了，便 是 光荣 ；目标 实现 不 了，

rénshēng yě huì yīn　zhè yīlù fēngyǔ báshè biàn de fēngfù ér chōngshí zài wǒ kànlái　zhè jiù shì
人生 也 会 因 // 这 一路 风雨 跋涉 变 得 丰富 而 充实 ；在 我 看来，这 就是

bùxū-cǐshēng
不虚此生 。

　　Shì de　wǒ xǐhuan chūfā　yuàn nǐ yě xǐhuan
　　是 的，我 喜欢 出发，愿 你 也 喜欢。

　　　　　　　　　　　　　Jiéxuǎn zì Wāng Guózhēn　Wǒ Xǐhuan Chūfā
　　　　　　　　　　　　　节选 自　 汪国真 《 我 喜欢 出发 》

Zuòpǐn 36 Hào
作品 36 号

　　Xiāngxia rénjiā zǒng ài zài wū qián dā yī guā jià　huò zhòng nán·guā　huò zhòng sīguā　ràng
　　乡下 人家 总 爱 在 屋 前 搭 一 瓜 架，或 种 南瓜 ，或 种 丝瓜，让

nàxiē guāténg pān·shàng péngjià pá·shàng wūyán　Dāng huā'ér luòle de shíhou téng·shàng biàn
那些 瓜藤 攀上 棚架，爬上 屋檐。当 花儿 落了 的 时候，藤 上 便

jiéchūle qīng de hóng de guā　tāmen yī gègè guà zài fáng qián　chènzhe nà chángcháng de téng
结出了 青 的、红 的 瓜，它们 一 个个 挂 在 房 前，衬着 那 长长 的 藤，

lùlù de yè　Qīng hóng de guā　bìlù de téng hé yè　gòuchéngle yī dào biéyǒufēngqù de
绿绿 的 叶。青、红 的 瓜，碧绿 的 藤 和 叶，构成了 一 道 别有风趣 的

zhuāngshì　bǐ nà gāolóu mén qián dūnzhe yī duì shíshīzi huòshì shùzhe liǎng gēn dàqígān　kě'ài
装饰，比 那 高楼 门 前 蹲着 一 对 石狮子 或是 竖着 两 根 大旗杆，可爱

duō le
多 了。

　　Yǒuxiē rénjiā　hái zài mén qián de chǎngdì·shàng zhòng jǐ zhū huā　sháoyao　fèngxiān
　　有些 人家，还 在 门 前 的 场地 上 种 几 株 花，芍药，凤仙，

jīguānhuā　dàlìjú　tāmen yīzhe shílìng　shùnxù kāifàng　pǔsù zhōng dàizhe jǐ fēn huálì　xiǎnchū
鸡冠花，大丽菊，它们 依着 时令，顺序 开放，朴素 中 带着 几 分 华丽，显出

yī pài dútè de nóngjiā fēngguāng　Hái yǒuxiē rénjiā　zài wū hòu zhòng jǐshí zhī zhú　lù de yè
一派 独特 的 农家 风光 。还 有些 人家，在 屋后 种 几十 枝 竹，绿的 叶，

qīng de gān　tóuxià yī piàn nóngnóng de lùyīn　Jǐ cháng chūnyǔ guòhòu　dào nà·lǐ zǒuzou　nǐ
青 的 竿，投下 一 片 浓浓 的 绿荫。几 场 春雨 过后，到 那里 走走，你

chángcháng huì kàn·jiàn xǔduō xiānnèn de sǔn　chéngqún de cóng tǔ·lǐ tànchū tóu lái
常常 会 看见 许多 鲜嫩 的 笋，成群 地 从 土里 探出 头 来。

　　Jī　xiāngxia rénjiā zhàolì zǒng yào yǎng jǐ zhī de　Cóng tāmen de fáng qián wū hòu zǒuguò　nǐ
　　鸡，乡下 人家 照例 总 要 养 几 只 的。从 他们 的 房 前 屋后 走过，你

kěndìng huì qiáo·jiàn yī zhī mǔjī　shuàilǐng yī qún xiǎojī　zài zhúlín zhōng mìshí　huòshì qiáo·jiàn
肯定 会 瞧见 一 只 母鸡，率领 一 群 小鸡，在 竹林 中 觅食；或是 瞧见

sǒngzhe wěiba de xióngjī　zài chǎngdì·shàng dàtàbù de zǒuláizǒuqù
耸着 尾巴 的 雄鸡，在 场地 上 大踏步 地 走来走去。

　　Tāmen de wū hòu tǎngruò yǒu yī tiáo xiǎohé　nàme zài shíqiáo pángbiān　zài lùshùyīn xià　nǐ
　　他们 的 屋后 倘若 有 一 条 小河，那么 在 石桥 旁边 ，在 绿树荫 下，你

huì jiàndào yī qún yāzi yóuxì shuǐ zhōng　bùshí de bǎ tóu zhādào shuǐ xià qù mìshí　Jíshǐ fùjìn de
会 见到 一 群 鸭子 游戏 水 中，不时 地 把 头 扎到 水 下 去 觅食。即使 附近 的

shítou • shàng yǒu fùnǚ zài dǎoyī   tāmen yě cóng bù chījīng
石头　上　有　妇女　在　捣衣，它们　也　从　不　吃惊。

　　Ruòshì zài xiàtiān de bàngwǎn chū • qù sànbù   nǐ chángcháng huì qiáo • jiàn xiāngxia rénjiā chī
　　若是　在　夏天　的　傍晚　出去　散步，你　常常　会　瞧见　乡下　人家　吃

wǎnfàn de qíngjǐng   Tāmen bǎ zhuōyǐ fàncài bāndào mén qián   tiāngāo-dìkuò de chī qǐ • lái
晚饭 // 的　情景。他们　把　桌椅　饭菜　搬到　门　前，天高地阔　地　吃　起来。

Tiānbiān de hóngxiá   xiàngwǎn de wēifēng   tóu • shàng fēiguò de guīcháo de niǎo'ér   dōu shì tāmen
天边　的　红霞，向晚　的　微风，头　上　飞过　的　归巢　的　鸟儿，都　是　他们

de hǎoyǒu   Tāmen hé xiāngxia rénjiā yīqǐ   huìchéngle yī fú zìrán   héxié de tiányuán fēngjǐnghuà
的　好友。它们　和　乡下　人家　一起，绘成了　一　幅　自然、和谐　的　田园　风景画。

                                    Jiéxuǎn zì Chén Zuìyún Xiāngxia Rénjia
                                    节选　自　陈醉云《乡下　人家》

Zuòpǐn 37 Hào
作品 37 号

　　Wǒmen de chuán jiànjiàn de bījìn róngshù le   Wǒ yǒu jī • huì kànqīng tā de zhēn miànmù shì yī
　　我们　的　船　渐渐　地　逼近　榕树　了。我　有　机会　看清　它　的　真　面目：是一

kē dàshù   yǒu shǔ • bù qīng de yāzhī   zhī • shàng yòu shēng gēn   yǒu xǔduō gēn yīzhí chuí dào
棵大树，有　数不清　的　丫枝，枝　上　又　生　根，有　许多　根　一直　垂到

dì • shàng   shēnjìn nítǔ • lǐ   Yī bùfen shùzhī chuídào shuǐmiàn   cóng yuǎnchù kàn   jiù xiàng yī kē
地上，伸进　泥土里。一部分　树枝　垂到　水面，从　远处　看，就　像　一棵

dàshù xié tǎng zài shuǐmiàn • shàng yīyàng
大树　斜　躺　在　水面　上　一样。

　　Xiànzài zhèng shì zhīfán-yèmào de shíjié   Zhè kē róngshù hǎoxiàng zài bǎ tā de quánbù
　　现在　正　是　枝繁叶茂　的　时节。这棵　榕树　好像　在　把　它　的　全部

shēngmìnglì zhǎnshì gěi wǒmen kàn   Nàme duō de lǜyè   yī cù duī zài lìng yī cù de shàng • mian
生命力　展示　给　我们　看。那么　多　的　绿叶，一　簇　堆　在　另　一　簇　的　上面，

bù liú yīdiǎnr fèngxì   Cuìlǜ de yánsè míngliàng de zài wǒmen de yǎnqián shǎnyào   sìhū měi yī
不留一点儿　缝隙。翠绿的　颜色　明亮　地　在　我们　的　眼前　闪耀，似乎　每一

piàn shùyè • shàng dōu yǒu yī gè xīn de shēngmìng zài chàndòng   zhè měilì de nánguó de shù
片　树叶　上　都　有　一个　新的　生命　在　颤动，这美丽　的　南国　的　树！

　　Chuán zài shù • xià bóle piànkè   àn • shàng hěn shī   wǒmen méi • yǒu shàng • qù   Péngyou shuō
　　船　在　树　下　泊了　片刻，岸　上　很　湿，我们　没　有　上去。朋友　说

zhè • lǐ shì niǎo de tiāntáng   yǒu xǔduō niǎo zài zhè kē shù • shàng zuò wō   nóngmín bù xǔ rén qù
这里　是"鸟的　天堂"，有　许多　鸟　在　这棵　树　上　做窝，农民　不许　人　去

zhuō tāmen   Wǒ fǎngfú tīng • jiàn jǐ zhǐ niǎo pū chì de shēngyīn   dànshì děngdào wǒ de yǎnjing zhùyì
捉　它们。我　仿佛　听见　几　只　鸟　扑翅　的　声音，但是　等到　我　的　眼睛　注意

de kàn nà • lǐ shí   wǒ què kàn • bù jiàn yī zhǐ niǎo de yǐngzi   Zhǐyǒu wúshù de shùgēn lì zài dì • shàng
地看　那里时，我　却　看不见　一　只　鸟　的　影子。只有　无数　的　树根　立　在　地上，

xiàng xǔduō gēn mùzhuāng   Dì shì shī de   dàgài zhǎngcháo shí héshuǐ chángcháng chōng • shàng àn • qù
像　许多　根　木桩。地　是　湿的，大概　涨潮　时　河水　常常　冲上　岸　去。

　　Niǎo de tiāntáng   lǐ méi • yǒu yī zhǐ niǎo   wǒ zhèyàng xiǎngdào   Chuán kāi le   yī gè péngyou
　　"鸟的　天堂"里　没有　一　只　鸟，我　这样　想到。船　开了，一个　朋友

bōzhe chuán   huǎnhuǎn de liúdào hé zhōngjiān • qù
拨着　船，缓缓　地　流到　河　中间　去。

　　Dì-èr tiān   wǒmen huázhe chuán dào yī gè péngyou de jiāxiāng qù   jiùshì nàge yǒu shān yǒu
　　第二天，我们　划着　船　到　一个　朋友　的　家乡　去，就是　那个　有　山　有

tǎ de dìfang　Cóng xuéxiào chūfā　wǒmen yòu jīngguò nà　niǎo de tiāntáng
塔 的 地方。从　学校　出发，我们　又　经过 那"鸟 的　天堂"。

　　Zhè yī　cì shì zài zǎo·chén　yángguāng zhào zài shuǐ miàn·shàng　yě zhào zài shùshāo·shàng
　　这 一　次 是 在　早晨，阳光　照 在 水 面　上，也 照 在 树梢　上。
Yīqiē dōu　xiǎn·dé fēicháng guāngmíng　Wǒmen de chuán yě zài shù·xià bóle piànkè
一切 都 // 显得　非常　光明。我们 的 船 也 在 树·下 泊了 片刻。

　　Qǐchū sìzhōuwéi fēicháng qīngjìng　Hòulái hūrán qǐle　yī　shēng niǎojiào　Wǒmen bǎ shou yī pāi
　　起初 四周围 非常　清静。后来 忽然 起了　一　声　鸟叫。我们 把手 一 拍，
biàn kàn·jiàn yī zhī dàniǎo　fēile qǐ·lái　jiēzhe yòu kàn·jiàn dì-èr zhī　dì-sān zhī　Wǒmen jìxù
便　看见 一 只 大鸟 飞了 起来，接着 又　看见　第二 只，第三 只。我们　继续
pāizhǎng　hěn kuài de zhège shùlín jiù biàn de hěn rènao le　Dàochù dōu shì niǎo shēng　dàochù dōu
拍掌，很　快地 这个 树林 就　变　得 很 热闹 了。到处　都 是 鸟　声，到处 都
shì niǎo yǐng　Dà de　xiǎo de　huā de　hēi de　yǒude zhàn zài zhī·shàng jiào　yǒude fēi qǐ·lái
是 鸟 影。大的，小 的，花的，黑的，有的 站 在 枝　上　叫，有的 飞 起来，
zài pū chìbǎng
在 扑　翅膀。

Jiéxuǎn zì Bājīn　Niǎo de Tiāntáng
节选　自巴金《鸟 的　天堂 》

Zuòpǐn 38 Hào
作品 38 号

　　Liǎngbǎi duō nián qián　kēxuéjiā zuòle yī cì shíyàn　Tāmen zài yī jiān wūzi·lǐ héngqī-shùbā
　　两百　多 年　前，科学家 做了 一 次 实验。他们 在 一 间 屋子 里　横七竖八
de lāle xǔduō shéngzi　shéngzi·shàng jìzhe xǔduō língdang　ránhòu bǎ biānfú de yǎnjing méng·shàng
地 拉了 许多 绳子，绳子　上　系着 许多 铃当，然后 把 蝙蝠 的 眼睛　蒙　上，
ràng tā zài wūzi·lǐ fēi　Biānfú fēile jǐ gè zhōngtóu　língdang yī gè yě méi xiǎng　nàme duō de
让 它 在 屋子·里 飞。蝙蝠 飞了 几 个　钟头，铃当 一 个 也 没　响，那么 多 的
shéngzi　tā yī gēn yě méi pèngzháo
绳子，它 一 根 也 没　碰着。

　　Kēxuéjiā yòu zuòle liǎng cì shíyàn　yī cì bǎ biānfú de ěrduo sāi·shàng　yī cì bǎ biānfú de
　　科学家 又 做了　两 次 实验：一次 把 蝙蝠 的 耳朵　塞上，一次 把 蝙蝠 的
zuǐ fēngzhù　ràng tā zài wūzi·lǐ fēi　Biānfú jiù xiàng méitóucāngying shìde dàochù luàn zhuàng　guà
嘴 封住，让 它 在 屋子·里 飞。蝙蝠 就　像　没头苍蝇 似的 到处 乱　撞，挂
zài shéngzi·shàng de língdang xiǎng gè bùtíng
在 绳子　上　的 铃当　响 个 不停。

　　Sān cì shíyàn de jiéguǒ zhèngmíng　biānfú yè·lǐ fēixíng　kào de bù shì yǎnjing　ér shì kào zuǐ
　　三 次 实验 的 结果　证明，蝙蝠 夜里 飞行，靠 的 不 是 眼睛，而 是 靠嘴
hé ěrduo pèihé qǐ·lái tànlù de
和耳朵 配合 起来 探路 的。

　　Hòulái　kēxuéjiā jīngguò fǎnfù yánjiū　zhōngyú jiēkāile biānfú néng zài yè·lǐ fēixíng de mìmì　Tā
　　后来，科学家 经过 反复 研究，终于 揭开了 蝙蝠 能 在 夜里 飞行 的 秘密。它
yībiān fēi　yìbiān cóng zuǐ·lǐ fāchū chāoshēngbō　Ér zhè zhǒng shēngyīn　rén de ěrduo shì tīng·bù
一边 飞，一边 从 嘴·里 发出　超声波。而 这 种　声音，人 的 耳朵 是 听 不
jiàn de　biānfú de ěrduo què néng tīngjiàn　Chāoshēngbō xiàng qián chuánbō shí　yùdào zhàng'àiwù jiù
见 的，蝙蝠 的 耳朵 却 能　听见。超声波　向　前 传播 时，遇到　障碍物 就
fǎnshè huí·lái　chuándào biānfú de ěrduo·lǐ　tā jiù　lìkè gǎibiàn fēixíng de fāngxiàng
反射 回来，传到　蝙蝠 的 耳朵里，它 就 立刻 改变 飞行 的　方向。

Zhī dào biānfú zài yè·lǐ rúhé fēixíng nǐ cāidào fēijī yèjiān fēixíng de mìmì le ma Xiàndài
知道 蝙蝠 在 夜里 如何 飞行，你 猜到 飞机 夜间 飞行 的 秘密 了 吗？现代

fēijī·shàng ānzhuāngle léidá léidá de gōngzuò yuánlǐ yǔ biānfú tànlù lèisì Léidá tōngguò tiānxiàn
飞机 上 安装了 雷达，雷达 的 工作 原理 与 蝙蝠 探路 类似。雷达 通过 天线

fāchū wúxiàn diànbō wúxiàn diànbō yùdào zhàng'àiwù jiù fǎnshè huí·lái bèi léidá jiēshōu dào
发出 无线 电波，无线 电波 遇到 障碍物 就 反射 回来，被 雷达 接收 到，

xiǎnshì zài yíngguāngpíng·shàng Cóng léidá de yíngguāngpíng·shàng jiàshǐyuán nénggòu qīngchǔ
显示 在 荧光屏 上 。从 雷达 的 荧光屏 上 ，驾驶员 能够 清楚

de kàndào qiánfāng yǒuméiyǒu zhàng'àiwù suǒ yǐ fēijī fēixíng jiù gèng ānquán le
地 看到 前方 有没有 障碍物，所 // 以 飞机 飞行 就 更 安全 了。

Jiéxuǎn zì Yèjiān Fēixíng de Mìmì
节选 自《夜间 飞行 的 秘密》

Zuòpǐn 39 Hào
作品 39 号

Běi Sòng shíhou yǒu wèi huàjiā jiào Zhāng Zéduān Tā huàle yī fú míngyáng-zhōngwài de huà
北 宋 时候，有 位 画家 叫 张择端 。他 画了 一 幅 名扬中外 的 画

Qīngmíng Shàng Hé Tú Zhè fú huà cháng wǔbǎi èrshíbā límǐ gāo èrshísì diǎn bā límǐ huà de
《清明 上 河图》。这 幅 画 长 五百二十八 厘米，高 二十四点八 厘米，画 的

shì Běi Sòng dūchéng Biànliáng rènao de chǎngmiàn Zhè fú huà yǐ·jīng yǒu bābǎi duō nián de lìshǐ
是 北宋 都城 汴梁 热闹 的 场面 。这 幅 画 已经 有 八百 多 年 的 历史

le xiànzài hái wánzhěng de bǎocún zài Běijīng de Gùgōng Bówùyuàn·lǐ
了，现在 还 完整 地 保存 在 北京 的 故宫 博物院 里。

Zhāng Zéduān huà zhè fú huà de shíhou xiàle hěn dà de gōngfu Guāng shì huà·shàng de
张择端 画 这 幅 画 的 时候，下了 很 大 的 功夫。 光 是 画 上 的

rénwù jiù yǒu wǔbǎi duō gè yǒu cóng xiāngxia lái de nóngmín yǒu chēngchuán de chuángōng yǒu
人物，就 有 五百 多 个：有 从 乡下 来 的 农民，有 撑船 的 船工，有

zuò gè zhǒng mǎimai de shēngyirén yǒu liúzhe cháng húzǐ de dàoshi yǒu zǒu jiānghú de yīshēng
做 各 种 买卖 的 生意人，有 留着 长 胡子 的 道士，有 走 江湖 的 医生

yǒu bǎi xiǎotānr de tānfàn yǒu guānlì hé dúshūrén sānbǎi liùshí háng nǎ yī háng de rén dōu huà zài
有 摆 小摊 的 摊贩，有 官吏 和 读书人，三百六十 行，哪 一 行 的 人 都 画 在

shàng·miàn le
上面 了。

Huà·shàng de jiēshì kě rènao le Jiē·shàng yǒu guàzhe gè zhǒng zhāopai de diànpù zuòfang
画 上 的 街市 可 热闹 了。街 上 有 挂着 各 种 招牌 的 店铺、作坊、

jiǔlóu cháguǎnr zǒu zài jiē·shàng de shì láiláiwǎngwǎng xíngtài-gèyì de rén yǒude qízhe mǎ
酒楼、茶馆，走 在 街 上 的，是 来来往往 、形态各异 的 人：有的 骑着 马，

yǒude tiāozhe dàn yǒude gǎnzhe máolǘ yǒude tuīzhe dúlúnchē yǒude yōuxián de zài jiē·shàng
有的 挑着 担，有的 赶着 毛驴，有的 推着 独轮车，有的 悠闲 地 在 街 上

liūda Huàmiàn·shàng de zhèxiē rén yǒude bù dào yī cùn yǒude shènzhì zhǐ yǒu huángdòu nàme
溜达。画面 上 的 这些 人，有的 不 到 一 寸，有的 甚至 只 有 黄豆 那么

dà Bié kàn huà·shàng de rén xiǎo měi gè rén zài gān shénme dōu néng kàn de qīngqīngchǔchǔ
大。别 看 画 上 的 人 小，每 个 人 在 干 什么，都 能 看 得 清清楚楚 。

Zuì yǒu yìsi de shì qiáo běitou de qíngjǐng yī gè rén qízhe mǎ zhèng wǎng qiáo·xià zǒu
最有 意思 的 是 桥 北头 的 情景：一 个 人 骑着 马，正 往 桥 下 走。

Yīn·wèi rén tài duō yǎnkàn jiù yào pèng·shàng duìmiàn lái de yī shèng jiàozi Jiù zài zhège jǐnjí
因为 人 太 多，眼看 就 要 碰上 对面 来 的 一 乘 轿子。就 在 这个 紧急

shíkè nà gè mùmǎrén yīxiàzi zhuàizhùle mǎlóngtou zhè cái méi pèng·shàng nà shèng jiàozi
时刻，那个 牧马人 一下子 拽住了 马笼头，这才没 碰上 那乘 轿子。

Bùguò zhème yī lái dào bǎ mǎ yòu·biān de liǎng tóu xiǎo máolǘ xià de yòu tī yòu tiào Zhàn
不过，这么一来，倒把马 右边 的 // 两头 小 毛驴吓得又踢又跳。站

zài qiáo lángān biān xīnshǎng fēngjǐng de rén bèi xiǎo máolǘ jīngrǎo le liánmáng huí·guò tóu lái gǎn
在 桥栏杆 边 欣赏 风景 的 人，被 小 毛驴 惊扰了，连忙 回过 头来赶

xiǎo máolǘ Nǐ kàn Zhāng Zéduān huà de huà shì duōme chuánshén a
小 毛驴。你看， 张择端 画的画，是 多么 传神 啊！

Qīngmíng Shàng Hé Tú shǐ wǒmen kàndàole bābǎi nián yǐqián de gǔdū fēngmào kàndàole
《 清明 上 河图》使 我们 看到了 八百 年 以前 的 古都 风貌 ，看到了

dāngshí pǔtōng lǎobǎixìng de shēnghuó chǎngjǐng
当时 普通 老百姓 的 生活 场景 。

Jiéxuǎn zì Téng Míngdào Yī Fú Míngyáng-zhōngwài de Huà
节选 自 滕明道 《一幅 名扬中外 的画》

Zuòpǐn 40 Hào
作品 40 号

Èr líng líng líng nián Zhōngguó dì-yī gè yǐ kēxuéjiā míngzi mìngmíng de gǔpiào Lóngpíng
二〇〇〇 年， 中国 第一个以 科学家 名字 命名 的 股票" 隆平

Gāokē shàngshì Bā nián hòu míngyù dǒngshìzhǎng Yuán Lóngpíng suǒ chíyǒu de gǔfèn yǐ shìzhí
高科"上市 。八 年 后， 名誉 董事长 袁隆平 所持有 的 股份 以 市值

jìsuàn yǐ·jīng guò yì Cóngcǐ Yuán Lóngpíng yòu duōle gè shǒufù kēxuéjiā de mínghào Ér tā
计算 已经 过亿。从此， 袁隆平 又多了个"首富 科学家"的 名号。而他

shēnbiān de xuésheng hé gōngzuò rényuán què hěn nán bǎ zhè wèi lǎorén hé fùwēng liánxì qǐ·lái
身边 的 学生 和 工作 人员，却 很 难 把 这位 老人 和"富翁"联系 起来。

Tā nǎ·lǐ yǒu fùrén de yàngzi Yuán Lóngpíng de xuéshengmen xiàozhe yìlùn Zài
"他 哪里 有 富人 的 样子。" 袁隆平 的 学生们 笑着 议论。在

xuéshengmen de yìnxiàng·lǐ Yuán lǎoshī yǒngyuǎn hēihēishòushòu chuān yī jiàn ruǎntātā de chènyī
学生们 的 印象 里，袁 老师 永远 黑黑瘦瘦， 穿 一 件 软塌塌 的 衬衣。

Zài yī cì huìyì·shàng Yuán Lóngpíng tǎnyán Bùcuò wǒ shēnjià èr líng líng bā nián jiù yīqiān
在 一次 会议 上 ， 袁隆平 坦言："不错，我 身价 二〇〇八 年 就 一千

líng bā yì le kě wǒ zhēn de yǒu nàme duō qián ma Méi·yǒu Wǒ xiànzài jiù shì kào měi gè yuè
零八亿了，可我 真 的 有那么 多 钱吗？没有 。我 现在 就 是 靠每个 月

liùqiān duō yuán de gōngzī shēnghuó yǐ·jīng hěn mǎnzú le Wǒ jīntiān chuān de yīfu jiù wǔshí kuài
六千 多元 的 工资 生活 ，已经 很 满足了。我 今天 穿 的 衣服 就 五十 块

qián dàn wǒ xǐhuan de hái shì zuótiān chuān de nà jiàn shíwǔ kuài qián de chènshān chuānzhe hěn
钱，但我喜欢的还是昨天 穿 的那件 十五块 钱的 衬衫， 穿着 很

jīngshen Yuán Lóngpíng rènwéi Yī gè rén de shíjiān hé jīnglì shì yǒuxiàn de rúguǒ lǎo xiǎngzhe
精神 。 袁隆平 认为，"一个人的时间和精力是有限的，如果老 想着

xiǎngshòu nǎ yǒu xīnsi gǎo kēyán Gǎo kēxué yánjiū jiù shì yào dànbó-mínglì tāshi zuòrén
享受，哪有心思搞科研？搞 科学 研究就是要 淡泊名利，踏实 做人"。

Zài gōngzuò rényuán yǎnzhōng Yuán Lóngpíng qíshí jiù shì yī wèi shēnbǎnr yìnglǎng de rénmín
在 工作 人员 眼中， 袁隆平 其实就是一位 身板 硬朗 的"人民

nóngxuéjiā lǎorén xià tián cóng bù yào rén chānfú náqǐ tàoxié jiǎo yī dēng jiù zǒu
农学家"，"老人 下 田 从 不要人 搀扶，拿起 套鞋，脚 一 蹬 就走"。

Yuán Lóngpíng shuō Wǒ yǒu bāshí suì de niánlíng wǔshí duō suì de shēntǐ sānshí duō suì de xīntài
袁隆平 说："我有 八十 岁 的 年龄， 五十 多岁的 身体，三十 多岁的 心态，

èrshí duō suì de jīròu tánxìng　　Yuán Lóngpíng de yèyú shēnghuó fēicháng fēngfù　diào yú　dǎ
二十多岁的肌肉弹性。"　袁隆平　的业余生活非常丰富，钓鱼、打

páiqiú　tīng yīnyuè　　Tā shuō　jiù shì xǐhuan zhèxiē　bù huā qián de píngmín xiàngmù
排球、听音乐……他说，就是喜欢这些//不花钱的平民项目。

　　Èr líng yī líng nián jiǔ yuè　Yuán Lóngpíng dùguole tā de bāshí suì shēngrì　Dāngshí tā xǔle
　　二〇一〇年九月，袁隆平度过了他的八十岁生日。当时，他许了

gè yuàn　dào jiǔshí suì shí　yào shíxiàn mǔchǎn yīqiān gōngjīn　Rúguǒ quánqiú bǎi fēn zhī wǔshí de
个愿：到九十岁时，要实现亩产一千公斤！如果全球百分之五十的

dàotián zhòngzhí zájiāo shuǐdào　měi nián kě zēngchǎn yī diǎn wǔ yì dūn liángshi　kě duō yǎnghuo
稻田种植杂交水稻，每年可增产一点五亿吨粮食，可多养活

sìyì dào wǔyì rénkǒu
四亿到五亿人口。

Jiéxuǎn zì Liú Chàng　Yī Lì Zhǒngzi Zàofú Shìjiè
节选自　刘畅《一粒种子造福世界》

Zuòpǐn 41 Hào
作品 41 号

Běijīng de Yíhéyuán shì gè měilì de dà gōngyuán
　北京的颐和园是个美丽的大公园。

　　Jìnle Yíhéyuán de dàmén　ràoguò dàdiàn　jiù láidào yǒumíng de chángláng　Lǜ qī de zhùzi
　　进了颐和园的大门，绕过大殿，就来到有名的长廊。绿漆的柱子，

hóng qī de lángān　yī yǎn wàng·bù dào tóu　Zhè tiáo chángláng yǒu qībǎi duō mǐ cháng　fēnchéng
红漆的栏杆，一眼望·不到头。这条长廊有七百多米长，分成

èrbǎi qīshísān jiān　Měi yī jiān de héngjiàn·shàng dōu yǒu wǔcǎi de huà　huà zhe rénwù　huācǎo
二百七十三间。每一间的横槛上都有五彩的画，画着人物、花草、

fēngjǐng　jǐ qiān fú huà méi·yǒu nǎ liǎng fú shì xiāngtóng de　Chángláng liǎngpáng zāimǎnle huāmù
风景，几千幅画没有哪两幅是相同的。长廊两旁栽满了花木，

zhè yī zhǒng huā hái méi xiè　nà yī zhǒng huā yòu kāi le　Wēifēng cóng zuǒ·biān de Kūnmínghú·shàng
这一种花还没谢，那一种花又开了。微风从左边的昆明湖上

chuī·lái　shǐ rén shénqīng-qìshuǎng
吹来，使人神清气爽。

　　Zǒuwán chángláng　jiù láidàole Wànshòushān jiǎo·xià　Tái tóu yī kàn　yī zuò bājiǎo bǎotǎ
　　走完长廊，就来到了万寿山脚下。抬头一看，一座八角宝塔

xíng de sān céng jiànzhù sǒnglì zài bànshānyāo·shàng　huángsè de liú·líwǎ shǎnshǎn fāguāng　Nà
形的三层建筑耸立在半山腰上，黄色的琉璃瓦闪闪发光。那

jiù shì Fóxiānggé　Xià·miàn de yī páipái jīnbì-huīhuáng de gōngdiàn　jiù shì Páiyúndiàn
就是佛香阁。下面的一排排金碧辉煌的宫殿，就是排云殿。

　　Dēng·shàng Wànshòushān　zhàn zài Fóxiānggé de qián·miàn xiàng xià wàng　Yíhéyuán de
　　登上万寿山，站在佛香阁的前面向下望，颐和园的

jǐngsè dàbàn shōu zài yǎn dǐ　Cōngyù de shùcóng　yǎnyìngzhe huáng de lǜ de liú·líwǎ wūdǐng hé
景色大半收在眼底。葱郁的树丛，掩映着黄的绿的琉璃瓦屋顶和

zhūhóng de gōngqiáng　Zhèngqián·miàn Kūnmínghú jìng de xiàng yī miàn jìngzi　lǜ de xiàng yī
朱红的宫墙。正前面，昆明湖静得像一面镜子，绿得像一

kuài bìyù　Yóuchuán　huàfǎng zài húmiàn mànmàn de huáguò　jīhū bù liú yī diǎnr hénjì　Xiàng
块碧玉。游船、画舫在湖面慢慢地滑过，几乎不留一点儿痕迹。向

dōng yuǎntiào　yǐnyǐnyuēyuē kěyǐ wàng·jiàn jǐ zuò gǔlǎo de chénglóu hé chéng·lǐ de báitǎ
东远眺，隐隐约约可以望见几座古老的城楼和城里的白塔。

Cóng Wànshòushān xià·lái　jiù shì Kūnmínghú　Kūnmínghú wéizhe chángcháng de dī'àn　dī·shàng
从　万寿山　下来，就是昆明湖。昆明湖围着　长长　的堤岸，堤上

yǒu hǎo jǐ zuò shìyàng bùtóng de shíqiáo　liǎng àn zāizhe shǔ·bù qīng de chuíliǔ　Hú zhōngxīn yǒu
有好几座式样不同的石桥，两岸栽着数不清的垂柳。湖中心有

gè xiǎodǎo　yuǎnyuǎn wàngqù　dǎo·shàng yī piàn cōnglǜ　shùcóng zhōng lòuchū gōngdiàn de yī
个小岛，远远　望去，岛　上　一片葱绿，树丛　中露出　宫殿的一

jiǎo　Yóurén zǒuguò chángcháng de shíqiáo　jiù kěyǐ qù xiǎodǎo·shàng wánr　Zhè zuò shíqiáo
角。// 游人走过　长长　的石桥，就可以去小岛　上　玩。这座石桥

yǒu shíqī gè qiáodòng　jiào Shíqīkǒngqiáo　Qiáo lángān·shàng yǒu shàngbǎi gēn shízhù　zhùzi·shàng
有十七个　桥洞，叫十七孔桥。桥栏杆　上　有上百根石柱，柱子上

dōu diāokèzhe xiǎo shīzi　Zhème duō de shīzi　zītài bùyī　méiyǒu nǎ liǎng zhī shì xiāngtóng de
都雕刻着小狮子。这么多的狮子，姿态不一，没有哪两只是　相同　的。

Yíhéyuán dàochù yǒu měilì de jǐngsè　shuō yě shuō·bù jìn　xīwàng nǐ yǒu jī·huì qù xìxì
颐和园到处有美丽的景色，说也说　不尽，希望你有机会去细细

yóushǎng
游赏　。

Jiéxuǎn zì Yuán Yīng　Yíhéyuán
节选　自　袁鹰《颐和园》

作品 42 号

Yī tándào dúshū　wǒ de huà jiù duō le
一 谈到 读书，我的话就多了！

Wǒ zìcóng huì rèn zì hòu bù dào jǐ nián　jiù kāishǐ dúshū　Dào bù shì sì suì shí dú mǔ·qīn gěi
我自从会认字后不到几年，就开始读书。倒不是四岁时读 母亲 给

wǒ de Shāngwù Yìnshūguǎn chūbǎn de guówén jiàokēshū dì-yī cè de tiān dì rì yuè shān shuǐ
我的 商务 印书馆 出版的国文 教科书第一册的"天、地、日、月、山、水、

tǔ mù yǐhòu de nà jǐ cè　ér shì qī suì shí kāishǐ zìjǐ dú de Huà shuō tiānxià dàshì fēn jiǔ
土、木"以后的那几册，而是七岁时开始自己读的"话 说 天下大势，分久

bì hé hé jiǔ bì fēn de Sān Guó Yǎnyì
必合，合久必分……"的《三 国 演义》。

Nàshí wǒ de jiùfù Yáng Zǐjìng xiānsheng měitiān wǎnfàn hòu bì gěi wǒmen jǐ gè biǎoxiōngmèi
那时，我的舅父 杨子敬　先生 每天 晚饭后必给我们 几个 表兄妹

jiǎng yī duàn Sān Guó Yǎnyì wǒ tīng de jīnjīn-yǒuwèi shénme Yàn táoyuán háojié sān jiéyì
讲一段《三 国 演义》，我听得 津津有味，什么"宴 桃园 豪杰三 结义，

zhǎn Huángjīn yīngxióng shǒu lìgōng zhēnshi hǎotīng jí le Dànshì tā jiǎngle bàn gè zhōngtóu jiù
斩 黄巾 英雄 首立功"，真是 好听极了。但是他讲了 半个 钟头，就

tíng·xià qù gān tā de gōngshì le Wǒ zhǐhǎo dàizhe duìyú gùshi xiàwén de wúxiàn xuánniàn zài
停下 去干他的 公事了。我只好带着对于 故事下文的无限 悬念，在

mǔ·qīn de cuīcù·xià hán lèi shàng chuáng
母亲 的催促 下，含泪上 床 。

Cǐhòu wǒ juédìng yǎole yá náqǐ yī běn Sān Guó Yǎnyì lái zìjǐ yìzhī-bànjiě de dúle
此后，我 决定 咬了牙，拿起一本《三 国 演义》来，自己 一知半解 地 读了

xià·qù jūrán yuè kàn yuè dǒng suīrán zìyīn dōu dú de bù duì bǐrú bǎ kǎi niàn zuò qǐ
下去，居然 越看越 懂，虽然字音都读得不对，比如把"凯"念 作"岂"，

bǎ zhū niàn zuò zhě zhīlèi yīn·wèi wǒ zhǐ xuéguo nà gè zì yībàn bùfen
把"诸"念 作"者"之类，因为 我只学过 那个字一半部分。

Tándào　Sān Guó Yǎnyì　　wǒ dì-yī cì dúdào Guān Yǔ sǐ le　　kūle yī cháng　bǎ shū
谈到《三国演义》，我第一次读到关羽死了，哭了一场，把书

diū·xià le　Dì-èr cì zài dúdào Zhūgě Liàng sǐ le　yòu kūle yī cháng　yòu bǎ shū diū·xià le
丢下了。第二次再读到诸葛亮死了，又哭了一场，又把书丢下了，

zuìhòu wàngle shì shénme shíhou cái bǎ quán shū dúdào　fēn jiǔ bì hé　de jiéjú
最后忘了是什么时候才把全书读到"分久必合"的结局。

　Zhèshí wǒ tóngshí hái kànle mǔ·qīn zhēnxiàn pǒluo·lǐ cháng fàngzhe de nà jǐ běn　Liáozhāi
这时我同时还看了母亲针线笸箩里常放着的那几本《聊斋

Zhì Yì　Liáozhāi gùshi shì duǎnpiān de　kěyǐ suíshí náqǐ fàng·xià　yòu shì wényán de　zhè duìyú
志异》，聊斋故事是短篇的，可以随时拿起放下，又是文言的，这对于

wǒ de　　zuòwénkè hěn yǒu bāngzhù　yīn·wèi lǎoshī céng zài wǒ de zuòwénběn·shàng pīzhe
我的 // 作文课很有帮助，因为老师曾在我的作文本上批着

Liǔzhōu fēnggǔ Chángjí qīngcái de jùzi　qíshí wǒ nàshí hái méi·yǒu dúguo Liǔ Zōngyuán hé Lǐ
"柳州风骨，长吉清才"的句子，其实我那时还没有读过柳宗元和李

Hè de wénzhāng　zhǐ yīn nàshí de zuòwén　dōu shì yòng wényán xiě de
贺的文章，只因那时的作文，都是用文言写的。

　Shū kàn duō le　cóngzhōng yě dédào yī gè tǐhuì　wù pà bǐ　rén pà bǐ　shū yě pà bǐ　Bù
书看多了，从中也得到一个体会，物怕比，人怕比，书也怕比，"不

bǐ bù zhī·dào　yī bǐ xià yī tiào
比不知道，一比吓一跳"。

　Yīncǐ　mǒu nián de Liù-yī Guójì Értóng Jié　yǒu gè értóng kānwù yào wǒ gěi értóng xiě jǐ jù
因此，某年的六一国际儿童节，有个儿童刊物要我给儿童写几句

zhǐdǎo dú shū de huà　wǒ zhǐ xiěle jiǔ gè zì　jiù shì
指导读书的话，我只写了九个字，就是：

　Dú shū hǎo　duō dú shū　dú hǎo shū
读书好，多读书，读好书。

Jiéxuǎn zì Bīngxīn　Yì Dú Shū
节选自冰心《忆读书》

Zuòpǐn 43 Hào
作品43号

Xú Xiákè shì Míngcháo mònián de yī wèi qírén　Tā yòng shuāngjiǎo　yī bù yī bù de zǒubiànle
徐霞客是明朝末年的一位奇人。他用双脚，一步一步地走遍了

bàn gè Zhōngguó dàlù　yóulǎnguo xǔduō míngshān-dàchuān　jīnglìguo xǔduō qírén-yìshì　Tā bǎ yóulì
半个中国大陆，游览过许多名山大川，经历过许多奇人异事。他把游历

de guānchá hé yánjiū　jìlù xià·lái xiěchéngle　Xú Xiákè Yóujì　zhè běn qiāngǔ qíshū
的观察和研究记录下来，写成了《徐霞客游记》这本千古奇书。

　Dāngshí de dúshūrén　dōu mángzhe zhuīqiú kējǔ gōngmíng　bàozhe Shínián hánchuāng wú rén
当时的读书人，都忙着追求科举功名，抱着"十年寒窗无人

wèn　yījǔ chéngmíng tiānxià zhī　de guānniàn　máitóu yú jīngshū zhīzhōng　Xú Xiákè què
问，一举成名天下知"的观念，埋头于经书之中。徐霞客却

zhuó'ěr-bùqún　zuìxīn yú gǔ-jīn shǐjí jí dìzhì　shān-hǎi tújīng de shōují hé yándú　Tā fāxiàn cǐ lèi
卓尔不群，醉心于古今史籍及地志、山海图经的收集和研读。他发现此类

shūjí hěn shǎo　jìshù jiǎnlüè qiě duō yǒu xiānghù máodùn zhīchù　yúshì tā lì·xià xióngxīn-zhuàngzhì　yào
书籍很少，记述简略且多有相互矛盾之处，于是他立下雄心壮志，要

zǒubiàn tiānxià　qīnzì kǎochá
走遍天下，亲自考察。

Cǐhòu sānshí duō nián   tā yǔ chángfēng wéi wǔ   yúnwù wéi bàn   xíngchéng jiǔwàn lǐ   lìjìn
此后 三十 多 年，他 与 长风 为伍，云雾 为伴，行程 九万里，历尽

qiānxīn-wànkǔ   huòdéle dàliàng dì-yī shǒu kǎochá zīliào   Xú Xiákè rìjiān pān xiǎnfēng   shè wēijiàn
千辛万苦，获得了 大量 第一手 考察 资料。徐霞客 日间 攀 险峰，涉 危涧，

wǎnshang jiùshì zài píláo   yě yīdìng lù·xià dàngrì jiànwén   Jíshǐ huāngyě lùsù   qīshēn dòngxué
晚上 就是 再疲劳，也 一定 录下 当日 见闻。即使 荒野 露宿，栖身 洞穴，

yě yào   Rán sōng shí suì   zǒu bǐ wéi jì
也要 "燃 松 拾穗，走笔 为记"。

　　Xú Xiákè de shídài   méi·yǒu huǒchē   méi·yǒu qìchē   méi·yǒu fēijī   tā suǒ qù de xǔduō
　　徐霞客 的 时代，没有 火车，没有 汽车，没有 飞机，他 所 去 的 许多

dìfang lián dàolù dōu méi·yǒu   jiā·shàng Míngcháo mònián zhì'ān bù hǎo   dàofěi héngxíng   chángtú
地方 连 道路 都 没有，加上 明朝 末年 治安 不 好，盗匪 横行，长途

lǚxíng shì fēicháng jiānkǔ yòu fēicháng wēixiǎn de shì
旅行是 非常 艰苦 又 非常 危险 的 事。

　　Yǒu yī cì   tā hé sān gè tóngbàn dào xīnán dìqū   yánlù kǎochá shíhuīyán dìxíng hé Cháng
　　有 一次，他 和 三 个 同伴 到 西南 地区，沿路 考察 石灰岩 地形 和 长

Jiāng yuánliú   Zǒule èrshí tiān   yī gè tóngbàn nán nài lǚtú láodùn   bùcí'érbié   Dàole Héngyáng
江 源流。走了 二十 天，一个 同伴 难 耐 旅途 劳顿，不辞而别。到了 衡阳

fùjìn yòu zāoyù tǔfěi qiǎngjié cáiwù jìn shī   hái xiǎn   xiē bèi shāhài   Hǎo bù róngyì dàole Nánníng
附近 又 遭遇 土匪 抢劫，财物 尽 失，还 险 // 些 被 杀害。好 不 容易 到了 南宁，

lìng yī gè tóngbàn bùxìng bìngsǐ   Xú Xiákè rěntòng jìxù xīxíng   Dàole Dàlǐ   zuìhòu yī gè tóngbàn
另 一个 同伴 不幸 病死，徐霞客 忍痛 继续 西行。到了 大理，最后 一个 同伴

yě yīn·wèi chī·bù liǎo kǔ   tōutōu de zǒu le   hái dàizǒule tā jǐn cún de xíngnáng   Dànshì   tā
也 因为 吃不了苦，偷偷地 走了，还 带走了 他 仅 存 的 行囊。但是，他

háishi jiānchí mùbiāo   jìxù tā de yánjiū gōngzuò   zuìhòu zhǎodàole dá'àn   tuīfān lìshǐ·shàng de
还是 坚持 目标，继续 他 的 研究 工作，最后 找到了 答案，推翻 历史 上 的

cuò·wù   zhèngmíng Cháng Jiāng de yuánliú bù shì Mín Jiāng ér shì Jīnshā Jiāng
错误，证明 长 江 的 源流 不是 岷 江 而是 金沙 江。

Jiéxuǎn zì   Yuèdú Dàdì de Xú Xiákè
节选 自《阅读 大地 的 徐霞客 》

Zuòpǐn 44 Hào
作品 44 号

　　Zàozhǐshù de fāmíng   shì Zhōngguó duì shìjiè wénmíng de wěidà gòngxiàn zhī yī
　　造纸术 的 发明，是 中国 对 世界 文明 的 伟大 贡献 之一。

　　Zǎo zài jǐqiān nián qián   wǒmen de zǔxiān jiù chuàngzàole wénzì   Kě nà shíhou hái méi·yǒu zhǐ
　　早在 几千 年 前，我们 的 祖先 就 创造了 文字。可 那 时候 还 没有 纸，

yào jìlù yī jiàn shìqíng   jiù yòng dāo bǎ wénzì kè zài guījiǎ hé shòugǔ·shàng   huòzhě bǎ wénzì
要 记录 一件 事情，就 用 刀 把 文字 刻 在 龟甲 和 兽骨 上，或者 把 文字

zhùkè zài qīngtóngqì·shàng   Hòulái rénmen yòu bǎ wénzì xiě zài zhúpiàn hé mùpiàn·shàng   Zhèxiē
铸刻 在 青铜器 上。后来 人们 又 把 文字 写 在 竹片 和 木片 上。这些

zhúpiàn   mùpiàn yòng shéngzi chuān qǐ·lái   jiù chéngle yī cè shū   Dànshì   zhè zhǒng shū hěn
竹片、木片 用 绳子 穿 起来，就 成了 一 册 书。但是，这 种 书 很

bènzhòng   yuèdú   xiédài   bǎocún dōu hěn bù fāngbiàn   Gǔshíhou yòng   xuéfùwǔchē   xíngróng yī gè
笨重，阅读、携带、保存 都 很 不 方便。古时候 用 "学富五车" 形容 一个

rén xuéwen gāo   shì yīn·wèi shū duō de shíhou xūyào yòng chē lái lā   Zài hòulái   yǒule cánsī
人 学问 高，是 因为 书 多 的 时候 需要 用 车 来 拉。再 后来，有了 蚕丝

zhīchéng de bó   jiù kěyǐ zài bó ·shàng xiě zì le   Bó bǐ zhúpiàn   mùpiàn qīngbiàn   dànshì
织成 的 帛，就 可以 在 帛 上 写 字 了。帛 比 竹片 、木片 轻便 ，但是
jià·qián tài guì   zhǐyǒu shǎoshù rén néng yòng   bù néng pǔjí
价钱 太 贵，只有 少数人 能 用，不 能 普及。

　　Rénmen yòng cánjiǎn zhìzuò sīmián shí fāxiàn   chéngfàng cánjiǎn de mièxí ·shàng   huì liú·xià
　　人们 用 蚕茧 制作 丝绵 时 发现， 盛放 蚕茧 的 篾席 上 ，会 留下
yī céng báopiàn   kě yòng yú shūxiě   Kǎogǔxuéjiā fāxiàn   zài liǎngqiān duō nián qián de Xī Hàn
一 层 薄片 ，可 用 于 书写。考古学家 发现， 在 两千 多 年 前 的 西汉
shídài   rénmen yǐ·jīng dǒng·déle yòng má lái zào zhǐ   Dàn mázhǐ bǐjiào cūcāo   bù biàn shūxiě
时代，人们 已经 懂得了 用 麻 来 造 纸。但 麻纸 比较 粗糙，不 便 书写。

　　Dàyuē zài yīqiān jiǔbǎi nián qián de Dōng Hàn shídài   yǒu gè jiào Cài Lún de rén   xīshōule rénmen
　　大约 在 一千九百 年 前 的 东汉 时代，有 个 叫 蔡伦 的 人，吸收了 人们
chángqī jīlěi de jīngyàn   gǎijìnle zàozhǐshù   Tā bǎ shùpí mátóu dàocǎo   pòbù děng yuánliào
长期 积累 的 经验，改进了 造纸术。他 把 树皮、麻头、稻草、破布 等 原料
jiǎnsuì huò qiēduàn   jìn zài shuǐ ·lǐ dǎolàn chéng jiāng   zài bǎ jiāng lāo chū ·lái shàigān   jiù chéngle
剪碎 或 切断，浸 在 水 里 捣烂 成 浆；再 把 浆 捞 出来 晒干，就 成了
yī zhǒng jì qīngbiàn yòu hǎoyòng de zhǐ   Yòng zhè zhǒng fāngfǎ zào de zhǐ   yuánliào róngyì dédào
一 种 既 轻便 又 好用 的 纸。用 这 种 方法 造 的 纸，原料 容易 得到，
kěyǐ dàliàng zhìzào   jiàgé yòu piányi   néng mǎnzú duōshù rén de xūyào   suǒ   yǐ zhè zhǒng zào zhǐ
可以 大量 制造，价格 又 便宜，能 满足 多数 人 的 需要，所//以 这 种 造纸
fāngfǎ jiù chuánchéng xià·lái le
方法 就 传承 下来 了。

　　Wǒguó de zàozhǐshù shǒuxiān chuándào línjìn de Cháoxiān Bàndǎo hé Rìběn   hòulái yòu chuándào
　　我国 的 造纸术 首先 传到 临近 的 朝鲜 半岛 和 日本，后来 又 传到
Ālābó shìjiè hé Ōuzhōu   jí dà de cùjìnle rénlèi shèhuì de jìnbù hé wénhuà de fāzhǎn
阿拉伯世界 和 欧洲 ，极 大 地 促进了 人类 社会 的 进步 和 文化 的 发展，
yǐngxiǎngle quánshìjiè
影响了 全世界 。

Jiéxuǎn zì   Zhǐ de Fāmíng
节选 自《 纸 的 发明 》

Zuòpǐn 45 Hào
作品 45 号

　　Zhōngguó de dì-yī dàdǎo   Táiwān Shěng de zhǔdǎo Táiwān   wèiyú Zhōngguó dàlùjià de
　　中国 的 第一 大岛、台湾 省 的 主岛 台湾 ，位于 中国 大陆架 的
dōngnánfāng   dìchǔ Dōng Hǎi hé Nán Hǎi zhījiān   gézhe Táiwān Hǎixiá hé Dàlù xiāngwàng   Tiānqì
东南方 ，地处 东 海 和 南 海 之间，隔着 台湾 海峡 和 大陆 相望 。天气
qínglǎng de shíhou   zhàn zài Fújiàn yánhǎi jiào gāo de dìfang   jiù kěyǐ yǐnyǐnyuēyuē de wàng·jiàn
晴朗 的 时候， 站 在 福建 沿海 较 高 的 地方，就 可以 隐隐约约 地 望见
dǎo ·shàng de gāoshān hé yúnduǒ
岛 上 的 高山 和 云朵。

　　Táiwān Dǎo xíngzhuàng xiácháng   cóng dōng dào xī   zuì kuān chù zhǐ yǒu yībǎi sìshí duō gōnglǐ
　　台湾 岛 形状 狭长 ，从 东 到 西，最 宽 处 只 有 一百四十 多 公里；
yóu nán zhì běi   zuì cháng de dìfang yuē yǒu sānbǎi jiǔshí duō gōnglǐ   Dìxíng xiàng yī gè fǎngzhī yòng
由 南 至 北，最 长 的 地方 约 有 三百九十 多 公里。地形 像 一 个 纺织 用
de suōzi
的 梭子。

Táiwān Dǎo · shàng de shānmài zòngguàn nánběi　zhōngjiān de Zhōngyāng Shānmài yóurú quándǎo
台湾　岛　上　的　山脉　纵贯　南北，中间　的　中央　山脉　犹如　全岛

de jǐ · liáng　Xībù wéi hǎibá jìn sìqiān mǐ de Yù Shān Shānmài　shì Zhōngguó dōngbù de zuì gāo fēng
的　脊梁。西部　为　海拔　近　四千米　的　玉　山　山脉，是　中国　东部　的　最高峰。

Quándǎo yuē yǒu sān fēn zhī yī de dìfang shì píngdì　qíyú wéi shāndì　Dǎonèi yǒu duàndài bān de
全岛　约　有　三分之一　的　地方　是　平地，其余　为　山地。岛内　有　缎带　般的

pùbù　lánbǎoshí shìde húpō　sìjì chángqīng de sēnlín hé guǒyuán　zìrán jǐngsè shífēn yōuměi
瀑布，蓝宝石　似的　湖泊，四季　常青　的　森林　和　果园，自然　景色　十分　优美。

Xīnánbù de　Ālǐ　Shān hé Rìyuè Tán　Táiběi shìjiāo de Dàtún Shān fēngjǐngqū　dōu shì wénmíng shìjiè
西南部的　阿里　山　和　日月潭，台北　市郊　的　大屯　山　风景区，都是　闻名　世界

de yóulǎn shèngdì
的　游览　胜地。

Táiwān Dǎo dìchǔ rèdài hé wēndài zhījiān　sìmiàn huán hǎi　yǔshuǐ chōngzú　qìwēn shòudào
台湾　岛　地处　热带　和　温带　之间，四面　环海，雨水　充足，气温　受到

hǎiyáng de tiáojì　dōng nuǎn xià liáng　sìjì rú chūn　zhè gěi shuǐdào hé guǒmù shēngzhǎng tígōngle
海洋　的　调剂，冬　暖　夏　凉，四季　如　春，这给　水稻　和　果木　生长　提供了

yōuyuè de tiáojiàn　Shuǐdào gānzhe zhāngnǎo shì Táiwān de　sān bǎo　Dǎo · shàng hái shèngchǎn
优越　的　条件。水稻、甘蔗、樟脑　是　台湾　的"三宝"。岛　上　还　盛产

xiāngguǒ hé yúxiā
鲜果　和　鱼虾。

Táiwān Dǎo hái shì yī gè wénmíng shìjiè de　húdié wángguó　Dǎo · shàng de húdié gòng yǒu
台湾　岛　还是　一个　闻名　世界的"蝴蝶　王国"。岛　上　的　蝴蝶　共　有

sìbǎi duō gè pǐnzhǒng　qízhōng yǒu bùshǎo shì shìjiè xīyǒu de zhēnguì pǐnzhǒng　Dǎo · shàng hái yǒu
四百　多个　品种，其中　有　不少　是　世界　稀有的　珍贵　品种。岛　上　还有

bùshǎo niǎoyǔ-huāxiāng de hú　dié gǔ　dǎo · shàng jūmín lìyòng húdié zhìzuò de biāoběn hé
不少　鸟语花香　的　蝴//蝶　谷，岛　上　居民　利用　蝴蝶　制作的　标本　和

yìshùpǐn　yuǎnxiāo xǔduō guójiā
艺术品，　远销　许多　国家。

Jiéxuǎn zì　Zhōngguó de Bǎodǎo　　Táiwān
节选　自《　中国　的　宝岛——台湾　》

Zuòpǐn 46 Hào
作品 46 号

Duìyú Zhōngguó de niú　wǒ yǒuzhe yī zhǒng tèbié zūnjìng de gǎnqíng
对于　中国　的　牛，我　有着　一　种　特别　尊敬　的　感情。

Liú gěi wǒ yìnxiàng zuì shēn de　yào suàn zài tiánlǒng · shàng de yī cì　xiāngyù
留给我　印象　最深　的，要　算　在　田垄　上　的　一次"相遇"。

Yī qún péngyou jiāoyóu　wǒ lǐngtóu zài xiázhǎi de qiānmò · shàng zǒu　zěnliào yíngmiàn láile
一　群　朋友　郊游，我　领头　在　狭窄　的　阡陌　上　走，怎料　迎面　来了

jǐ tóu gēngniú　xiádào róng · bù xià rén hé niú　zhōng yǒu yīfāng yào rànglù　Tāmen hái méi · yǒu
几头　耕牛，狭道　容　不　下　人　和　牛，终　有　一方　要　让路。它们　还　没有

zǒujìn　wǒmen yǐ · jīng yùjì dòu · bù guò chùshēng　kǒngpà nánmiǎn cǎidào tiándì níshuǐ · lǐ nòng
走近，我们　已经　预计　斗　不　过　畜牲，恐怕　难免　踩到　田地　泥水　里，弄

de xiéwà yòu ní yòu shī le　Zhèng chíchú de shíhou　dàitóu de yī tóu niú　zài lí wǒmen bùyuǎn de
得　鞋袜　又　泥　又　湿　了。正　踟蹰　的　时候，带头　的　一头　牛，在　离　我们　不远　的

dìfang tíng xià · lái　táiqǐ tóu kànkan　shāo chíyí yīxià　jiù zìdòng zǒu · xià tián qù　Yī duì gēngniú
地方　停　下来，抬起　头　看看，稍　迟疑　一下，就　自动　走下　田　去。一队　耕牛，

quán gēnzhe tā líkāi qiānmò　cóng wǒmen shēnbiān jīngguò
全 跟着 它 离开 阡陌，从 我们 身边 经过。

　　Wǒmen dōu dāi le　huí·guò tóu lái　kànzhe shēnhèsè de niúduì　zài lù de jìntóu xiāoshī　hūrán
　　我们 都 呆 了，回 过头 来，看着 深褐色 的 牛队，在 路的 尽头 消失，忽然
jué·dé zìjǐ shòule hěn dà de ēnhuì
觉得 自己 受了 很 大 的 恩惠。

　　Zhōngguó de niú　yǒngyuǎn chénmò de wèi rén zuòzhe chénzhòng de gōngzuò　Zài dàdì·shàng
　　中国 的 牛，永远 沉默 地 为 人 做着 沉重 的 工作。在 大地 上，
zài chénguāng huò lièrì·xià　tā tuōzhe chénzhòng de lí　dītóu yī bù yòu yī bù　tuōchūle
在 晨光 或 烈日 下，它 拖着 沉重 的 犁，低头 一步 又 一步，拖出了
shēnhòu yī liè yòu yī liè sōngtǔ　hǎo ràng rénmen xià zhǒng　Děngdào mǎndì jīnhuáng huò nóngxián
身后 一列 又 一列 松土，好 让 人们 下 种。等到 满地 金黄 或 农闲
shíhou　tā kěnéng hái děi dāndāng bānyùn fùzhòng de gōngzuò　huò zhōngrì ràozhe shímò　cháo tóng yī
时候，它 可能 还得 担当 搬运 负重 的 工作；或 终日 绕着 石磨，朝 同一
fāngxiàng　zǒu bù jìchéng de lù
方向，走 不 计程 的 路。

　　Zài tā chénmò de láodòng zhōng　rén biàn dédào yīng dé de shōuchéng
　　在 它 沉默 的 劳动 中，人 便 得到 应得 的 收成。

　　Nà shíhou　yěxǔ　tā kěyǐ sōng yī jiān zhòngdàn　zhàn zài shù·xià　chī jǐ kǒu nèn cǎo
　　那时候，也许，它 可以 松 一 肩 重担，站 在 树 下，吃 几 口 嫩草。
Ǒu'ěr yáoyáo wěiba　bǎibai ěrduo　gǎnzǒu fēifù shēn·shàng de cāngying　yǐ·jīng suàn shì tā zuì
偶尔 摇摇 尾巴，摆摆 耳朵，赶走 飞附 身上 的 苍蝇，已经 算 是 它 最
xiánshì de shēnghuó le
闲适 的 生活 了。

　　Zhōngguó de niú　méi·yǒu chéngqún bēnpǎo de xí　guàn　yǒngyuǎn chénchénshíshí de
　　中国 的 牛，没有 成群 奔跑 的 习 // 惯，永远 沉沉实实 的，
mòmò de gōngzuò　píngxīn-jìngqì　Zhè jiù shì Zhōngguó de niú
默默 地 工作，平心静气。这 就 是 中国 的 牛！

Jiéxuǎn zì Xiānggǎng Xiǎosī　Zhōngguó de Niú
节选 自（香港）小思《 中国 的 牛》

Zuòpǐn 47 Hào
作品 47 号

　　Shígǒngqiáo de qiáodòng chéng húxíng　jiù xiàng hóng　Gǔdài shénhuà·lǐ shuō　yǔhòu cǎihóng
　　石拱桥 的 桥洞 成 弧形，就 像 虹。古代 神话 里 说，雨后 彩虹
shì rénjiān tiān·shàng de qiáo　tōngguò cǎihóng jiù néng shàng tiān　Wǒguó de shīrén ài bǎ
是"人间 天上 的 桥"，通过 彩虹 就 能 上 天。我国 的 诗人 爱 把
gǒngqiáo bǐzuò hóng　shuō gǒngqiáo shì wòhóng　fēihóng　bǎ shuǐ·shàng gǒngqiáo xíngróng wéi
拱桥 比作 虹，说 拱桥 是"卧虹""飞虹"，把 水 上 拱桥 形容 为
chánghóngwòbō
" 长虹卧波 "。

　　Wǒguó de shígǒngqiáo yǒu yōujiǔ de lìshǐ　Shuǐjīngzhù·lǐ tídào de　Lǚrénqiáo　dàyuē
　　我国 的 石拱桥 有 悠久 的 历史。《水经注》里 提到 的" 旅人 桥 "，大约
jiànchéng yú gōngyuán èr bā èr nián　kěnéng shì yǒu jìzǎi de zuì zǎo de shígǒngqiáo le　Wǒguó de
建成 于 公元 二八二 年，可能 是 有 记载 的 最早 的 石拱桥 了。我国 的
shígǒngqiáo jīhū dàochù dōu yǒu　Zhèxiē qiáo dàxiǎo bùyī　xíngshì duōyàng　yǒu xǔduō shì jīngrén
石拱桥 几乎 到处 都 有。这些 桥 大小 不一，形式 多样，有 许多 是 惊人

de jiézuò　Qízhōng zuì zhùmíng de dāng tuī Héběi Shěng Zhào Xiàn de Zhàozhōuqiáo
的 杰作 。其中 最 著名 的 当 推 河北 省 赵 县 的 赵州桥 。

Zhàozhōuqiáo fēicháng xióngwěi　quán cháng wǔshí diǎn bā èr mǐ　Qiáo de shèjì wánquán héhū
赵州桥 非常 雄伟 ，全 长 五十点八二 米。桥 的 设计 完全 合乎

kēxué yuánlǐ　shīgōng jìshù gèng shì qiǎomiào juélún　Quán qiáo zhǐ yǒu yī gè dà gǒng　cháng dá
科学 原理，施工 技术 更 是 巧妙 绝伦 。全 桥 只有 一个 大 拱 ，长 达

sānshíqīdiǎnsì mǐ　zài dāngshí kěsuàn shì shìjiè·shàng zuì cháng de shígǒng　Qiáodòng bù shì pǔtōng
三十七点四米，在 当时 可算是 世界 上 最 长 的 石拱 。桥洞 不是 普通

bànyuánxíng　érshì xiàng yī zhāng gōng　yīn'ér dà gǒng shàng·miàn de dàolù méi·yǒu dǒupō biànyú
半圆形 ，而是 像 一 张 弓，因而 大 拱 上 面 的 道路 没有 陡坡，便于

chēmǎ shàngxià　Dà gǒng de liǎngjiān·shàng　gè yǒu liǎng gè xiǎo gǒng　Zhège chuàngzàoxìng de
车马 上下 。大拱 的 两肩 上 ，各有 两个 小 拱 。这个 创造性 的

shèjì　bùdàn jiéyuēle shíliào　jiǎnqīngle qiáoshēn de zhòngliàng　érqiě zài héshuǐ bàozhǎng de shíhou hái
设计，不但 节约了 石料，减轻了 桥身 的 重量 ，而且 在 河水 暴涨 的 时候，还

kěyǐ zēngjiā qiáodòng de guòshuǐliàng　jiǎnqīng hóngshuǐ duì qiáoshēn de chōngjī　Tóngshí gǒng·shàng
可以 增加 桥洞 的 过水量 ，减轻 洪水 对 桥身 的 冲击 。同时，拱 上

jiā gǒng　qiáoshēn yě gèng měiguān　Dà gǒng yóu èrshíbā dào gǒngquān pīnchéng　jiù xiàng zhème
加 拱，桥身 也 更 美观 。大 拱 由 二十八 道 拱圈 拼成 ，就 像 这么

duō tóngyàng xíngzhuàng de gōng hélǒng zài yīqǐ　zuòchéng yī gè húxíng de qiáodòng　Měi dào gǒngquān
多 同样 形状 的 弓 合拢 在 一起，做成 一 个 弧形 的 桥洞 。每 道 拱圈

dōu néng dúlì zhīchēng shàng·miàn de zhòngliàng　yī dào huài le　qí　tā gè dào bùzhì shòudào
都 能 独立 支撑 上面 的 重量 ，一道 坏了，其//他 各道 不致 受到

yǐngxiǎng　Quán qiáo jiégòu yúnchèn　hé sìzhōu jǐngsè pèihé de shífēn héxié　qiáo·shàng de shílán
影响 。全 桥 结构 匀称 ，和 四周 景色 配合 得 十分 和谐；桥 上 的 石栏

shíbǎn yě diāokè de gǔpǔ měiguān　Zhàozhōuqiáo gāodù de jìshù shuǐpíng hé bùxiǔ de yìshù jiàzhí
石板 也 雕刻 得 古朴 美观 。赵州桥 高度 的 技术 水平 和 不朽 的 艺术 价值，

chōngfēn xiǎnshìle wǒguó láodòng rénmín de zhìhuì hé lì·liàng
充分 显示了 我国 劳动 人民 的 智慧 和 力量 。

Jiéxuǎn zì Máo Yǐshēng　Zhōngguó Shígǒngqiáo
节选 自 茅以升 《 中国 石拱桥 》

Zuòpǐn 48 Hào
作品 48 号

Bùguǎn wǒ de mèngxiǎng néngfǒu chéngwéi shìshí　shuō chū·lái zǒngshì hǎowánr de
不管 我的 梦想 能否 成为 事实，说 出来 总是 好玩儿 的：

Chūntiān　wǒ jiāng yào zhù zài Hángzhōu　Èrshí nián qián　jiùlì de èryuè chū　zài Xī Hú wǒ
春天，我 将 要 住 在 杭州 。二十 年 前，旧历的 二月 初，在 西湖 我

kàn·jiànle nènliǔ yǔ càihuā　bìlàng yǔ cuìzhú　Yóu wǒ kàndào de nà diǎnr chūnguāng　yǐ·jīng kěyǐ
看见了 嫩柳 与 菜花，碧浪 与 翠竹。由 我 看到 的 那点儿 春光 ，已经 可以

duàndìng　Hángzhōu de chūntiān bìdìng huì jiào rén zhěngtiān shēnghuó zài shī yǔ túhuà zhīzhōng　Suǒyǐ
断定 ，杭州 的 春天 必定 会 教人 整天 生活 在 诗与 图画 之中 。所以，

chūntiān wǒ de jiā yīngdāng shì zài Hángzhōu
春天 我的 家 应当 是 在 杭州 。

Xiàtiān　wǒ xiǎng Qīngchéng Shān yīngdāng suànzuò zuì lǐxiǎng de dìfang　Zài nà·lǐ wǒ suīrán
夏天，我 想 青城 山 应当 算作 最 理想 的 地方。在 那里，我 虽然

zhǐ zhùguo shí tiān　kěshì tā de yōujìng yǐ shuānzhùle wǒ de xīnlíng　Zài wǒ suǒ kàn·jiànguo de
只 住过 十天，可是 它的 幽静 已 拴住了 我的 心灵。在 我 所 看见过 的

shānshuǐ zhōng　zhǐyǒu zhè·lǐ méi·yǒu shǐ wǒ shīwàng　Dàochù dōu shì lǜ　mù zhī suǒ jí　nà piàn
山水　中，只有 这里　没有 使我 失望。到处 都是 绿，目之所及，那 片

dàn ér guāngrùn de　lǜsè dōu zài qīngqīng de chàndòng　fǎngfú yào liúrù kōngzhōng yǔ xīnzhōng
淡而 光润 的　绿色 都在 轻轻 地 颤动，仿佛要 流入 空中 与 心中

shìde Zhège lǜsè huì xiàng yīnyuè　díqīngle xīnzhōng de wàn lǜ
似的。这个 绿色 会 像 音乐，涤清了 心中 的 万 虑。

Qiūtiān yīdìng yào zhù Běipíng　Tiāntáng shì shénme yàngzi　wǒ bù zhī·dào　dànshì cóng wǒ de
秋天 一定 要住 北平。天堂 是 什么 样子，我 不 知道，但是 从 我 的

shēnghuó jīngyàn qù pànduàn　Běipíng zhī qiū biàn shì tiāntáng　Lùn tiānqì　bù lěng bù rè　Lùn chīde
生活 经验 去 判断，北平 之 秋 便是 天堂。论 天气，不 冷 不 热。论 吃的，

píngguǒ　lí　shìzi　zǎor　pú·táo　měi yàng dōu yǒu ruògān zhǒng　Lùn huācǎo　júhuā zhǒnglèi
苹果 、梨 、柿子、枣儿、葡萄，每 样 都 有 若干 种。论 花草，菊花 种类

zhī duō　huā shì zhī qí　kéyǐ jiǎ tiānxià　Xī Shān yǒu hóngyè kě jiàn　Běi Hǎi kěyǐ huáchuán
之 多，花式 之 奇，可以 甲 天下。西 山 有 红叶 可 见，北海 可以 划船 ——

suīrán héhuā yǐ cán　héyè kě hái yǒu yī piàn qīngxiāng　Yī-shí-zhù-xíng　zài Běipíng de qiūtiān　shì
虽然 荷花 已 残，荷叶 可 还 有 一 片 清香。衣食住行，在 北平 的 秋天，是

méi·yǒu yī xiàng bù shǐ rén mǎnyì de
没有 一 项 不使人 满意 的。

Dōngtiān　wǒ hái méi·yǒu dǎhǎo zhǔyi　Chéngdū huòzhě xiāngdāng de héshì　suīrán bìng bù
冬天，我 还 没有 打好 主意，成都 或者 相当 地 合适，虽然 并 不

zěnyàng hénuǎn　kěshì wèile shuǐxiān　sù xīn làméi　gè sè de cháhuā　fǎngfú jiù shòu yīdiǎnr hán
怎样 和暖，可是 为了 水仙，素心 腊梅，各色 的 茶花，仿佛 就 受 一点儿 寒 //

lěng　yě pō zhí·dé qù le　Kūnmíng de huā yě duō　érqiě tiānqì bǐ Chéngdū hǎo　kěshì jiù shūpù
冷，也 颇 值得 去 了。昆明 的 花 也 多，而且 天气 比 成都 好，可是 旧书铺

yǔ jīngměi ér piányi de xiǎochī yuǎn bù jí Chéngdū nàme duō　Hǎo ba　jiù zàn zhème guīdìng
与 精美 而 便宜 的 小吃 远 不 及 成都 那么 多。好 吧，就 暂 这么 规定：

dōngtiān bù zhù Chéngdū biàn zhù Kūnmíng ba
冬天 不 住 成都 便 住 昆明 吧。

Jiéxuǎn zì Lǎoshě　Zhù de Mèng
节选 自 老舍《"住"的 梦 》

Zuòpǐn 49 Hào
作品 49 号

Zài Běijīng Shì Dōngchéng Qū zhùmíng de Tiāntán Gōngyuán dōngcè　yǒu yī piàn zhàn dì miànjī
在 北京 市　东城 区 著名 的 天坛 公园 东侧，有 一 片 占 地 面积

jìn èrshí wàn píngfāngmǐ de jiànzhù qūyù　dàdàxiǎoxiǎo de shí yú dòng xùnliànguǎn zuòluò qíjiān
近 二十 万 平方米 的 建筑 区域，大大小小 的 十余 栋 训练馆 坐落 其间。

Zhè·lǐ jiù shì Guójiā Tǐyù Zǒngjú Xùnliànjú　Xǔduō wǒmen ěrshú-néngxiáng de Zhōngguó tǐyù
这里 就 是 国家 体育 总局 训练局。许多 我们 耳熟能详 的 中国 体育

míngxīng dōu céng zài zhè·lǐ huīhàn-rúyǔ　kèkǔ liànxí
明星 都 曾 在 这里 挥汗如雨，刻苦 练习。

Zhōngguó nǚpái de yī tiān jiù shì zài zhè·lǐ kāishǐ de
中国 女排 的 一 天 就 是 在 这里 开始 的。

Qīngchén bā diǎn zhōng　nǚpái duìyuánmen zǎoyǐ jíhé wánbì　zhǔnbèi kāishǐ yī tiān de xùnliàn
清晨 八 点 钟，女排 队员们 早已 集合 完毕，准备 开始 一 天 的 训练。

Zhǔjiàoliàn Láng Píng zuò zài chǎng wài chángyǐ·shàng　mùbùzhuǎnjīng de zhùshìzhe gēnsuí zhùlǐ
主教练 郎 平 坐在 场 外 长椅 上，目不转睛 地 注释着 跟随 助理

jiàoliànmen zuò rèshēn yùndòng de duìyuánmen　tā shēnbiān de zuòwèi·shàng zé héngqī-shùbā de
教练们 做 热身 运动 的 队员们，她 身边 的 座位 上 则 横七竖八 地

duīfàngzhe nǚpái gūniangmen de gè shì yòngpǐn　shuǐ　hùjù　bēibāo　yǐjí gè zhǒng wàihángrén
堆放着 女排 姑娘们 的 各式 用品：水、护具、背包，以及 各 种 外行人

jiào·bù chū míngzi de dōngxi Bù yuǎn de qiáng·shàng xuánguàzhe yī miàn xiānyàn de guóqí
叫 不 出 名字 的 东西。不 远 的 墙 上 悬挂着 一 面 鲜艳 的 国旗，

guóqí liǎngcè shì Wánqiáng pīnbó hé Wèi guó zhēngguāng liǎng tiáo hóngdǐ-huángzì de héngfú
国旗 两侧 是"顽强 拼搏"和"为 国 争光"两 条 红底黄字 的 横幅，

géwài xǐngmù
格外 醒目。

　Zǒu·xià lǐngjiǎngtái yīqiē cóng líng kāishǐ shíyī gè dà zì hé guóqí yáoyáo-xiāngwàng
"走下 领奖台，一切 从 零 开始"十一个 大字，和 国旗 遥遥相望，

gūniangmen xùnliàn zhī yú ǒu'ěr yī piē jiù néng kàndào Zhǐyào jìnrù zhège xùnliànguǎn guòqù de
姑娘们 训练 之 余 偶尔一 瞥 就 能 看到。只要 进入 这个 训练馆，过去 的

xiānhuā zhǎngshēng yǔ róngyào jiē chéngwéi lìshǐ suǒyǒu rén dōu zhǐ shì zuì pǔtōng de nǚpái
鲜花、掌声 与 荣耀 皆 成为 历史，所有 人 都 只 是 最 普通 的 女排

duìyuán Céngjīng de huīhuáng jiāo'ào shènglì zài tàrù zhè jiān chǎngguǎn de shùnjiān quánbù guīlíng
队员。曾经 的 辉煌、骄傲、胜利，在 踏入 这间 场馆 的 瞬间 全部 归零。

Tī qiú pǎo diàn qiú pǎo jiā qiú pǎo zhèxiē duì pǔtōngrén ér yán hé zájì chà·bùduō de
踢球跑、垫球跑、夹球跑……这些 对 普通人 而 言和 杂技 差不多 的

xiàngmù shì nǚpái duìyuánmen bìxū shúliàn zhǎngwò de jīběn jìnéng jiē xià·lái de rèn·wù shì
项目 是女排 队员们 必须 熟练 掌握 的基本 技能。接 下来 // 的 任务 是

xiǎo bǐsài Láng Píng jiāng duìyuánmen fēn wéi jǐ zǔ měi yī zǔ yóu yī míng jiàoliàn jiāndū zuì
小 比赛。郎 平 将 队员们 分为 几组，每一组 由 一 名 教练 监督，最

kuài wánchéng rèn·wù de xiáozǔ huì dédào yī miàn xiǎo hóngqí
快 完成 任务 的小组 会 得到 一 面 小 红旗。

　Kànzhe zhèxiē niánqīng de gūniangmen zài zìjǐ de yǎnqián láiláiqùqù Láng Píng de sīxù
看着 这些 年轻 的 姑娘们 在 自己 的 眼前 来来去去，郎 平 的 思绪

cháng piāohuí dào sānshí duō nián qián Nàshí fēnghuá-zhèngmào de tā shì Zhōngguó nǚpái de
常 飘回到 三十 多 年 前。那时 风华正茂 的 她 是 中国 女排 的

zhǔgōngshǒu tā hé duìyǒumen yě céng zài zhè jiān xùnliànguǎn·lǐ yèyǐjìrì de bìngjiān bèizhàn
主攻手，她 和 队友们 也 曾 在 这 间 训练馆 里 夜以继日 地 并肩 备战。

Sānshí duō nián lái zhè jiān xùnliànguǎn cóng nèi dào wài dōu fāshēngle hěn dà de biànhuà yuánběn
三十 多 年来，这 间 训练馆 从 内 到 外 都 发生了 很 大 的 变化：原本

cūcāo de dìmiàn biànchéngle guānghuá de dìbǎn xùnliàn yòng de yíqì yuè lái yuè xiānjìn Zhōngguó
粗糙 的 地面 变成了 光滑 的 地板，训练 用 的 仪器 越 来 越 先进，中国

nǚpái de tuánduì zhōng shènzhì hái chūxiànle jǐ zhāng mòshēng de wàiguó miànkǒng Dàn
女排 的 团队 中 甚至 还 出现了 几 张 陌生 的 外国 面孔……但

shíguāng rěnrǎn bù biàn de shì zhè zhī duìwu duì páiqiú de rè'ài hé Wánqiáng pīnbó wèi guó
时光 荏苒，不变 的 是 这支 队伍 对 排球 的 热爱和"顽强 拼搏，为 国

zhēngguāng de chūxīn
争光"的 初心。

Jiéxuǎn zì Sòng Yuánmíng Zǒu·Xià Lǐngjiǎngtái Yīqiē Cóng Líng Kāishǐ
节选 自 宋元明 《走下 领奖台，一切 从 零 开始》

Zuòpǐn 50 Hào
作品 50 号

Zài yī cì míngrén fǎngwèn zhōng bèi wèn jí shàng gè shìjì zuì zhòngyào de fāmíng shì shénme
在一次 名人 访问 中，被 问及 上 个 世纪 最 重要 的 发明 是 什么

shí yǒu rén shuō shì diànnǎo yǒu rén shuō shì qìchē děngděng Dàn Xīnjiāpō de yī wèi zhīmíng
时，有人 说 是 电脑，有人 说 是 汽车，等等。但 新加坡 的 一位 知名

rénshì què shuō shì lěngqìjī Tā jiěshì rúguǒ méi·yǒu lěngqì rèdài dìqū rú Dōngnán Yà guójiā
人士 却 说 是 冷气机。他 解释，如果 没有 冷气，热带 地区 如 东南 亚 国家，

jiù bù kěnéng yǒu hěn gāo de shēngchǎnlì jiù bù kěnéng dádào jīntiān de shēnghuó shuǐzhǔn Tā de
就 不 可能 有 很 高 的 生产力，就 不 可能 达到 今天 的 生活 水准。他 的

huídá shíshì-qiúshì yǒulǐ-yǒujù
回答 实事求是，有理有据。

Kànle shàngshù bàodào wǒ tūfā qíxiǎng wèi shénme méi·yǒu jìzhě wèn Èrshí shìjì zuì
看了 上述 报道，我 突发 奇想：为 什么 没有 记者 问："二十 世纪 最

zāogāo de fāmíng shì shénme Qíshí èr líng líng èr nián shíyuè zhōngxún Yīngguó de yī jiā bàozhǐ
糟糕 的 发明 是 什么？"其实 二〇〇二 年 十月 中旬，英国 的 一家 报纸

jiù píngchūle rénlèi zuì zāogāo de fāmíng Huò cǐ shūróng de jiùshì rénmen měi tiān dàliàng
就 评出了 "人类 最 糟糕 的 发明"。获 此"殊荣"的，就是 人们 每天 大量

shǐyòng de sùliàodài
使用 的 塑料袋。

Dànshēng yú shàng gè shìjì sānshí niándài de sùliàodài qí jiāzú bāokuò yòng sùliào zhìchéng
诞生 于 上 个 世纪 三十 年代 的 塑料袋，其 家族 包括 用 塑料 制成

de kuàicān fànhé bāozhuāngzhǐ cānyòng bēi pán yǐnliàopíng suānnǎibēi xuěgāobēi děng Zhèxiē
的 快餐 饭盒、包装纸、餐用 杯盘、饮料瓶、酸奶杯、雪糕杯 等。这些

fèiqìwù xíngchéng de lājī shùliàng duō tǐjī dà zhòngliàng qīng bù jiàngjiě gěi zhìlǐ
废弃物 形成 的 垃圾，数量 多、体积 大、重量 轻、不 降解，给 治理

gōngzuò dàilái hěn duō jìshù nántí hé shèhuì wèntí
工作 带来 很多 技术 难题 和 社会 问题。

Bǐrú sànluò zài tiánjiān lùbiān jí cǎocóng zhōng de sùliào cānhé yīdàn bèi shēngchù tūnshí
比如，散落 在 田间、路边 及 草丛 中 的 塑料 餐盒，一旦 被 牲畜 吞食，

jiù huì wēi jí jiànkāng shènzhì dǎozhì sǐwáng Tiánmái fèiqì sùliàodài sùliào cānhé de tǔdì bù
就会 危及 健康 甚至 导致 死亡。填埋 废弃 塑料袋、塑料 餐盒 的 土地，不

néng shēngzhǎng zhuāngjia hé shùmù zàochéng tǔdì bǎnjié ér fénshāo chǔlǐ zhèxiē sùliào lājī
能 生长 庄稼 和 树木，造成 土地 板结，而 焚烧 处理 这些 塑料 垃圾，

zé huì shìfàng chū duō zhǒng huàxué yǒudú qìtǐ qízhōng yī zhǒng chēngwéi èr'èyīng de huàhéwù
则会 释放 出 多 种 化学 有毒 气体，其中 一 种 称为 二噁英 的 化合物，

dúxìng jí dà
毒性 极大。

Cǐwài zài shēngchǎn sùliàodài sùliào cānhé de guò chéng zhōng shǐyòng de fúlì'áng duì
此外，在 生产 塑料袋、塑料 餐盒 的 过//程 中 使用 的 氟利昂，对

réntǐ miǎnyì xìtǒng hé shēngtài huánjìng zàochéng de pòhuài yě jíwéi yánzhòng
人体 免疫 系统 和 生态 环境 造成 的 破坏 也 极为 严重。

Jiéxuǎn zì Lín Guāngrú Zuì Zāogāo de Fāmíng
节选 自 林光如《最 糟糕 的 发明》

第四章　命题说话

第一节　命题说话的注意事项

命题说话是普通话水平测试的最后一项,限时 3 分钟,共 40 分。时间长、分值大,是最难训练和把握的一项。很多应试人通过一段时期的训练之后,在读单音节字词和多音节词语部分语音的准确度得到了很大的提高。可到了命题说话部分,在需要兼顾内容和流畅度的情况下,语音的准确度就下降了,方音就暴露出来了,而且方言中的语法也会不自觉地"溜"出来。因此,命题说话部分最能反映应试人真实的普通话面貌,同时也是很多应试人最头疼的部分。

根据《普通话水平测试大纲》,命题说话的目的是测查应试人在无文字凭借的情况下说普通话的水平,重点测查语音标准程度、词汇语法规范程度和自然流畅程度,即自然流畅地说普通话的规范程度。说话的话题从《普通话水平测试用话题》(共 50 个)中选取,应试人须从给定的两个话题中选定一个,连续说一段话。该测试项要求应试人单向说话。如发现应试人有明显背稿、离题、说话难以继续等表现时,主试人应及时提示或引导。

通过阅读以上的考试要求,我们可以分析出命题说话要注意的几个事项。

一、尽量口语化

说话并非阅读、朗诵,也不是演讲,而是以自然的方式进行谈话,只不过这种谈话并非双方的交谈,而是单向的讲述。因此说话一定是以自然的口语来表达口语化的内容。这就要求应试人在说话过程中要尽量放松,避免因紧张造成的语言不自然。说话过程中要重视内容,不需要过多地遣词用句,切忌追求优美,自然地用口语表达即可。此外,由于口语表达的特点,应试人应多用短句、散句,少用长句和整句,避免过于书面的词汇和句式,比如复杂的修饰语和欧化的句子等。以下是说话的两个例子:

我尊敬的人

认识倪祥和教授是在我大学毕业分配到阜阳师范学院中文系任教后的一个初秋,平常的日子,平常的相识,平常的记忆。远远地听别人说起他的种种事情,由于距离,终究是淡淡的关注……

我 的 梦 想

无边的夜在我的思想里延伸,成为我思绪飞翔的载体,回忆一些想忘记却无法忘怀的人和事。重演那些快乐和不快乐的经历,感受内心所要感悟的,憧憬着零点过后的明天……认识就像一本无字天书,对于每个人都会有不同的答案。追忆似水年华,错过了很多,错过了才知道珍惜……

以上两个例子出自《普通话学习与水平测试教程》[①]的说话范文,该书作者对这两篇说话文章给予了好评,但是我们可以看出,这两篇文章都用了过于书面化的表达方式,如果以写作的角度来评论,这些文章都是可以接受的,甚至是优秀的。但这两篇例文中包括很多书面词语(思绪、憧憬、追忆等)以及书面句式("认识倪祥和讲授是在我大学毕业分配到阜阳师范学院中文系任教后的一个初秋"等)。从说话的角度考虑,这样的语句就过于书面化了,难免会有背稿的嫌疑。

二、保证流畅与连贯,不缺时

自然流畅程度在说话中占 5 分,虽然并不是很多,但是因为说话是主观性很强的测试项,流畅度直接决定着表达效果,影响主试人对应试人整体语言风貌的判断。而且如果应试人说话不流畅、不连贯,很容易导致说话无法进行下去,达不到 3 分钟的时间要求,所扣分数就会很多,所以流畅和连贯在说话中尤为重要。如何保证说话的流畅和连贯呢?

第一,因为测试大纲中规定语音的标准程度占 25 分,所以很多应试人在说话过程中,把大部分注意力集中在监控自己的语音方面,导致紧张忘词、速度过慢、不流畅、不连贯。因此在说话阶段,应试人应该稍微放松对语音标准度的监控,不要因为语音错误,多次重复说一句话。先保证自己有话说,能够将说话连贯地进行下去。第二,要对说话的话题做好准备,保证抽到每一个话题都有话可说。普通话水平测试说话话题共有 50 个,都是贴近日常生活和个人的话题,所以只要做好准备,就不存在无话可说的情况。第三,注重说话的完整性。如果能够达到 3 分钟内说一段完整的话当然很好,有开头也有很好的收尾,但这样的表达难度很大,对时间的把握要很准确。因此,为避免说话时忘记内容导致时间不够,应试人最好准备超过 3 分钟的内容。说话可以进行到主试人提醒或机器显示时间已到为止。第四,说话时应减少同一句话的重复,尽量减少冗余成分。有作用的重复是为了强调,不算是啰唆,但机械无意义的重复一定要避免,比如重复一句话末尾的几个音节,语气词"啊""嗯""哦""啦"等。还要避免一些习惯的口头禅,如"然后""跟着""那么""完了吧"等。

---

① 胡习之:《普通话学习与水平测试教程》,清华大学出版社,2007 年版。

三、切忌背稿，准备万能话题要注意关联度

很多应试人觉得说话部分很难，所以考前做了"充分"的准备。针对每一个话题都写好一篇短文，并且反复诵读达到了能够背诵的程度。这样做考试时自然流畅连贯，但是主试人或机器一听就知道是在背稿子，即便内容是真实的也一定会扣分。另外，很多应试人会准备万能稿，一篇文章应付多个话题。这样确实可以大大减少准备的工作量，也能够增强对文章的熟悉程度。但我们提醒应试人用万能话题要慎重，比如，测试话题中有3个人物的题目，分别是"我的朋友""我尊敬的人""我喜欢的明星"。有应试人以球星姚明为题准备了一个万能题目，当抽到"我的朋友"这一话题时他的开头是：

我的朋友是姚明。虽然很多人可能会说他是个明星，你都不认识他，怎么可能跟他是朋友。但是我了解他的生活习惯，他的身高体重，他的每一场比赛。在我心里，我们早已经就是朋友了。

相信"身经百战"的主试人或机器听到这样的开头就已经明白了此应试人属于万能话题型选手。准备万能话题不能太过牵强，一定要注意关联度。比如"我的理想（或愿望）"和"我喜欢的职业（或专业）"这两个话题关联度很强，可以准备"我的理想是当一名教师"，也可以适当修改变成"我喜欢的职业是教师"。此外，应试人准备的某个故事却是可以为多个话题服务的，也就是说可以充当不同话题的事例。因此，我们主张尽量紧扣话题，相关的话题之间可以共用一两个事例或故事，但不能多个话题全篇雷同。

四、注意方言词汇与语法

词汇语法规范程度在说话的评分中占10分。如果说说话中方言语音很难控制的话，相较而言，方言的词汇和语法还是可以在准备过程中就尽量避免的。方言词汇和语法很多，但是容易出错的多集中在日常生活中的一些词汇和表达方式上。很多粤方言区的人并不知道某些词汇其实是方言的，某些句式表达在普通话中是不规范的用法。下面是一些例子。

（一）词汇

1. 单音节与双音节的区别

袜（袜子）　裤（裤子）　衫（衬衫）　杯（杯子）　眉（眉毛）

2. 语素顺序不同

鸡公（公鸡）　兵士（士兵）　紧要（要紧）　猫仔（小猫）

3. 常用动词短语区别

踩单车（骑自行车）　冲凉（洗澡）　打边炉（吃火锅）　落水（下雨）
拍拖（谈恋爱）　钟意（喜欢）　饮茶（喝茶）　煲汤（煮汤）　剃须（刮胡子）

4. 量词的区别

一条锁匙(一把钥匙) 一餐(顿)饭 一架单车(一辆自行车)

一张(把)刀 一对(双)鞋 一道(座)桥 一班(伙)人

5. 其他常用词汇

肥佬(胖子) 粉擦(板擦) 青瓜(黄瓜) 锁匙(钥匙) 波鞋(运动鞋)

靓(漂亮) 地拖(拖把) 怕丑(害羞) 收工(下班)

(二) 语法

1. 语序

你走先。(你先走。) 你买多一些。(你多买一些。)

你好大力。(你力气很大。) 我给钱你。(我给你钱。)

2. 比较句

我的作业多过他。(我的作业比他多。) 他高过我。(他比我高。)

3. 重叠式

这菜好好吃啊!(这菜真好吃啊!) 她的脸红红。(她的脸很红。)

饭菜喷喷香!(饭菜香喷喷!) 他写得认认真。(他写得认认真真。)

4. 文言色彩

几多钱?(多少钱?) 请赏面。(请赏脸。) 我同他一起去。(我和她一起去。)

5. 时间表达

一个钟(一个小时) 三点两个字(三点十分)

6. "有"字句

你有看这部电影吗?(你看过这部电影吗?) 我有看。(我看过。)

这件事我有听过。(这件事我听过。)

应试人在准备话题时,如果涉及方言词汇和语法表达应提前进行对比,重点标注,以免在说话测试中被扣分。

在说话过程中也应尽量避免使用网络词语和表达方式,如"帅锅""美眉""有木有""坑爹""伤不起""肿么办""神马都是浮云"等;同时,因为普通话考试考查的是使用汉语普通话的标准程度,所以应试人应尽量避免使用英文,如 KFC(肯德基)、E-mail(邮件)、party(聚会)、小 case(小意思)、有事 call 我(有事给我打电话)等。

五、掌控速度与时间

朗读一个作品,一般 3~4 分钟,450 个音节,每分钟 200 字左右。说话的速度一方面要取决于说话的内容,同时也要看说话的流畅度。说话时长 3 分钟,按每分钟 200 字来算,至少要准备 600 字,为了避免紧张引起的忘词或忘记段落,最好准备 700 字左右的内容。应试人在说话过程中要根据说话内容适当调节语速,掌控时间。说话应进行到主试人提醒或机器显示时间已到为止,也就是宁可多说,也不能提前停止。

六、注意情绪

因为说话就是一种表达,所以必然会在其中体现说者的情绪,适当的点头微笑、手势都是表达的辅助手段。有应试人在说话过程中太过投入或放松,说到尽兴处不自觉地开心、生气、难过等,这些都是在说话中免不了的情绪,但是尽量不要影响到自己的语言表达和发音的准确性。

第二节　说话题目的分析与准备

一、题目

普通话水平测试的说话题目共 50 个,分别为:
1. 我的一天
2. 老师
3. 珍贵的礼物
4. 假日生活
5. 我喜爱的植物
6. 我的理想(或愿望)
7. 过去的一年
8. 朋友
9. 童年生活
10. 我的兴趣爱好
11. 家乡(或熟悉的地方)
12. 我喜欢的季节(或天气)
13. 印象深刻的书籍(或报刊)
14. 难忘的旅行
15. 我喜欢的美食
16. 我所在的学校(或公司、团队、其他机构)
17. 尊敬的人
18. 我喜爱的动物

19. 我了解的地域文化（或风俗）

20. 体育运动的乐趣

21. 让我快乐的事情

22. 我喜欢的节日

23. 我欣赏的历史人物

24. 劳动的体会

25. 我喜欢的职业（或专业）

26. 向往的地方

27. 让我感动的事情

28. 我喜爱的艺术形式

29. 我了解的十二生肖

30. 学习普通话（或其他语言）的体会

31. 家庭对个人成长的影响

32. 生活中的诚信

33. 谈服饰

34. 自律与我

35. 对终身学习的看法

36. 谈谈卫生与健康

37. 对环境保护的认识

38. 谈社会公德（或职业道德）

39. 对团队精神的理解

40. 谈中国传统文化

41. 科技发展与社会生活

42. 谈个人修养

43. 对幸福的理解

44. 如何保持良好的心态

45. 对垃圾分类的认识

46. 网络时代的生活

47. 对美的看法

48. 谈传统美德

49. 对亲情（或友情、爱情）的理解

50. 小家、大家与国家

二、注意事项

普通话测试中的说话项属于命题说话，审题要求相对宽松，也就是说只要应试人大体上围绕着话题进行说话就可以。而且，普通话水平测试的说话话题开放、贴近生活，如果应试人选择与自己密切相关的真实事例,一般不会出现无话可说的情况。但是应试人在准备过程中还是要注意以下三个问题。

（一）话题分类

很多参考教材将以上的 50 个话题从不同角度进行了分类,有的分为谈论人、谈论事、谈论物、谈论感受等;有的分为记叙文、说明文、议论文等;还有的将相关的话题综合在一起进行分类。这些处理都有一定的科学性和实用性,应试人可以根据自己准备的内容和实际情况选取不同的分类或者将几种分类综合采用。但是需要指出的是,普通话测试并没有要求哪些话题必须使用记叙文,哪些必须使用说明文或议论文,所以应试人无须局限于此。一般说来,记叙文比较容易准备,也是说话过程中表达比较流畅的一类,所以应试人可以尽量选取记叙的表达方式。有些话题看上去应该使用议论文体,如"谈个人修养""对环境保护的认识"等,应试人也可以通过举例讲述某个人的某种行为或某件事。

（二）内容结构

对说话话题的内容准备,大多可以分为三段,分别为"是什么""为什么""什么事"。比如"尊敬的人"这一话题就可以这样准备:你尊敬的人是谁? 为什么尊敬他? 他做了什么事? 再如"谈个人修养",也可以从这三方面准备:你觉得个人修养指的是什么? 为什么要重视个人修养? 哪些事情体现出了个人修养?（可以是具体的你认识的某个人的事情,也可以是社会上的一些时事热点等。）

（三）事件为主,真实详细

准备说话话题时要尽量以真人真事为基础,尤其是自己熟悉的人和事。如果背诵一些参考范文,很容易在紧张的情况下忘记某一段落,甚至脑中一片空白。因此,以自己熟悉的真人真事为基础,即使忘记了一部分,也能够从自己的记忆里迅速寻找出下一个切入点。另外,为了避免无话可说,准备时应尽量详细。以"朋友"为例,很多应试人往往觉得自己对某个人特别熟悉,可是描述了一下外貌,简单地说了几个表达性格的词语之后,就说不下去了。当被提醒说说你们之间发生的事情时,只说我们之间有很多事,却说不出一件详细的事情。因此,应试人在准备话题时尽量以事件为支撑,也就是以"讲故事"为主线。

三、提纲

综合以上几个方面,我们整理了 50 个话题的准备提纲,供应试人参考。

（一）我的一天

考生可选择最充实精彩的一天,准备多个事件以便有话可说,其中自行安排事件的详略。

（1）总述:我的日常生活是丰富多彩的,每一天都充满了惊喜和挑战。

（2）以时间顺序讲述："一日之计在于晨"，早起去晨跑，然后在图书馆学习，中午与朋友共进午餐，下午参加比赛，傍晚与家人吃晚饭，晚上看电影、听音乐。

（3）总结：这一天，虽然平凡，但充满了意义和感动。它让我明白了生活的真谛，激发了我对未来的期待，使我继续努力。我相信，只要我用心对待每一天，我的生活将会更加精彩。

（二）老师

（1）总述：我最尊敬的老师是我的初中数学老师——黄老师。（此话题与"尊敬的人"相关性比较大，可以相联系准备）

（2）为什么最尊敬这位老师？

此处可以分两部分，一是老师自己的成就，二是老师对我的恩情。

老师在教学中的能力表现，取得了哪些成绩，同事们的评价，针对其中一点举实例说明。

老师对我的恩情，可以先总述老师从学习到日常生活中对我的爱护和照顾，为我的付出。然后通过具体的、最难忘的、最感动的一两件事来阐述。

（3）总结：表达自己对老师的尊敬和感恩之情，以及今后自己要以老师为榜样如何去做，或者要如何回报老师。

（三）珍贵的礼物

（1）总述：我收到过的最珍贵的礼物是一支钢笔。

（2）为什么是钢笔？

此处可讲述珍贵的原因、礼物的外形特点。这是我最尊敬的老师因我成绩进步所赠予的，这肯定了我的努力，意义非凡。这支钢笔激励着我不断前进，努力学习。

（3）与这支钢笔相关的事情。

用这支钢笔之后自己每次都下笔如有神，还拿到了书法比赛一等奖；拥有新钢笔后仍细心呵护这支钢笔。

备选：朋友送的八音盒、父母送的相机等。

（四）假日生活

此话题可以讲述自己在假日中做过的最喜欢、最开心或最辛苦的事情。

（1）总述：从小到大我经历过不同的假日生活，我最喜欢的是在假日里旅游。（此处可与"难忘的旅行"相联系）

（2）为什么喜欢旅游？

能结交新朋友，扩大社交圈；了解不同文化和风土人情，开阔眼界；欣赏祖国各地的大好河山，增长见识。

（3）在旅游中遇到的趣人趣事。

（4）拓展：假日生活是丰富多彩的，我还在假期里体验了打工生活……

备选：在假日爬山、补习、看书等。

（五）我喜爱的植物

这一话题最好选择自己养过的一种植物，以备在第三部分能够讲出一两件事情。

（1）总述：我喜欢的植物是仙人球。

（2）为什么喜欢仙人球？

此处可以谈论仙人球的形象特点和生长习性：刺锋利尖锐，但能抗旱，有顽强的生命力，等等。

（3）与仙人球相关的事情。

"我喜欢仙人球是因为母亲曾送给我一盆，它摆放在我的电脑旁……"描述仙人球的外貌、特点，你们之间发生的一两件事情。

（4）扩展：如果时间还没到，也可以讲一些相关内容。比如：仙人球在夏天会开出洁白无瑕的白花，有着淡淡清香；还可以根据自己养仙人球的经历，给准备养仙人球的人提一些意见；等等。

备选：腊梅、兰花、文竹、菊花、牡丹等。

（六）我的理想（或愿望）

每个人的理想和愿望不同，考生应尽量从自己的实际出发，才能保证有话可说。此处以"我的愿望"为例。

（1）总述：我的愿望是当一名教师。（此话题与"我喜欢的职业"相关性比较大，可以相联系准备）

（2）为什么想要当一名教师？

此处可以先采用议论的方式谈原因，如：教书育人的成就感、教师的社会地位和薪酬、自己的性格和优势、家庭环境（如果家里有人从事这项工作）等。

（3）讲述自己喜爱的一位老师，通过描述具体详细的事件，表达你希望自己将来能够像他一样的愿望。正是这位老师使你有了当一名教师的愿望。（此处可与"老师""尊敬的人"相联系）

（4）拓展：教师需要拥有哪些素质，自己为了实现这一理想做了哪些准备等。

备选：职业方面（医生、科学家、明星等）、学业方面（考取研究生、出国留学等）、兴趣爱好方面（环游世界、出一本书、发明一种产品等）。

（七）过去的一年

（1）总述：在过去的一年里，我遇到了很多机遇和挑战，每一件事情都让我有所收获，有所成长。（此话题与"我的一天"相关性比较大，可以相联系准备）

（2）从多个角度回顾过去（思想、学习、工作、生活等）。

（3）总结：展望未来，对未来一年的畅想。

（八）朋友

讲述自己的朋友是比较容易的话题，考生只要选取现实生活中的朋友进行讲述就可以。既可以只介绍一个朋友，也可以介绍一些朋友。

（1）我的朋友是谁？如何认识的，为什么成了朋友？

（2）这个朋友是什么样的人？朋友的外貌、性格甚至家庭等都可以介绍。

（3）我和朋友之间发生了什么事情？

可以选取他如何帮助你或你们之间互相帮助的事情；也可以选取你们一起做过的一些事情，比如一起旅行、一起学习、参加一项体育运动等；还可以选取你们之间吵架、闹矛盾的故事。

（4）扩展：如果只准备一个人，那么就要多准备一些事例。当然，也可以多准备几个人，说完一个人之后，可以用"除××之外，××也是我的好朋友……"自然过渡，然后按照前面的模式介绍。

很多考生会把这一部分与"尊敬的人"联系在一起，比如说我的朋友就是我的妈妈，这样也可以，但是应尽量选取能够体现你们之间朋友关系而非你尊重妈妈的事例，避免离题和背稿的嫌疑。

备选：我童年的朋友、某个同学、旅友、一起进行某种体育运动的朋友等。（这几个话题分别可与"童年生活""难忘的旅行"和"体育运动的乐趣"等话题相联系，共用其中的一两个故事）

（九）童年生活

（1）总述：人们都说童年是人的一生中最美好的时光，很幸运，我也拥有这么一段美好的童年时光。

（2）我的童年是什么样的？

家庭成员、生长的环境、经常玩的地方（此处可与"家乡"相联系）、玩的玩具、做游戏、小伙伴等。

（3）童年发生过什么事？

举一两件印象深刻的事情，如：爷爷奶奶讲的故事、和小伙伴们玩的一次游戏、爸爸妈妈给我过生日、童年的一次旅行（此处可与"难忘的旅行"相联系）、第一次去学校上学、第一次一个人在家过夜、学骑自行车/游泳（此处可与"体育运动的乐趣"相联系）等。

（4）扩展：童年的经历对我后来成长的影响等。

（十）我的兴趣爱好

（1）总述：我有很多兴趣爱好，比如锻炼、旅游、交际等。

（2）分述：

体育锻炼：我喜欢游泳，我每个星期都去学校的游泳池游泳，有一次……（此处可与"体育运动的乐趣"相联系）

旅游：我几乎每个长假都会去一个地方，比如今年的国庆节我去了丽江……（此处可与"难忘的旅行"相联系）

交际：没有课的时候，我总喜欢和朋友们在一起，有的时候就两三个朋友聊聊天，有的时候一群朋友一起玩。有一次……

备选：课外阅读、课外文娱活动（唱歌、跳舞、画画、书法、下棋等）、公益活动、逛街购物等。

（十一）家乡（或熟悉的地方）

此处以"我的家乡是广州"为例。

（1）总述：广州，又叫羊城，是广东省的省会，是华南地区政治、经济、文化的中心。

（2）分述：

广州的地理位置：广东中南部，隔海与香港、澳门相望，中国的第三大河珠江从广州市区穿流而过。

广州的分区：天河区、越秀区、白云区、黄埔区等 12 个区。

广州的语言：公共场合说普通话，主要方言是粤语，也有部分人说潮汕话、客家话等。

广州的美食：食在广州，粤菜有白切鸡、烧鹅、清蒸鲈鱼等；广州的早茶文化、广州人善煲汤等。

广州的文化：粤剧、岭南画派、岭南建筑、岭南园林、广雕、广彩等。

广州的景点：城市地标（广州塔、五羊石像、中心广场等）、旅游景点（羊城新八景、中山纪念堂、黄埔军校、华南植物园、从化温泉）、购物点（上下九路商业步行街、北京路商业步行街、正佳广场等）、公园、花市等。

广州的人们：广州的名人、广州的普通老百姓、自己的亲人和身边的熟人等。

其中，美食、景点、人们都可以扩展出一两个故事，比如你的外地朋友来广州，你带他（她）去吃广州美食，游览广州景点。

（3）扩展：广州的历史变迁、政治经济、工农商业、教育、交通运输等。

（十二）我喜欢的季节（或天气）

此处以"我喜欢的季节"为例。

（1）总述："春有百花秋有月，夏有凉风冬有雪"，每个季节都有自己的特色，我最喜欢的季节是冬天。

（2）为什么喜欢冬天？

人们对冬天的描述和评价，自己眼中的冬天有什么景象，可以联系自己的家乡和生活的地方，冬天里动物、植物以及人们都有什么不同的表现，冬天里可以进行哪些活动，等等。

（3）在冬天里发生过什么事？

比如我出生在冬天，听父母讲过自己出生时的天气和情况，也可以讲述自己在冬天认识了某个人，或者讲述自己在冬天进行的一两项活动，比如打雪仗、堆雪人、冬泳等。

（4）扩展：我第二喜欢的季节是夏天……

备选：四个季节、阴天、雨天、晴天等。

(十三) 印象深刻的书籍(或报刊)

考生可以以自己的喜欢的书籍作品或杂志刊物为素材。此处以"印象深刻的报刊"为例。

(1) 总述:我印象深刻的报刊是《读者》。

(2) 为什么喜欢这本杂志?

如果你对这本杂志很了解,可以从杂志的办刊历史、办刊条件、办刊成功原因等方面切入,然后介绍这本杂志吸引你的地方。

(3) 谈谈阅读这本杂志期间发生的一些故事,比如下课后去学校图书馆里借阅,于是跟图书馆的老师熟识;或者课上偷偷放在课桌里读,被老师发现;等等。

(4) 扩展:谈谈自己阅读杂志的方式,比如从纸质杂志到电子版杂志等。

备选:书籍(《西游记》《红楼梦》《水浒传》《三国演义》等)、报刊(《中国国家地理》《青年文摘》等)。

(十四) 难忘的旅行

针对这一话题,考生应尽量以现实生活中的真实旅行为素材。有些考生为了求新,讲述心灵的旅行、情感的旅行等,没有以现实的实地实景为基础,往往说不下去,甚至有离题的嫌疑,所以针对这一题目,还是应事先做好准备。

(1) 介绍这次旅行的时间、地点、人物。

(2) 为什么这次旅行是难忘的?

具体讲述旅行路线、旅游景点、山川景色、人文景观、特产美食等;

(3) 旅行中发生了哪些难忘的事?

这里一般直接按照时间顺序来叙述旅行的经过,最好多准备几个故事,如:旅行中认识了某个人,讲述你们之间发生的故事;或者旅行中参与了某种活动,比如去少数民族地区参加了某个节日活动等。可将故事贯穿整个旅行,也可将前面提到的景点特色等穿插在故事中。

备选:毕业旅行、全家旅行、第一次一个人旅行、出国旅行、和朋友的一次旅行(可与"朋友"相联系)。

(十五) 我喜欢的美食

既可以只介绍一道美食,也可以介绍一些美食。

(1) 总述:美食对于每个人来说一定是不同的,很多人对自己家乡的美食,或者特定的人做的美食具有深厚的感情,我也不例外。谈到美食,我首先想到的是清蒸鲈鱼。

(2) 讲述自己什么时候第一次吃到这道菜,这道菜是谁做的,这道菜的味道,以及与这道菜相关的人和事等。

(3) 讲述这道菜的做法,包括准备的食材、每一道工序以及注意事项等,还可以讲讲自己是如何学会做这道菜的,学这道菜的时候发生了什么趣事,等等。

(4) 扩展:如果时间还没到,也可以再讲"还有一道菜也是我非常喜欢的……"

备选：白切鸡、烧鹅、肠粉、撒尿牛丸、艇仔粥等。

（十六）我所在的学校（或公司、团队、其他机构）

考生应选择与自己关系最密切的单位，这样比较容易扩展讲述自己与其中成员发生的一些事情。此处以"我所在的学校"为例。

（1）总述：我在××大学上学。

（2）学校的总体情况：办学条件、地理位置、周边风景、文化传统、校风校貌、所获荣誉等。

（3）对学校的感情：我爱我的学校，我们学校的凝聚力很强，同学在一起互相帮助，互相关心，就像一家人一样。有一次……（此处可以讲述校级学生干部为同学服务的事情，也可以讲述学校同学帮助自己的事情，或者同学之间发生的事情，甚至与外校同学发生的事情，等等，尽量多准备几个事例以保证时长。）

（十七）尊敬的人

值得尊敬的人很多，考生应尽量选择自己身边的或熟悉的人来准备。

（1）总述：我尊敬的人是我的妈妈。

（2）为什么尊敬妈妈？

此处可以分两部分，一是妈妈自己的成就，二是妈妈对我的关爱。

关于妈妈的成就，可以讲述妈妈在工作中的表现，取得了哪些成绩，同事们的评价；如果妈妈是家庭主妇，那么可以讲述妈妈在这方面的能力，比如做饭、孝顺长辈、与邻居的关系等，针对其中一点举实例说明；

妈妈对我的关爱，可以先总述妈妈对我从小到大的爱护和照顾，为我付出了多少。然后通过具体的、最难忘的、最感动的一两件事来阐述。

（3）总结：表达自己对妈妈的尊敬和感恩之情，以及今后自己要以妈妈为榜样如何去做，或者要如何回报妈妈。

备选：亲人（父母、爷爷奶奶、兄弟姐妹等）、老师、领导、同事等。

（十八）我喜爱的动物

这一话题最好选择自己养过的一种动物，以备在第三部分能够讲出一两件事情。

（1）总述：我喜欢的动物是狗。

（2）为什么喜欢狗？

此处可以谈论狗的特点：忠诚，看家护院；小狗可爱，是孩子们的好玩伴；还可以成为导盲犬、牧羊犬，帮助人类；等等。

（3）与狗相关的事情。

我喜欢狗还因为我曾经养过一只狗，这只狗是我在马路上捡来的……（描述狗的外貌、特点，你们的关系如何，你们之间发生的一两件事情。）

（4）扩展：如果时间还没到，也可以讲一些相关内容，比如狗也有一些问题，如咬人、到处排泄等;还可以根据自己养狗的经历,给准备养狗的人提一些意见;甚至可以针对当前一些虐狗杀狗的事件谈论自己的看法;等等。

备选:猫、兔子、乌龟、马等。

(十九) 我了解的地域文化(或风俗)

中国的地域文化和风俗很多,考生可以选取自己熟悉的一个或几个来谈。此处以"我了解的风俗"为例。

(1) 说到风俗,我首先想到的是端午节的风俗,因为我非常喜欢吃粽子。我们家乡的端午节非常隆重,除家家户户包粽子、吃粽子外,还会有赛龙舟的活动。有一年的端午节……(可以谈谈自己观看甚至参加的赛龙舟的活动)

(2) 除端午外,我还很喜欢过中秋。大家都知道中秋节吃月饼、赏月,但是许多人不知道厦门还流行着一种中秋节博饼的习俗。有一年我跟父母去厦门旅游,正好赶上中秋节,所以就了解了这个当地特有的风俗……(可以介绍博饼的历史来源,博饼的玩法,当地人对于博饼的热爱程度,然后谈谈自己参加博饼这一活动的经历)

(3) 当然,中国最隆重的节日是春节。大体上来说,过春节会贴对联、放鞭炮,北方人过春节吃饺子,南方人过春节吃年糕。但是在具体的过法上,各个地区也不同。我的家乡过春节一般是这样的……(可以将现在和过去过春节的方式进行对比)

备选:元宵节猜灯谜、二月初二"剃龙头"、清明节扫墓、四月初八逛庙会;结婚、送葬、生小孩;傣族的泼水节、彝族的火把节等。

(二十) 体育运动的乐趣

考生应选择一个或多个真正热爱的体育运动项目,并用切身实际的例子说明其中的乐趣。

(1) 总述:我是个热爱运动的人,我最喜欢的体育项目是游泳。

(2) 为什么喜欢游泳?

我很喜欢水,喜欢在水里的感觉,我经常能够在水里待上几个小时;我喜欢游泳还因为游泳能够瘦身,而且能够塑造优美的线条;我喜欢游泳还因为游泳是一个人就能进行的活动,不像球类运动,总是需要约朋友一起。

(3) 从什么时候开始游泳的? 如何学会游泳的? 游泳中发生了哪些事情?

我家在海边,所以小时候经常跟小伙伴们一起去海边玩。有几个大孩子会游泳,我很羡慕,经常吵着让他们教我。有一次……

或者:我家不靠海,附近也没有什么河,我从小就是个旱鸭子。后来到了大学,发现很多同学都会游泳,所以我这个旱鸭子也想下海了,于是我鼓起勇气报了个游泳学习班。第一次学习游泳我很紧张……

(4) 扩展:除了游泳,我还经常打篮球。从初中开始,我就是我们学校篮球队的成员。打篮球给我最大的一个收获就是让我懂得了什么叫团队合作,有一次……

备选:跑步、滑冰、打网球、踢足球、太极拳、跆拳道等。

(二十一) 让我快乐的事情

这个话题与"我的兴趣爱好"关联度很高,可以相联系准备,大多数的事例都可以共用,只要尽量突出是快乐的事情即可,具体提纲参见"我的兴趣爱好"。

(二十二) 我喜欢的节日

这个话题与"我了解的地域文化(或风俗)"相关性很强,可以将二者综合起来,选取一个中国传统节日,也可以选取从国外传入的节日,还可以各选取一个来丰富内容。

(1) 总述:我喜欢的节日是春节。

(2) 为什么喜欢春节? 自己在春节经历过什么事情?

春节是我国最隆重的传统节日,也是家家户户团圆的节日。小时候我最盼望着过年,在外的亲人都会赶回来团聚,一起吃丰盛的年夜饭,这个时候虽然外面很冷,但屋里暖洋洋的,热闹而温馨。吃完年夜饭,小孩子还能收到大人的红包,和兄弟姐妹一起去放烟花,我每次都很期待。有一年,放烟花的时候……

我喜欢春节不仅因为它是团聚的日子,还因为它有着各种丰富有趣的习俗活动……

(3) 扩展:除了春节,我还特别喜欢中国传统节日里的端午节……

备选:可以选取传统的春节、端午节、中秋节,也可以选取舶来的父亲节、母亲节、情人节、圣诞节、万圣节等。

(二十三) 我欣赏的历史人物

(1) 总述:我最欣赏的历史人物是杜甫,不仅是因为他的诗,还是因为他的人。

(2) 为什么欣赏他?

可举出与人物相关的著名事件和作品名言。杜甫早年喜欢游山玩水,曾在泰山山顶抒发"会当凌绝顶,一览众山小"的豪情壮志。但他空有远大的政治抱负却无法施展。安史之乱爆发时杜甫正逢中年,他在"国破山河在,城春草木深"之际,感叹"烽火连三月,家书抵万金"。即便他中年命运多舛,仍不忘报效祖国。晚年的他因战乱流离失所,在听到官军得胜时欣喜若狂……

(3) 总结:纵观杜甫一生,虽在动乱中度过,但他仍怀着报国之心,并且留下了许许多多的千古佳篇。他的爱国情怀深深影响着我。

(二十四) 劳动的体会

(1) 总述:劳动是一切幸福的源泉,幸福不会从天而降,梦想更不会自动成真,只有依靠劳动,我们才能走向幸福,走向成功。

(2) 讲述劳动的过程。

暑假里我的任务是刷锅洗碗,打扫自己的房间。平时觉得简简单单的一件事,要坚持下来,还真不容易。虽然我刷锅洗碗时曾划破了手,但油腻腻的锅碗让人看见就有难受的感觉,所以我还是坚持下来了。

（3）讲述劳动的收获。

通过暑假里的劳动,我明白了"一分耕耘,一分收获",世界上没有免费的午餐,每个人都需要付出才有回报,即使不能有很大的收获,但在我心中劳动是珍贵、光荣的。在劳动中我学到了很多,感受了很多,也懂得了很多,更长大了很多。

(二十五) 我喜欢的职业(或专业)

此处以"我喜欢的职业"为例。

（1）总述:我喜欢的职业是医生。

（2）为什么喜欢医生这一职业?

可以谈论医生的社会价值和社会地位,自己的家庭环境(如果有家人从事这一行业),自己对医学的兴趣,自己所学专业,等等。

（3）与医生有关的事情。

可以讲述自己或自己身边的人治病的一段经历:

我喜欢医生这一职业,是因为我遇到过一两个很好的医生……

我的朋友也遇到过一个很好的医生……

（4）扩展:如果考生对这一职业有所了解,也可以谈谈该领域的发展,比如医学现在研究的热点问题;或者谈一谈当前这一职业出现的一些问题,比如医生的职业操守问题、医患问题等,但注意要用简明的表达,避免过多的专业化术语。

备选:职业(教师、导游、会计师等)、专业(学前教育、旅游管理、会计学等)。

(二十六) 向往的地方

向往的地方既可以是自己生活过的地方、旅游去过的地方,也可以是自己没有去过,很希望去的地方。此话题可与"家乡(或熟悉的地方)"和"难忘的旅行"相联系,但注意侧重点有所不同。

（1）总述:我向往的地方是西藏。

（2）为什么向往西藏?

××年我和朋友旅游,去过一次西藏,虽然只待了几天,但是从那以后我就爱上了西藏。

（3）介绍西藏的自然风光、人文景观,西藏的饮食文化,西藏的宗教色彩,西藏人的生活,在西藏发生的事情……具体提纲可参考"家乡(或熟悉的地方)""难忘的旅行"。

（4）扩展:自己希望将来在什么时间、什么情况下再去西藏旅游或定居。

(二十七) 让我感动的事情

（1）总述:生活中让人感动的事情有很多很多,但有两件发生在地震中的事,让我有一种刻骨铭心的感动。

（2）列举事例:

地震来临,许多房子一下子塌了下来,有一位妈妈抱着自己几个月大的孩子被困在废墟中,孩子饿得直哭,那位母亲只好把自己的手指扎破流血给孩子喝。等他们被救出来时,孩子还活着,但那位伟大的母亲已经因失血过多而去世了。

地震的时候,一位妈妈抱着孩子正想往外跑,可是房子忽然塌了。就在那一瞬间,妈妈用身子挡住了掉下来的石头,在废墟中她忍着剧痛给孩子留下了最后一封信:"孩子如果你还活着,就记住一句话,妈妈永远爱你。"

(3)总结:这两位母亲真是太伟大了,是她们用自己的生命换回了孩子的生命,这正应了一句话,母爱无价,用金子也买不到!这两件事情已经过去了很多年,可是我仍然记得很清楚,它还将继续留在我心里。它让我感受到了人间的真情,我也会把这种真情继续传播下去,希望所有的人都能感受到这种真情,并把它传下去。

(二十八) 我喜爱的艺术形式

艺术形式可分为造型艺术(美术)、表演艺术(舞蹈、音乐、曲艺、魔术等)、综合艺术(电影、电视剧、戏剧等)和语言艺术(诗歌、散文、小说等)等。

(1)总述:我最喜欢的艺术形式是小说。

(2)最喜欢的是哪一部小说?为什么喜欢这部小说?

如果考生很了解这部小说,可以从小说的写作时间、写作背景、作者等方面切入,然后介绍这部小说的内容,如小说讲述了怎样的故事,小说中有哪些人物,他们之间是什么关系。如果这部小说比较小众,那么考生就有机会将读过的小说故事情节正当地变成自己讲故事的素材。如果这部小说是家喻户晓的,如《红楼梦》《西游记》等,那么就可以简单带过故事情节,更多地谈谈自己喜欢其中的哪个人物,喜欢其中的哪段情节,自己阅读这部小说的感受,这部小说带给自己的改变,等等。

(3)谈谈阅读这部小说时发生的一些故事,比如上学期间,很多学生每天晚上躺在床上读小说,时间长了,就会近视;或者课上偷偷放在课桌里读,被老师发现,受到批评;等等。

(4)扩展:可多准备两部小说备用,如"除了《红楼梦》,我还喜欢林语堂的《京华烟云》……"

备选:美术(国画、油画等)、音乐(流行、摇滚、爵士、古典等)……

(二十九) 我了解的十二生肖

(1)总述:在十二生肖中,我最喜欢的是鼠。

(2)为什么是鼠?

它小巧玲珑、行动敏捷、灵活多变;嗅觉敏感、警惕性高;生命力强、繁殖力强、成活率高。

(3)拓展:鼠排在十二生肖第一位的故事,其他与鼠相关的故事……

备选:牛、虎、兔、龙、蛇、马……

(三十) 学习普通话(或其他语言)的体会

此处以"学习普通话的体会"为例。

（1）为什么要学习普通话？

因为普通话的重要性，普通话是现代汉语的标准语，是沟通不同方言区人们的桥梁。普通话对人们的工作和生活有重要的意义。在工作方面，比如要从事播音主持、话剧表演等工作，需要参加普通话水平测试，达到一级及以上水平；要从事教师行业，需要达到普通话二级甲等及以上水平。在生活方面，现在交通发达，城市之间联系更紧密，人们经常会外出到不同的城市工作、旅游等，要想更好地交流、沟通，就需要使用普通话。

（2）学习普通话的过程和体会。

什么时候开始学习普通话的？在哪里学习？通过课堂、培训班学习还是自学？你觉得学习普通话难不难，和你之前想的一样吗？在学习过程中发现自己的普通话存在哪些问题？声母、韵母、轻声、儿化等哪些部分对自己来讲是最难改正的？准备普通话测试时哪项对你来说是最困难的？（比如很多同学念单字和词语都能基本达到标准，但是在朗读和说话时会带有很强的港台腔。）

"天不怕、地不怕，就怕广东人说普通话"，我在学习普通话的过程中深刻地体会到了这一点。对我来说最困难的发音就是平翘舌音……

（3）扩展：讲讲在学习普通话过程中因普通话不标准闹过的笑话，或发生的一两件趣事。

备选：英语、日语、俄语、西班牙语等。

(三十一) 家庭对个人成长的影响

（1）总述：家庭是个人成长的重要环境，它对个人的影响是深远而持久的。

（2）正面：在健康的家庭环境里，每个家庭成员之间都互相尊重、理解、支持和关爱，能够共同面对生活中的挑战和困难。在这种和谐环境下成长的人会变得积极向上，更有安全感和责任感。

（3）反面：在不良家庭环境中成长的孩子可能会出现焦虑、抑郁、恐惧等情绪问题，还可能导致他们在日常生活和人际交往中遇到困难。

（4）总结：家应该是最温馨的字眼，哪怕在外面再辛苦，回到家里都会被治愈。一个好的家庭环境能给孩子成长提供很大的助力，所以我们应该给孩子们提供一个安全、稳定、充满关爱的环境。

(三十二) 生活中的诚信

考生需注意"生活"二字，例子应多贴近日常生活。

（1）总述：主要讲述诚信的重要性。孔子曾说过"民无信不立"，人没有信用就没有立足之地。如果你想在这个世界上得到人们的信赖与支持，就必须以诚待人，以信交友。

（2）正面：身边的诚信事件，如拾金不昧、诚信考试、一言九鼎等。

（3）反面：生活中没有诚信的负面影响，如考试作弊、言而无信等。

（4）总结：我们在日常生活中应该坚持实事求是，不夸大事实，不歪曲真相，诚实面对自己和他人的问题；对他人信任负责，当他人信任我们时，我们要对自己的行为负责，不辜负他人的信任。

（三十三）谈服饰

针对这一话题,考生可以从以下几个角度展开:服饰在现代社会的重要性(如不同场合对服饰的要求),服饰流行时尚的变化,如何穿着得体,以及自己对名牌、奢侈品的看法,等等。

(1) 服饰的重要性:俗话说"三分长相、七分打扮",现代社会的人们越来越注重服饰了。很多时候,我们看一个人的穿着,就能判断他的年龄、职业、地位、性格等。而且在工作中,不同的场合要求穿着不同风格的服饰,说到这一点,我/我的朋友还闹过一个笑话呢……

(2) 服饰的变化:以前的服装比较保守,现在的服装多元、开放。作为年轻人,我们很愿意尝试新的服装打扮,可是有时我们的长辈却很难接受。我还记得我第一次穿超短裙去奶奶家的情景……

(3) 如何穿着得体:人们对购买和穿戴服饰的态度不一样,有的人勒紧裤腰带,只为买名牌,比如……;有的人吃喝大手大脚,穿得却很邋遢,比如……;我觉得,我们一定要根据自己的经济实力,量力而行。而且每个人的身材有差别,风格气质不同,我觉得要穿着得体美观,就一定要懂得搭配。我平时……,如果有正式的场合,我会……

(4) 扩展:讲讲自己身边的人和事,比如朋友的穿衣风格,哪些人比较会着装打扮等;如果比较关注流行服饰,还可以谈谈这几年的时装风尚变化等。

（三十四）自律与我

(1) 总述:自律的人,总是能严格地要求自己,朝着自己想要的目标奋斗。而不自律的人,往往缺乏毅力和恒心,最终在遗憾和懊悔中放弃和失败。自律和不自律,虽然都是由点点滴滴的小事构成的,但差的却是一整个人生。

(2) 分述:规律作息,坚持锻炼,注意饮食……

(3) 总结:自律,是强者骨子里的本能;而放纵,是弱者永恒的借口。想要得到从未得到过的东西,就要付出前所未有的努力。越努力的人,才能越幸运;越自律的人,才能越成功。

（三十五）对终身学习的看法

(1) 总述:终身学习是一种生活态度,更是我们每个人都应该养成的学习习惯。持续性学习可以提高我们自身的学习效率和能力。

(2) 为什么要终身学习?

学习就像滚雪球,新知识以旧知识为基础,我们所学越多,新旧知识之间的联系也就会越多。新旧知识的联系不断增多后,我们的学习效率和能力也就会逐渐提高。此外,终身学习可以提升我们各方面的竞争力。持续性学习可以不断改变、优化我们的大脑,提升智力水平。

(3) 举例:老人学习智能手机,工作后探索新的领域,关注社会上的新热点……

(4) 总结:"活到老,学到老",每个人都需要终身学习,才能应对当前时代的快速变化。

(三十六) 谈谈卫生与健康

这一题目主要是谈论卫生与健康的关系。考生在概括他们之间的关系后,还应该举例子来支撑整个话题。

(1) 总述:从小父母和老师就告诉我们要讲卫生,"饭前洗洗手,饭后不乱跑,清洁又卫生,身体长得好",讲卫生,少得病。

(2) 举例:但也有句俗话说,"不干不净,吃了没病",我也老拿这句话当借口,可是有一次,我是真的因为不讲卫生吃了亏。我一直很喜欢吃路边烧烤……所以从那以后,我就特别注意卫生了……(如买来的水果一定要仔细地洗过才吃,饭前便后一定洗手,勤洗衣服,勤剪指甲……)

(3) 扩展:整个社会的卫生与健康;食品安全问题,如不良生产商在不卫生的条件下生产食品;公民卫生习惯,如随地吐痰、宠物随地大小便等。也可以针对这些现象提出自己的建议。

(三十七) 对环境保护的认识

谈环境保护既可以从大处着眼,如保护水资源、森林资源、珍稀动植物,减少空气污染,防止水土流失等;也可以从小处着手,如节约用水,减少一次性餐具、塑料袋的使用;还可以联系最新提出的"低碳节能"谈谈自己的认识。

(1) 为什么要保护环境?

人类只有一个地球,一直以来人类不断地从大自然中获取原材料和能源,我们的生活水平提高了,但是大自然也遭到了很大的破坏。如果我们再继续这样只索取不保护的话,我们唯一的家园也将不复存在。(此处可以展开列举全球环境被破坏的一些实例,也可以针对自己家乡或居住地的自然环境变化展开讨论。)

(2) 如何保护环境?

"保护环境,人人有责。"其实,我们能做的有很多。比如尽量不开私家车,乘坐公共交通工具,路途短的话尽量骑自行车,或者走路,这样既可以减少碳排放量,又可以锻炼身体;再比如尽量不使用一次性餐具,像我们大学生就可以用公用餐具在食堂吃饭,或者自己带饭盒到食堂打饭;还有,"限塑令"的提出也是一个非常好的政策,我们购物的时候应该自备购物袋,减少塑料袋的生产和使用;还有双面打印纸张……

(3) 我做过哪些保护环境的事情?

我是一个热衷环保的人,除了在自己的日常生活中坚持环保,我还参加了我们学校的环保社团,我们经常组织一些环保的活动。有一次……

(4) 总结:我会继续坚持环保活动,也希望全社会都能够积极参与环境保护,建设更美好的家园。

(三十八) 谈社会公德(或职业道德)

谈社会公德可以从文明礼貌、助人为乐、爱护公物、保护环境、遵纪守法等角度选取素材;谈职业道德可以从爱岗敬业、诚实守信、办事公道、服务群众、奉献社会、素质修养等方面来谈。

（1）社会公德（职业道德）的重要性。

可以从当前一些社会热点问题切入，如老人摔倒无人扶，食品生产安全无法保证等，从这些问题中我们看到了……

（2）选取社会公德（职业道德）中的一两点表现举例。

我觉得要培养良好的社会公德首先要学会助人为乐，"赠人玫瑰，手有余香"，帮助别人的同时，我们也在收获。还记得有一次……

我觉得职业道德中最基础的就是要诚实守信，老话说"一言九鼎""一诺千金"，无论是为政，还是从商，还是最基本的人际交往，诚信都是根本。但在现在的社会中，很多商家不讲诚信，我就遭遇过一次……（此处也可以从大学生考试作弊现象、诚信交友等方面来谈诚信。）

（3）总结：如果社会上的每个人都有社会公德，每一个行业的工作者都坚守职业道德，那么我们的社会就会更加和谐。

（三十九）对团队精神的理解

团队精神是大局意识、协作精神和服务精神的集中体现。可选取所在的具体团队作为例子，既可以是学校、公司等，也可以是部门、班级、宿舍等，一般来讲，越小越具体的单位与自己关系更密切，比较容易扩展讲述自己与其中成员发生的一些事情。此话题可与"我所在的学校（或公司、团队、其他机构）"相联系，但注意侧重点有所不同。

（1）总述：古人有句话，"人心齐，泰山移"，也就是现在我们常说的"团结就是力量"，这其实都是团队精神的体现。我们所处的时代是一个需要团队精神的时代，而学校就是一个大的团队，在很多方面都需要具备团队精神。

（2）在学校中体现团队精神的事情。

同学之间的和谐相处、班级间的协同合作、运动会队伍的勇猛拼搏……

（3）总结：没有团队精神的集体就像一盘散沙，没有凝聚力，即使用力攥在手里也会一点点从指缝中滑落。但是如果在沙子中加入水，沙子就会变湿，聚成一块，捏起来也不会散落。团队精神对于一个集体来说，就如同水对于沙子一样重要，可以起到黏合剂的作用，使集体中的每一员都能紧紧团结在一起。有了团队精神的集体才会有凝聚力，也才更加有竞争力。

（四十）谈中国传统文化

中国传统文化有好有坏，可以分别谈谈其精华与糟粕，或只选其一详谈。

（1）总述：面对中国传统文化，我们应该取其精华去其糟粕，大力继承并弘扬中华优秀传统文化。在中国新文化的建设上，必须坚持继承、吸收、创新。

（2）正面：中国传统文化中的精华，如中华民族的传统美德"智、信、忠、孝、礼、义、廉、耻"、中医、书法、剪纸等。（此处可与"谈传统美德"相联系）

（3）反面：中国传统文化中的糟粕，如封建等级、男尊女卑、裹脚。

(4) 总结：总而言之，我们必须继承和弘扬中国的优秀传统文化，并在此基础上，建设出属于新时代中国的新型文化。

（四十一）科技发展与社会生活

这个话题要讨论科技发展给社会生活带来的变化，比较偏向议论文，一般来讲，可以从正反两个方面来阐述。为了保证说话的流畅度和时长，应该在两个方面中加入一些事例。

(1) 总述：邓小平同志说过"科技是第一生产力"。从古到今，科技发展推动了人类社会从农耕社会发展到工业社会，使人类的物质生活、精神生活都得到了极大的提高。

(2) 正面：可以从吃、穿、住、行，以及工作、娱乐、通信等方面来介绍，从中选取一方面举几个例子，如"通信方面最能体现科技发展的就是现在的手机，以前的手机……，现在的手机……，拿华为手机来说……"

(3) 反面：虽然科技发展极大地方便了人们的生活水平，可是如果人们利用不当，也会出现一些问题，比如青少年沉迷网络、人际交往能力差、产生一些新型的疾病等。如"网络在现代社会中已经成为不可或缺的一部分，但是利用不当也会出现问题，比如青少年沉迷网络的现象，很多家长都非常头疼。我有一个表弟……"

(4) 总结：无论如何，随着科技的发展，人们的社会生活一定也会越来越丰富。同时我们也要重视科技发展带来的问题，寻找方法尽量解决，让科技发展更好地为人类生活服务。

（四十二）谈个人修养

(1) 个人修养指的是什么？

我所理解的个人修养，就是一个人综合素质、综合能力的体现，既包括一个人的知识、艺术、思想所达到的水平，也包括一个人的为人处世和待人接物方式。

(2) 良好的个人修养的重要性？如何培养良好的个人修养？

良好的个人修养是一个人成功的重要因素，它也会使人心情愉快、工作顺利、生活幸福。如果每个人都能不断提高自己的个人修养，那么就更有利于社会和谐、社会进步了。我觉得要提高个人修养，在日常生活中就要注意谦虚、宽容、感恩。（可以就其中的一点举例展开）

(3) 有关谦虚、宽容、感恩的正反事例。

我觉得宽容在人们的日常生活中是非常重要的，俗话说"退一步海阔天空"。有一次……

我觉得感恩是现在社会中人们缺少的一种修养，我在网上看到过一条新闻，一个留学日本的孩子因为母亲拒绝给他留学的学费和生活费，就……

备选：诚信、谦虚、戒骄戒躁、不卑不亢、平和的心态等。

（四十三）对幸福的理解

(1) 总述：每个人对幸福的理解都是不一样的，对穷人而言，吃饱就是幸福；对盲人而言,看见就是幸福;对病人而言,健康就是幸福。而我认为人生最大的幸福莫过于三件事——家庭幸福、身体健康、生活充实。

(2)分述:

家庭幸福:家对于我们每个人来说,是一辈子的港湾,一个温馨的家庭可以给我们带来无尽的关爱和支持,让我们在困难和挫折面前不轻言放弃。(此处可与"家庭对个人成长的影响"相联系)

身体健康:身体是革命的本钱,一个健康的身体是实现幸福的第一步。我们需要养成良好的生活习惯,注意饮食和运动,以保持身体的健康和活力。只有在身体健康的情况下,我们才能更好地享受生活,实现自己的梦想。

生活充实:生活需要有所追求,有所成就,才能让我们感到满足和幸福。我们需要有自己的理想和目标,并付诸努力去实现它们。无论是事业上的成功,还是生活中的幸福小事,都是我们充实生活的体现。只有充实的生活,才能让我们感受到人生的价值和意义。

(3)总结:人生幸福的秘诀并不复杂,它就在我们的生活中。我们需要珍惜自己的家庭和身体,追求充实的生活。这三件事虽然看似简单,但它们却是人生最大的幸福所在。让我们用心去经营它们,让自己的生活变得更加美好吧!

(四十四)如何保持良好的心态

(1)总述:心态可以决定一个人的成败,保持好的心态对我们每个人都非常的重要。

(2)分述:

保持一颗平常心:以平常心对待任何事情,不纠结已经发生的事,不计较鸡毛蒜皮的小事。

知足常乐,少攀比:人的欲望是永无止境的,当我们被欲望控制时,人很难快乐,学会知足,珍惜所拥有的,才能保持心情舒畅。

目标清晰:当我们清楚地知道自己想要什么,想成为什么人时,才会知道自己该做什么,才会更加专注于自己,才不会把目光和专注力总是放在别人身上,才可以更好地在这个浮躁的世界里以平和的心态笃定前行。

学会正向换位思考:如果我是对方,我希望得到怎样的反应和答复。尤其当遇到不如意之事时,给对方假设一个善意的理由或者给自己一个正面的激励,反而能更快乐地解决很多事情。

降低期望值:对任何事情我们都要做到全力以赴,争取最好的结果,但要适当减少预期,要有承受最坏结果的勇气和能力,真正享受过程中的成长和价值。

(3)总结:"人生不如意十有八九",没有完美的人生,只有更好的心态。遇事不钻牛角尖,懂得接受生命里的不完美,日子才会过得从容惬意,生活也就会多一分顺心愉悦。

(四十五)对垃圾分类的认识

这个话题与"对环境保护的认识"关联度很高,可以相联系准备,只要着重讲述垃圾分类即可,其他方面可略作拓展,具体提纲参见"对环境保护的认识"。

（四十六）网络时代的生活

考生可具体从一个角度谈网络时代给生活带来的便利，也可从"网络是一把双刃剑"谈起，例子应贴近生活。

（1）总述：网络是一把双刃剑。例如网购，以前购物，总是要留出一个周末，列好清单，从一个商场逛到另一个商场，看样式、比价格、试穿、试用、讨价还价，一天下来，回到家十分疲累。现在有了网络，加上快递业务的发达，几乎所有东西都可以从网上买，淘宝有一句广告词"没人上街，不等于没人逛街"说得很到位。网购已经占据了很大的市场，有很多优点，但也有一些不足之处。

（2）优点：不用出门，网上购买，快递送货上门，省时、省力、省交通费；价格便宜，款式多样，多家店铺，方便比较；购物评价可以让你参考其他顾客对已购商品的评价信息；等等。

（3）不足：网上以图片、视频为主要信息来源，难辨真假；不能当场试穿、试用，无法真正体验产品是否合适；网上交易安全问题；等等；

（4）扩展：谈谈自己的第一次网购经历。"我现在已经是网购大军中的一员，也经常推荐朋友网购，不过我第一次网购时还是很担心的。我第一次网购是在读大学的时候……"

备选：外卖、新闻、娱乐活动……

（四十七）对美的看法

（1）总述：花，美在色彩；天，美在清澈；云，美在纯洁；山，美在巍峨。自然之美，源于这些美丽的景物；自然之美，源于这些美丽的永恒。

（2）谈自然中的美。此处可与"我喜欢的季节（或天气）"相联系。

（3）总结：大自然的美，在每一滴水，每一棵树，每一朵花，每一株小草和每一块石头中。大自然的美需要我们投入它宽广的怀抱，全身心地领悟，领悟它内在的独特的美，领悟人生，领悟哲理。

备选：社会之美、人性之美……

（四十八）谈传统美德

（1）总述："仁、义、礼、智、信"是中华民族传统美德的核心价值理念和基本要求，他们之间相互关联、相互依存、相互支撑，共同构成了中华民族传统美德大厦的根基。（此处可与"谈中华传统文化"相联系）

（2）分述（可以就其中的一点举例展开）：

"仁"指同情、关心和爱护这样的心态，即"仁爱之心"。这是人与人之间互相关怀、互相尊重和互相爱护的情感，是世间万物共生、和谐相处、协调发展的一种道德规范。

"义"指正当、正直和道义这样的气节，即"正义之气"。这是超越自我、正视现实、仗义公道的做人态度。

"礼"指礼仪、礼貌和礼节这样的规矩，即"礼仪之规"。这是建立人际关系、社会秩序的一种标准和规则。

"智"指辨是非、明善恶和知己识人这样的能力,即"智谋之力"。这是人认识自己、了解社会、解决矛盾、处理问题的眼光和能力。

"信"指诚实守信、坚定可靠、相互信赖这样的品行,即"诚信之品"。这是人们交往和处事的道德准则。

(3)总结:"仁、义、礼、智、信"带动整个社会道德体系的发展和社会道德水平的提升,在整个中华民族传统美德中具有重要地位。

(四十九)对亲情(或友情、爱情)的理解
此处以"对友情的理解"为例。

(1)总述:友情,是人生最珍贵的感情之一。岁月如海,友情如歌,我们要好好珍惜友情,善待朋友,感恩生活。

(2)讲述自己与朋友间的故事。(此处可与"朋友"相联系)

(3)总结:友谊是人类的美好情感,愿每个人都珍惜纯真的友谊。

(五十)小家、大家与国家
(1)总述:家是最小国,国是千万家。家庭不只是人们身体的住处,更是人们心灵的归宿。国家富强,民族复兴,最终要体现在千千万万个家庭都幸福美满上,体现在亿万人民生活不断改善上。

(2)举例:假期仍坚守在岗位的打工人、默默付出的军嫂……

(3)总结:历史和现实告诉我们,家庭的前途命运同国家和民族的前途命运紧密相连。我们要认识到,千家万户都好,国家才能好,民族才能好。

第五章　教师语言

第一节　教师语言概述

一、教师语言的含义

语言是教师从事教学工作最主要的媒介,不管现代技术手段如何发展,教育教学如何改革,教师语言始终存在于学校教育中,教师语言在传播知识方面有着不可替代的作用。

人们对语言本质的认识:一是把语言局限于人的范畴,认为只有人才有语言;二是把语言理解为语音、词汇、语法的总和。如果从传递信息、表达思想感情的工具这一角度看,语言并非人类独有。其实地球上的其他物种也会用自己特有的方式相互传递信息、交流思想感情。实践证明,学会一门语言,首先要掌握语言的三要素;但只掌握语音、词汇、语法,并不一定能在生活中顺畅地进行信息交流,准确地表达思想情感。即使在生活中能顺畅地进行信息交流,准确地表达思想情感,但站在讲台上你也不一定能让学生听懂、学会你所讲授的知识,也不一定能达到"传道、授业、解惑"的目的。教师语言既具有一般语言的特性,又具有自身独特的职业特性,需要进行专门的学习和训练。

我们知道语言主要分为广义的语言和狭义的语言,广义的语言指有声语言与无声语言的总和,狭义的语言专指有声语言。当然,对于语言的分类目前没有确切的定论,仁者见仁,智者见智。例如《教师语言纲要》[①]一书认为教师语言包括教师的口语、书面语、体态语言,教师的批语等,把教师工作中使用的有声语言和无声语言,无论是口语还是书面语,都纳入教师语言里面。教师语言细分起来很复杂,比如同样一句话,声音的高低、快慢不同,语调不同,所表达的语义会有所不同。而把语言分为广义的语言和狭义的语言有益于我们更好地理解教师语言。本书内容以有声语言为主,重点训练教师的口语表达。

无声语言可以分为体态语言、时空语言和物体语言。

有声语言可以分为低级、中级、高级三个阶段。

教师语言属于广义语言,是有声语言与无声语言的总和。教师语言是高级语言,包含

---

① 蒋同林、崔达送:《教师语言纲要》,华语教学出版社,2001年版。

高级有声语言。高级有声语言是指有文字的,有系统完善的语音、词汇和语法结构的有声语言,是一种发达阶段的有声语言。这种高级的有声语言在无声语言的辅助下表意更准确,表情更丰富。

　　教师语言是以学生为交流对象,以教育学生、传授知识为目的而采用的以口头语言为主的广义语言形式。教师语言最重要的是课堂教学语言,它是教师在具体的教学环境里,有明确的教学任务,有特定的教学对象,采用规定的教材,运用一定的方法,在规定的时间内实现教育教学目的,引导学生在理解掌握知识、开发提升智力、培养提高品质的活动中使用的语言。它既不是纯粹性的书面语言,也不是普通的日常口语,而是口语化的书面语。

二、教师语言的类型

(一) 有声语言

　　教学语言是教师教学的工作用语。在教学的不同环节,教学语言又分为导入语、讲授语、过渡语、提问语、小结语等。

　　教育语言是教师根据党的教育方针,对学生进行思想品德、行为规范教育的工作用语。教育语言对提高学生认识水平、培养学生良好品德情操、调整学生人际关系、开发学生智力有直接重要的作用。

　　访谈语言主要指教师与家长的谈话。家长是教师的主要合作者,教师与家长的谈话是间接影响教育效果的不可忽视的一环。教师与家长的谈话,包括在家长会上的讲话、家访(包括电话家访等)、接待家长来访等。

(二) 无声语言

　　体态语言是口语交际活动的辅助手段,是通过身姿、手势、表情、眼神等非语音因素传递信息的一种言语辅助形式。

　　时空语言就是利用时间和空间因素来辅助表情达意的一种暗示的语言。时间语言表达某种态度,可以调节师生之间关系的亲疏,比如超前回答、延迟对答,又如提前到达、准时赴约等。空间语言显示某种关系,可以调整师生之间关系的好坏,包括交流环境、相对位置和距离。

　　物体语言是指具体的有装饰表意作用的随身携带的物品,如戒指、眼镜、小提包等。这些物品没有直接参与表意,但它们可以显示人的文化品位的高低,既有一般物品的应用价值,又有语言的表意功能。

　　有声语言、无声语言构成了教师语言的全貌。有声语言是教师语言的主体,无声语言是教师语言的辅助表达手段,二者缺一不可。

　　教师的语言表达能力可以通过复述、解说、朗读、演讲、辩论等方式进行训练。

　　有声语言的表达形式可以分为原发型和再现型两类。无凭借文字材料的现想现说属于原发型口语,凭借文字材料的口语表达属于再现型口语。原发型口语的特点是说什么、说多少、怎么说,完全由说者临时酌定,自由度高,真切感强。但是,当我们做一个相对完整的表达时,如果没有充分准备,要把话说得准确、清晰、流畅、得体,有时就不太容易。为了推动这种口语能力的形成,我们把凭借文字材料的口语表达作为训练的初级手段。由于有了文字凭借,难度相对降低,就能够较快取得训练的成效。当我们能较快地对文字材料进行口语化的转换和加工,真切自然地再现出文字材料的话语情态时,再经过必要的训练,就能比较容易形成不凭借文字材料现想现说的能力。

三、教师口语的特点

教师的口头语言,简称教师口语。它是以普通话为基础,符合教育教学规律的职业语言。教师职业口语的特点是由教师工作的性质、任务、对象决定的,同时也受到教师工作的环境等其他因素的制约。教师的职业特点要求教师语言具有规范性、科学性和可接受性。其中,教学口语是教师在教学过程中用来"传道、授业、解惑"的工作用语,即教师在教学过程中,根据学生的特点和教学内容的需要,以传授知识、培养能力、进行思想教育为目的而使用的一种工作语言;是教师精心组织的富有知识信息和审美价值的课堂语言;也是带有教师本人创造风格的个性化语言。因此,教学口语的特点要求教师口语具有传授性、启发性、教育性。教师的劳动对象是人,而从精神、文化、社会等各个层面看,人都是复杂的,所以培养复杂的人的教师使用的语言也具有复杂性。

(一) 规范性、科学性、可接受性

1. 规范性

教师口语的规范性,是由教师工作的性质决定的。作为人类灵魂的工程师,"为人师表"是最基本的要求,口语的示范作用就是重要的一方面。青少年学生对教师有崇敬感和信任感,喜欢模仿老师的一言一行,教师的言传身教时时刻刻都影响、感染着学生。如果说教师的行为是无声的语言、有形的榜样,那么教师的语言就是有声的行动、无形的楷模。教师口语的示范、楷模作用,决定了教师口语必须力求规范。

教师口语应当是标准的或比较标准的普通话。由于教师经常在教室或更大场所中对大众讲话,因此要求声音有一定力度,洪亮、持久而且强韧,语流通畅,节奏明快,慢而不拖沓,快而不杂乱,语调自然、适度。

用语规范还表现在遣词造句要符合普通话的规则和现代汉语的表达规律。无论叙事状物、说理抒情,都要做到用词恰当、条理清楚、表达得体。

教师口语,特别是教学口语,由于受到空间、时间和教学内容的制约,必须避免冗长、啰唆或者随兴趣爱好东拉西扯、任意延伸,而应做到简约、规范。规范,还包括语言的纯洁性。要杜绝污言秽语,避免口头禅,学会使用礼貌用语,做到文明高雅。

教师口语是有声语言和体态语言的有机结合。适当的体态语言可以提高口语表达的形象性和感染力,但是过多或过分的表情动作也会分散学生的注意,造成适得其反的效果。体态语言的规范性,就是要做到适时和适度。

2. 科学性

在学校工作中,教育教学内容和方法的科学性,决定了教师职业口语的科学性。无论是教学口语还是教育口语,都要求概念准确,判断表达科学,推理合乎逻辑,解说符合客观事物的实际,讲知识确凿无误,说道理实实在在。

教学口语如果不科学,讲授不准确,用语失误,那就会产生歧义或让学生误解,结果是违背了教学的本意,不仅达不到预期的教育效果,还会损害教师的形象。因此,科学、准确,是教师职业口语的基本要求。

3. 可接受性

教师职业口语必须具有可接受性的特点,这是由教师工作的对象决定的。教师口语是针对特定对象,为达到特定的教育教学目的而运用的口语,其效果优劣很大程度上取决于学生领悟与接受的情况。教师口语要为学生所容易接受、乐于接受、心领神会,必须具有可接受性。

可接受性首先表现为教师口语必须针对学生不同的年龄特征、心理需求、知识水平而有所变化,以充分发挥启发诱导作用,达到最佳的教育教学效果。比如,对小学生讲的话语,要尽可能浅显、明朗、形象;而对初高中学生讲的话语,则可以严密、深刻、富有哲理一些。

教师职业口语的可接受性还表现在不同类型的口语由于运用目的不同而体现出不同的特点。比如教学口语体现出知识性、鲜明性、制约性、调控性等特点,而教育口语则具有针对性、诱导性、说理性、感染性等特点。不同类型的教师口语显示出不同的特点,说明教师口语的运用具有较强的针对性,因而更容易为学生所接受。

教师职业口语的可接受性也表现为在不同学科教学中体现不同的语言特点,如文科用语的形象性、情感性,理科用语的准确性、逻辑性,技能科用语的指令性、演示性等。此外,还表现为对不同个性、不同水平、不同态度的学生运用不同的语言策略,呈现不同的言语特征,等等。

（二）传授性、启发性、教育性

1. 传授性

教师传授的知识多是系统的知识,每一门学科都有一套特定的概念、术语,知识点之间又有着内在的逻辑联系。这就要求教师做到:用语要规范,话语要确切,能准确无误地表述每一个概念的内涵与外延,每一个公式的条件和运用。不能信口开河地下定义,不能想当然地解释一个词语,不能含含糊糊地阐释某个定理,不能口气游移地讲说。要求说话语意肯定,语气恳切,语脉有条理,没有废话。教师只有严格地使用规范的、饱含知识信息的教学口语进行教学,才能使学生掌握比较扎实的基础知识,逐级深造,最终走向社会。

2. 启发性

教师口语的启发性,是指教师根据教学的规律和学生的发展特点、需要,运用适时而巧妙的话语给学生以启迪、开导和点拨。运用启发性教师口语的主要策略有:

（1）话不说透,留有空白。

话语要含蓄一些,在学生想知而不知时,加以诱导式的讲说,不要把知识点和问题说完说尽,要给学生以思考的时间和余地。

（2）适时提问,启发思考。

恰当地运用提问语、设问语和反问语,调动学生积极思考,开动脑筋去求知、求解。

〔示例〕

一位物理教师讲阿基米德定律时,提出这样一个问题:"木块放在水里为什么总是浮在水面上? 铁块放在水里为什么总是下沉呢?"

学生凭着经验不假思索地回答说:"因为铁块重吗?"

教师立即反问:"那么一斤重的铁块和一斤重的木块都放在水里,为什么铁块沉下去了,木块却浮上来了呢?"

教师继续反问:"钢铁巨轮重不重? 可又为什么能浮在大海上呢?"

〔评析〕

讲阿基米德定律当然可以从正面讲,但这位教师为了启发学生思考,创设求知的氛围,巧妙地运用了提问语和反问语,把学生带入一个主动探索知识的情境中,这当然会引发学生的学习兴趣。

（3）多方位、多角度设计启发语。

正面例证启发语——举出著名科学家、文学家的事例对学生进行启发。反面例证启发语——针对学生学习某个概念、定理时容易发生的错误,设计一些"陷阱"式问题,看学生是否答错,然后引导他们走出误区。它常常比正面例证启发语更富有启迪作用。指引性启发语——设计一些启发学生思考方向的话,引导学生解决问题、摆脱困境。展望性启发语——设计一些描述解决问题前景的话,使学生产生兴趣,并朝这种前景努力。探究性启发语——当讲到某一个难点时,设计一种鼓励学生去探究的话语,或提出一些设想,或提出一些线索,让学生兴致勃发,从而进行创造性的思考。

3. 教育性

教师口语的教育性,是指教师在运用口语施教时,时刻不能忘记话语对学生所产生的影响。教师口语丰富的教育性,是教师职业语言的根本要求。

教学内容本身就具有相当丰富的思想教育因素。教师在运用口语传授知识的同时,应当激发学生高尚的情感,唤起他们对理想的追求,以便进行爱国主义教育和社会主义的思想品德教育。

运用教育性教师口语要做到:

（1）有明确的教育目的。

教师备课时就要想到结合教学内容进行哪些教育,怎样设计好这段教育性的话语。比如,都德《最后一课》里描写的韩麦尔先生给学生讲最后一堂法语课的情景:"他(韩麦尔)说,法国语言是世界上最美的语言——最明白、最精确;又说,我们必须把它牢记在心里,永远别忘了它。亡了国当了奴隶的人们,只要牢牢记住他们的语言,就好像拿着一把打开监狱大门的钥匙。"韩麦尔的话,激发了许多学生的爱国主义情感,起到了很好的教育作用。

（2）有深刻的情感体验。

教师口语的教育性不是外加的教育性"佐料"，而是教师在钻研教材过程中获得了真切的情感体验，再用饱含教育因素与激情的话语讲出来。特级教师于漪在教每一篇课文时，都要体会作者的思想感情。她在备《周总理，你在哪里?》这篇课文时，想到周总理日夜操劳的一生，想到周总理关心人民疾苦，到临终时还关照要把自己的骨灰撒到大江南北。她想到这一切，心都碎了，情不自禁地哭了。因此，于漪在讲授这篇课文时，饱含激情的话语句句叩击着学生的心弦，使学生耳边仿佛响起高亢悲壮的旋律，进入山谷回响、大海呼啸的境界，使学生在教育性口语的感召下受到深刻的思想教育。

（3）在教学过程中使用正面教育的话语。

青少年学生活泼好动，年少气盛，而且气质各异，水平不一，在课堂上有时会调皮，恶作剧，甚至会顶撞教师。这时，教师的态度要冷静，用语要慎重，切不可采用下列话语：

驱逐式，如："你再在课堂上捣乱，我就请你出去!"

罢课式，如："你们再讲话，我下次就不来上课了! 你们另请高明吧!"

挑拨式，如："你们看看，这堂课全让他给搅和乱了，你们说说，对这样的同学怎么办?"

记账式，如："不听话是不是? 我这时先不理你，早晚和你算账。跑得了初一，你躲不过十五!"

预言式，如："我看你呀，是天生的大笨蛋。不是我诅咒你，你这人压根儿就不是学习的料儿!"

告状式，如："好! 你不听话是吗? 走! 跟我去找教导主任! 放学后，再把你爹妈找来!"

挑战式，如："在课堂上是你说了算，还是我当老师的说了算? 今天我要治不服你，我就不姓张了!"

挖苦式，如："同学们你们看，这位同学的脸皮可有多厚? 也不知道爹妈怎么生的他!"

由于语言习得受到学习者心理、生理、智力以及其所处社会、文化环境等因素的影响，因此，语言习得过程是复杂的、动态的、自我组织的、不断演变且不可预测的。如果把语言习得过程看成一个动态的过程，学习者的学习效率就会受到多方面因素的影响，有些是主观的，有些是客观的。那么教师在课堂上所讲的内容就不一定会被学生同等程度地接受，也不可能所有学生在同样的时间内都会接受。

教师语言自身的独特性，决定了教师语言训练的独特内容。要想成为一名合格的人民教师，说话声音要响亮，表达要清晰流畅；要善于和不同类型的人交流合作；思维要敏捷、灵活、深刻、新颖；要有良好的心理素质、较强的表达能力；要了解教师语言的本质及传播机制；专业基础知识牢固；要有丰富的专业知识，学识渊博。

四、教师语言训练的目的

（一）增强语言规范意识

"国家推广全国通用的普通话"是我国的一项基本国策。普通话是教师的职业语言，教师是普通话推广的中坚力量。只有把学校这一环节抓好,才能保证在全社会逐步普及普通话,增强全社会的语言规范意识。学校推广普通话的工作只有通过教学才能得到保证。教师语言承担着不可替代的使命。

(二) 提高口语表达水平,培养合格师资

教师语言能力的训练,旨在提高口语表达技能。针对教师职业的特殊需要,培养训练其口语表达的技能技巧,能提高其语言素质,为社会培养合格的教师。

(三) 提高全民素质

推广和普及民族共同语,是提高全民素质的重要途径。历史已经证明,加强语言文字的规范化、标准化,对社会发展、政治稳定、民族团结、科技进步、文化交流都具有重要意义。

五、教师语言训练的任务、要求与规则

(一) 任务

教师能用标准或比较标准的普通话从事教育教学工作,能熟练运用教师职业语言,科学有效地完成教育教学任务,并能对中小学生的口语表达进行指导。

(二) 要求

在普通话训练的基础上,重点进行用气发声、共鸣控制和吐字归音训练,一般口语交际训练,思维品质训练,口语交际中心理素质训练,教师语言的表达训练,了解教师语言的本质及传播机制。一般口语交际是社会人际交往中基本的口头言语活动,是适应现代社会发展需要的重要能力,是普通话训练的继续和深化,是教师职业口语训练的基础。教师职业口语训练是一般口语训练的提高和扩展。具体要求如下:

(1) 清晰、准确、流畅、得体,自然大方地进行语言表达,有一定的应变能力。
(2) 养成良好的听话、说话习惯,增强训练的自觉性。
(3) 初步掌握基本的教育、教学工作用语,做到科学、严谨、简明、生动,具有启发性。

(三) 规则

(1) 理论指导与教师示范、学生训练相结合,教学相长。
(2) 课堂学习与第二课堂活动开展相结合,德智并进。
(3) 课程学习与不同专业教学法相结合,学以致用。

六、语文教师课堂教学语言的功能、分类与特点

语文教师课堂教学语言的功能、分类与特点如表 5-1 所示。

表 5-1 语文教师课堂教学语言的功能、分类与特点

功能	表意	传授语文知识,培养学生的能力
	传情	表达内心情感,提高语文课堂的教学效率
	教育	进行思想教育,提高学生的道德情操
	指示	通过询问引导学生,激发学生的创造性思维
	示范	通过示范,培养学生的语言表达能力
	交际	和学生交流、沟通,构建和谐的语文课堂
分类	组织类	导入语、过渡语、结束语
	讲课类	讲授语、分析语、抒发语
	问题类	提问语、引导语、评价语
	教育类	赞扬语、批评语、评论语
特点	规范性	使用标准的普通话
		词汇、语法合乎规范
		表达有较强的逻辑性
	独特性	融入真挚的情感
		语言生动、幽默
		蕴含艺术美感
	文化性	丰富的文化底蕴
		高雅的文化品位
		强烈的文化观念
	教育性	传授知识

第二节 口语交际

人无时无刻不在参与交际,无时无刻不在向周围的人发出信息,即使不说话、不出门,也会以各种形式不断发送着信息。不管自觉还是不自觉,愿意还是不愿意,人们都在以不同的方式存在于个人与个人、个人与群体、群体与群体之间编织的交际网里,接收或发送

各种信息。因此,生存在社会里的人,绝不可以采取逃避式的态度,而要采取积极的态度面对生活、面对交际。选择什么样的态度面对生活、面对交际,选择什么样的交际方式要受个人的性格、爱好、知识水平、职业、社会地位、生活经历、心理素质、民族、风俗习惯、思维方式等限制。不同的人交际方式不一样,世界上没有交际方式完全一样的两个人,也更不会有现成的方式套用。

社会交往活动的重要工具是口语。随着改革开放和现代化建设的进一步发展,作为以传递信息、交流思想、表达感情为主要目的的交际口语,则显得尤为重要。它是连接个人与个人、个人与群体、群体与群体之间的桥梁。交际口语成为现代人争取事业成功和求得生活快乐的不可缺少的工具。

要想学好交际口语,首先要了解交际口语的特点,还要了解交际活动的发起人即"主动者"和接受人即"受动者"之间的关系。交际口语形成的过程是"编码过程",是影响口语交际目的的因素。教师要了解交际中的"受动者"更深层次的东西,也就是"受动者"延伸的部分,即"解码过程"。其次还要进行大量必要的口语技能训练。如果只了解口语交际的一般性知识,而不去进行必要的口语技能训练,就会成为"只说不练的假把式"。

一、口语的含义与特点

(一) 口语的含义

口语就是口头言语,是在口头上使用的语言。口语是凭借语音传递信息、交流思想和感情的一种言语形式。人们说出的话是言语作品,说话是指人的言语行为。学习口语可以通过模仿和借鉴言语作品,但这不是我们学习口语的主要目的。口语课主要是弄清楚说话、听话的机制和过程,学习为了达到不同的目的和效果,怎样在不同语境中随机应变地说话和听话。说话是为了给人听的,没有人听的话没有意义;有时听了还要针对听到的再去说。以下我们所说的口语,是标准的汉语口语,用的是国家推广的普通话。

(二) 口语的特点

1. 有声性

口语主要利用人的发音器官和听觉器官,靠字音、整句话高低快慢的变化和各种特殊的语调表达感情和传递信息,是由语音表现的音节、词、句构成的传情达意系统。

2. 即时性

口语常常是说者现想现说的,来不及仔细考虑,词语选择推敲不够,句子往往比较短,句子结构简单甚至不完整,有"呃,呃""这个,这个"等。有时会重复、脱节、补充、插说,同时说出去的话像泼出去的水一样,收不回来。对记忆力要求很高,因为后面的话还没听(说)清,前面的已经消失,有顾前顾不了后的感觉。要求听者快速地把对方说的话转换成认知,要求说者尽快把思维转换成言语。

3. 情景性

口语交际是面对面的交往,有特定的情景。有时不用语言或不用完整的句子,彼此也可以意会。有时说出个别词就能代替全句,甚至一个面部表情或沉默不语也能使对方了解你的思想和感情。

4. 多变性

对话中的内容和过程,由听说双方共同来调节。对话中,时而聊天、座谈,时而辩论、质疑,时而反驳、回答……由于双方的积极参与,都以对方的质疑、反驳、回答、补充为刺激,这就要求听说双方要随机应变,因情制宜。教师讲课时,要根据学生的反应,来调整自己的表达方式和内容。

5. 复合性

口语是广义语言,要经常借助非语言因素如手势、表情等的帮助。听者不仅要听语音,辨语意,还必须察言观色,要调用所有的感觉器官。因此它具有复合性。

二、口语交际的含义与特点

(一) 口语交际的含义

什么是口语交际呢?我们先分析一下口语交际现象。一次实在的口语交际,首先必须有一个言语主体"人"。不管这些人是说还是听,都必须有个具体的说或听的目的,没有目的的交谈是没有意义的。而为了达到这个目的,得考虑怎样说,也就是要思考怎么选择词语,怎么组成句子和采取什么方式说出去才能使对方接受,进而使对方产生相应的行为。

从这些情况看,所谓口语交际就是特定的人(包括听、说双方),在特定的语境里,为了特定目的,运用语言手段,选择适当的内容和方式组成话语,传递信息,交流思想和感情的一种言语活动。

(二) 口语交际的特点

1. 面对面的信息交流活动

口语交际是在同一时间、同一地点(打电话等除外)进行的。听说双方都要不断发出和接收信息,听说双方的地位也在不停地转换。即使是独白言语,比如做报告、讲演、讲课等,说者在较长时间里是在独自进行表达,其他人只做听众,但它仍是听说双方之间信息沟通的过程,也是相互影响的过程。因此,口语交际是面对面的信息交流活动。

2. 复合行为

口语交际是听说双方在不断变化的语境中,运用语言因素和非语言因素以达到交际目的的复杂的复合行为。

任何一次口语交际,不管你想达到什么目的,都必须随机应变地处理好四个要素。一是交际活动的参与者,即谁在参与这项交际活动;二是这次交际活动参加者的动机,即对交际活动起支配作用的愿望和目的;三是运用语言规则和使用体态语言;四是交际的具体环境。"运用语言规则和使用体态语言"是口语交际的核心,因为交际之所以能进行,就是靠使用语言。交际活动的参与者、交际活动者的动机、交际的具体环境不是语言因素,但对语言的使用起着制约和补充的作用。

3. 情感交流最为直接

在口语交际中,不仅可以通过语音的变化来表达,而且可以通过目光、面部表情、手势、点头、摇头、耸肩、身体倾斜、前俯后仰、沉默等非语言手段来表达。这些生动活泼的情感交流是书面语交际所没有的。

三、口语交际的过程与学习口语交际的目的

(一) 口语交际的过程

说明:从图 5-1 左端开始,第一个语言学平面是"编码"阶段,第一个生理学平面是"发码"阶段,声学平面是"传码"阶段。第二个生理学平面是"收码"阶段,第二个语言学平面是"解码"阶段。

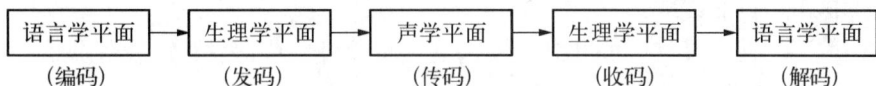

语言学平面 → 生理学平面 → 声学平面 → 生理学平面 → 语言学平面
（编码）　　　（发码）　　　（传码）　　　（收码）　　　（解码）

图 5-1　口语交际过程

了解图 5-1 所示的口语交际过程,对学习口语交际具有非常重要的意义。

口语交际首先要确定交际目的,然后根据目的选择适当词语来组成话语。用信息论的说法来说就是"编码"。组织好话语后要用发音器官说出,就是"发码"。话说出去后,声波通过空气向听者输送,是"传码"。听者通过听觉器官接收对方发出的言语声波,是"收码"。听者把接收到的言语声波经过大脑辨识还原为思想内容,是"解码"。整个过程由编码—发码—传码—收码—解码五个环节构成。这五个环节是单向的。

上述五个环节中任何一个环节出了毛病,都会影响交际效果,如找不到合适的词语、话语不清晰、听话能力低下等,都达不到交际的目的。

(二) 学习口语交际的目的

由于时间宝贵,而事情又日益繁多,人们的工作和生活节奏加快,这就要求人们的口语必须清楚明白,用较少时间表达较多的意思,只有这样才能节省时间,提高效率。社会信息化突飞猛进,现代传声技术飞快发展,人机对话已成为一种新的信息传递和交流方式,这就要求人们说话要清楚、准确、简明、周密、规范。

教师对学生进行教学和教育,实际上也是一种交际,教师要引导学生,学生也会不断向教师反馈信息,从而影响教师。因此,教师大量的职业行为,就是同学生进行口语交际。一般口语交际的原理和规律对各行各业的从业人员都具有普遍意义,对教师当然也不例外。

四、内语境和外语境

言语环境就口语交际来说,一是言谈的"前言后语"。前言后语是就言语内部组织而

言的,有人称为内语境。二是指非语言内部的语境,叫外语境。外语境可分为两方面:一方面是指言语中的现实语境因素,如时间、地点、场合、对象等,以及使用语言的人的身份、思想、性格、职业、修养、处境、心情等;另一方面则是指社会背景因素,比如时代特点、社会性质、社会文化习俗等。

第三节　体态语言

一、体态语言的含义与作用

(一) 体态语言的含义

体态语言是口语交际活动的辅助手段,是一种通过手势、表情、眼神等非语言因素传递信息的言语辅助形式,又称为态势语。一次成功的课堂教学,就是一次成功的口语交际,成功的口语交际依赖于好的有声语言,依赖于自然、得体的体态语言。一堂优秀的课堂教学离不开体态语言,体态语言既是一般口语交际的基本功,又是教师职业口语的基本功。

(二) 体态语言的作用

1. 补充、强化口语信息

人们在说话过程中,一举手一投足,一个眼神一个表情,都会发出各种各样的信息。人们的视觉和听觉,通过接收多渠道传输的信息,补充和强化了有声语言的信息,使有声语言更富有鼓动性和感染力。

2. 沟通、交流情感

体态语言是交际双方心理状态和情感的自然流露。体态语言可以表情达意,人们可以通过观察、分析说者的体态语言,全面领会其说话内容,判断其内容是否表达了真情实感,真正达到交流、沟通的目的。

〔示例〕

一位教师讲《为了忘却的记念》。

"鲁迅为什么称官厅为'不明不白的地方'呢?"教师问。当指定学生起来回答时,教师则将身体微微前倾,并抬起左手,朝回答者的方向,做出一种倾听的姿态。然而,学生并没有回答准确。教师呢,却将头略略一晃,保持着原来的姿态,似乎是在下意识地"噢"了一声,启发道:"还有呢?"那表情,给人感觉是他很拿学生的答案当作一回事。此时,全班学生的目光已一齐投向答问者,但是,这目光不是嘲笑和责备,而是由教师的耐心感染出的鼓励和信赖。就这样,一面是耐心的启迪和诱导,一边是殷切的鼓励和信赖,终于使答问者在莞尔一笑之后找到了正确的答案。

〔评析〕

教师、学生的体态语言自然交流，形成了配合默契、轻松和谐的课堂气氛，从而顺利地完成了教学任务。

3. 调控交际过程

有意识地运用体态语言，如手势、表情、眼神等可以掌控口语交际中的主动权，化不利的、被动的局面为有利的、主动的局面，完成口语交际的任务。

〔示例〕

斯霞老师在给小学生讲解完"颗颗稻粒多饱满"后，让学生用"饱满"造句。有的学生说："麦粒长得饱满。"还有的学生说："豆荚长得饱满。"为了拓展学生的知识视野，斯老师忽然胸脯略为挺了一挺，头稍微扬了扬，两眼炯炯有神地问道："你们看，老师今天精神怎么样？"学生异口同声地说："老师精神饱满。"

〔评析〕

斯霞老师利用体态语言向学生做心理暗示，将学生引向预期的教学目的，成功地实现了教学目的。

二、体态语言运用能力训练

（一）体态语言训练的要求

1. 自然

体态语言反对矫揉造作、故作姿态或僵化呆板，要为实现口语交际目的服务。

2. 得体

体态语言运用要恰如其分，符合交际场合以及听、说双方的年龄、身份等。

3. 适度

体态语言运用的幅度、力度、频率等要适度。不宜过分夸张或复杂，力度要适中，频率不宜高。要有助于口语表达，而不要喧宾夺主。

4. 和谐

体态语言要与有声言语的内容、语调、响度、节奏等相协调，与人的心态、情感相吻合，与语境相适应，还要与交际目的相统一，这样才符合美学要求。

（二）整体体态训练

1. 坐姿

坐姿能反映出一个人的心理状态，如抬着头仰靠在座位上，是高傲不恭的表现；身体略向前倾，头倾向说者，是洗耳恭听的表现；把脚放在面前的茶几或桌子上，是放纵失礼的表现。

2. 行姿和站姿

行走时步履要稳健而轻捷。站姿有两种，一是两脚平行，距离与肩同宽；二是两脚一前一后,距离适中。站姿要求肩要平、腰要直、身要正、立要稳;身体略微前倾,不要摇晃,腿不要打战或抖动,否则会给人轻率、傲慢或慌张的感觉。

3. 服饰

服饰必须符合国际上公认的"TPO"原则。"T"(time)代表时间,通常也用来表示日期、季节、时代;"P"(place)代表地方、场所、位置、职位;"O"(object)代表目的、目标、对象。

4. 距离

空间距离的远近,能反映出人与人之间关系的亲疏。一般来说,距离近说明双方关系较密切,距离适中说明双方关系一般,距离远说明双方关系较疏远。要根据具体情况保持适当的距离:距离过近,会使对方受到"空间侵犯"而感到不安;距离过远,对方又会感觉受到冷落。

训练方法:① 有意识地进行"坐如钟"(正襟危坐)和"立如松"(挺身直立)的训练,养成良好身姿习惯。② 走上讲台,站定,说几句话,当场让同学纠正不当身姿。

(三) 局部体态训练

1. 头部

点头表肯定、坚决;摇头表否定、不满;低头表痛苦、羞愧;抬头表崇敬、展望等。不要摇头晃脑、探头探脑,头部不要长时间僵硬不动。

2. 手势

有人说,手是人的第二张脸。手势有情意手势、指示手势、象形手势、象征手势四种。手势活动区域分肩部以上,臀部以上、肩部以下,臀部以下三个区域:肩部以上,多表现积极、振奋、张扬等意义;臀部以上、肩部以下,表现坦诚、平静、和气等中性意义;臀部以下,表现憎恶、鄙视、压抑、否定等贬义。

训练要领:手势要简洁、自然、适度;要协调,话到手到;不要繁多、杂乱、生硬、造作。

训练方法:① 对着录像(课内)或对着镜子(课外)模仿并设计不同话语表达时的各种手势。② 观看电影《列宁在一九一八》,观察并体验列宁的手势中表现出的信念和力量。

3. 表情、眼神

表情要明朗、真挚、有分寸,要"听其言而观其行"。微笑是面部表情的基本形式,真诚的微笑有助于沟通,有助于实现交际目的。眼神是面部表情的核心。如正视,表示庄重、诚恳;斜视,表示轻蔑;环视,是与听众交流;点视,具有针对性和示意性;仰视,表示崇敬或傲慢;俯视,表示知心或忧伤;凝视,表示专注;漠视,表示冷漠;虚视,可以消除紧张心理等。

训练要领:① 表情、眼神要与情感的表达始终一致。② 控制不良的面部表情,如不要长时间死死盯住对方,使对方受到目光侵犯;不要挤眉弄眼,频繁眨眼,也不要吐舌头、揉鼻子等。

训练方法:① 设计一段话语,在说这段话时用上如下表情:喜笑颜开、蹙额锁眉、怒目而视、目瞪口呆、视而不见、目不转睛等。② 从各种不同表情中,观察、分析说者或听者的心理状态。

三、教师体态语言的运用

(一) 身姿语

教师站在学生面前,要端庄、稳健、挺直,不能弯腰驼背,否则会让学生感到压抑。教师可将身体重心轮换放在一条腿上,但身体不可以后仰、歪斜或摇晃,腿不要下意识地抖动;双手不要长时间撑着讲台或将上身俯在讲台上。

(二) 手势语

教学中手势要目的鲜明,要克服随意性,根据教学对象、教学内容的不同而选用不同含义、不同区域的手势;要克服教学中常见的不良手势,如抓耳挠腮、抠鼻子、手沾唾液翻书或讲稿、敲击讲台或指指点点等。

(三) 表情语

教师一般情况下要保持常规性的表情,要求做到和蔼、亲切、热情、开朗,常带微笑,这样能使学生产生良好的心理态势,能创造和谐轻松的学习氛围。另外教师的表情要随教学内容的变化而变化,随教学内容而产生喜怒哀乐,依教学情境与学生产生感情共鸣,使课堂生动而充满活力和吸引力。教师的表情既不能过分夸张,哗众取宠;也不能板着面孔讲课,毫无生气。

(四) 目光语

教师始终要把全班同学都置于自己视线里,环视每位学生,让每位学生都感知到老师在关注着自己。教师用眼神的交流组织课堂、捕捉反馈信息,如对认真听讲、思维活跃的学生投去赞许的目光,对上课开小差的同学投以制止的目光,对胆怯的同学投以鼓励的目光,等等。教师的目光要丰富明快,眼神忌黯淡无光、昏昏欲睡;视线不要老盯着天花板、窗外或讲义,而不正视学生;视角忌频繁更换,飘忽不定,给学生心不在焉的感觉。

(五) 空间距离语

教师讲课时要根据教学需要适当变换位置。有时为了缩小与学生之间的空间距离,密切师生关系,教师可以走下讲台,站在前排;为了便于指导、帮助学生,也可以到学生座位中去,使他们感到亲近;有时为了暗示做小动作的学生,可以貌似不经意地走向他,以距离做提醒;等等。但走动不宜频繁,避免分散学生注意力。与学生个别交谈时要注意以下问题:① 对小学低年级学生或幼儿园小朋友可用较近距离,可用手抚摸学生的头以示亲近;② 对中学或小学高年级学生尤其是异性学生,空间距离不可太近,更不要随便用手摸、拍学生头部或肩部,以免引起学生反感。

(六) 服饰语

教师的着装要求：干净整齐、搭配协调自然，美而不俏、美而不俗、高雅大方，符合教师的职业风貌。服装的色彩既不能太耀眼，也不能太灰暗；既不能穿奇装异服，也不能不修边幅。

第四节　教师语言与心理素质

作为一名合格的人民教师，除了要具备高尚的道德情操、较系统的学科专业知识，还要具备较好的心理素质。

教师在教学中，往往会遇到一些意想不到的事情。对于突发事件是处变不惊还是惊慌失措，关系到教师自身的心理素质。心理素质较好的教师在面对突发事件时，会镇定自若、处变不惊，能创造出语言的奇迹，创造出意想不到的优异教学成绩。教师应具备沉着镇定、宽容大度、善于把握学生心理状态的心理素质和能力，教师要沉稳、自信地站在讲台上，用准确、生动优美的语言传授知识，化解矛盾，营造良好的课堂气氛。

一、口语交际必备的心理素质

(一) 自信与自尊

自信是人们对自我认识感到满意的心理倾向，是口语交际必备的心理素质之一。自尊是一种自我态度，能满足肯定自我形象、维护自我威信的心理需求，具体表现为勇于发表自己的看法，敢于负责，希望得到别人的尊重。自信与自尊都是维护教师形象的重要心理基础。

(二) 真诚

真诚是人际交往中必备的个性心理品质。只有以心换心，才能使交际双方从心理上确立安全感和信任感，才能促使交际深入发展。真诚是交际的前提和基础，是教师必备的心理素质。

二、口语交际中的心理障碍

(一) 胆怯

有的人在众人面前讲话或者与陌生人交谈时，往往会出现胆怯心理。常常表现为面红耳赤、不敢与人对视、呼吸急促、语无伦次甚至手腿发抖。胆怯心理是一种比较严重的心理障碍，是年轻教师常见的心理障碍。

当然，轻微的慌张与胆怯属于正常的心理现象。因为出现轻微的慌张与胆怯时，人的情绪处于兴奋状态,思维敏捷,有利于口语表达。但不能过分慌张与胆怯,超出可承受的限度,思维就会短路,大脑一片空白,无法进行正常表达。即使是著名演说家,最初讲演时也有因胆怯而失败的经历。因此要加强训练,逐步克服胆怯心理。

(二) 自卑

〔示例〕

请看一位大学生的手记:

"在交际场合,我总表现得不安、局促,变得沉默、内向和自卑,心里总觉得有一种恐惧感。我和同宿舍的同学之间关系总处不好,不想同她们说话。我曾几次调换宿舍,但郁闷的心情总摆脱不掉。"

〔评析〕

这是自卑心理的反映。有自卑心理的人,有强烈的交际愿望,却不敢大方地与人平等交往,担心别人冷落或嘲笑自己;也会情不自禁地出现脸红心跳、语无伦次、手足无措等现象。

自卑是消极的心理状态,会使人感到孤独、苦闷、失去自信心,容易导致不良情绪,如嫉妒、消沉、易怒、自欺欺人等。自卑心理对教育工作者是十分有害的。

(三) 自傲

自傲是一种以自我为中心的心理倾向,有这种心理倾向的人,往往把关注点集中在自己身上。他们具有一定的口语表达能力,可是对自己的能力评价过高。他们说话时往往会滔滔不绝,高谈阔论,不顾他人情绪。

自尊是建筑在客观实际基础上的正确的自我评价与自我态度,是人上进的内驱力。自傲是建筑在以自我为中心基础上的超现实的自我评价与自我态度,它使人孤傲离群,使师生关系难以协调,对口语交际极为有害。

三、克服心理障碍的方法

要想克服胆怯、自卑和自傲等心理障碍,不但要正确认识与评价自己,还要有意识地进行口语交际实践。要清醒地认识到自己在人际交往中的位置,逐步形成良好的交际心理。通过训练改善心理状态,提高心理素质。

(一) 训练要领

分析产生心理障碍的原因,选择恰当的训练方法。比如产生自卑心理的原因不同,有的是由于自我分析不当,期望值过高而形成的自卑,一般可采用自我暗示法,有意识地进行自我调节;有的是因为性格内向、不爱讲话,有的是因为吐字不清或不善讲话产生的胆怯与自卑,一般可采用强化训练法,或通过实践来克服。

（二）训练方法

1. 基础训练

（1）心理稳定法。

初上讲台，以下办法可以使你的心理状态趋向稳定：

提前走入教室，熟悉环境；

熟悉学生，同学生交谈，消除陌生感；

可以做几次深呼吸，缓解紧张情绪；

慢慢喝水，慢慢咽下，稳定情绪；

排除干扰，专心致志地考虑讲课内容；

上台后不要急于开口，可以扫视教室，待学生静下来后开讲。

（2）自我暗示法。

① 直接暗示。

有人称直接暗示为"镜子技巧"。一些教师在离家去讲课前，先对着镜子大声说几遍："你今天一定成功！"然后精神焕发地跨出家门。方法虽然可笑，但这其实是一种自我暗示，潜意识会帮你克服心理障碍，增强自信心。

② 联想求同。

当你出现这样的心理的时候，如："我的普通话、风度都不如别人，我怎么就不如别人呢，我怎么这么无能呀！"决不要盲目自卑，而应该这样想："他们能这样，绝不是一朝一夕养成的，他们刚开始讲课的时候也许还不如我呢。有一句话：'你之所以感到伟大高不可攀，是因为你跪着。'如果我站起来，绝不比别人矮半截。"这种通过联想找出双方共同点的心理暗示方法，避开了现实中的差距感，可让人恢复自信。

③ 交叉比较。

自卑者要拿自己的长处与对方短处相比，要这样想："天生我材必有用。我并非一无是处，只要扬长补短，我也会超过他。"自傲者要拿自己的短处去和别人的长处比，这样想："我这方面不如 A，那方面不如 B，哪里值得骄傲呢？"这种交叉比较的心理暗示方法，有利于克服自卑与自傲心理。

2. 渐进训练

渐进训练就是先从容易的事做起，逐渐加大训练难度，逐步调节、提升心理素质。可以先在小组内试教，然后再在班级里试教，最后再到同行、专家面前讲课。与陌生人交谈太拘束，可以先跟熟悉的人交谈。这样你会发现自己并非不会上课、不会交谈，别人也并没有看不起你。你的自信心会逐渐提高，你的口语表达水平也会逐渐提高。

3. 强化训练

强化训练带有强制性，要有意识地强迫自己进行口语表达训练。

训练一

先列出几个说话题目，例如"我就是这样一个人""我有个突出的优点""我的特长""我最得意的一件事"等。让五位训练者上台，抽取题目当场讲一段话。讲完后，其他人评价、讨论这五个人的心理素质。最后谈谈怎样稳定心理。

训练二

经验交流,让训练者自己介绍初次登台时的心理状态,以及自己是如何稳定情绪的。

训练三

设计几组常识题,选一名训练者上台,快问快答,答对一题得 10 分,超过 3 秒计 0 分,答错一题扣 10 分。

常识题举例:

(1) 吃零食为什么不好?

(2) 用脑子会短命吗? 为什么?

(3) 为什么有的剧场的墙壁是高低不平的?

(4) 火苗为什么向上而不向下?

训练四

模拟开"记者招待会"或"新闻发布会"。

四、心理沟通的方法

(一) 倾听

倾听的意义:① 倾听是沟通的前提;② 满足对方的自尊,减少对方对抗的意识,创造沟通氛围;③ 是深入了解对方,准备做出反应的过程。教师要善于倾听,这不仅是教师尊重学生的体现,也可以避免教师在处理问题时因武断而造成的失误。

耐心地听:为尊重对方,即使他所讲的你已经知道,仍然要耐心听下去。当学生向教师申辩时,教师切不可粗暴地打断,即使发火,也要让学生尽量发泄,慢慢地,学生自然会缓和下来。倾听时不要东张西望或做小动作。

虚心地听:当听到自己不同意的观点时,也不要中途打断对方或妄下判断,要在不伤害对方自尊的情况下以商讨的口气提出自己的看法。

会心地听:善于捕捉弦外之音,不要被表面信息所迷惑。要善于捕捉对方体态语言传达出的言辞背后更为真实的信息。还要注意呼应,如可以简单地重复对方的话语,或发问,或表示赞同,可以运用注视、点头、微笑等体态语言。

(二) 认同

要设法寻找共同语言,做到心理上的接近与趋同。

〔示例〕

甲:这幅画是你画的? 真不错。

乙:过奖了,我不过在业余艺校学了几天。

甲:啊,是鲁迅艺校吧? 那儿名师可多呢。

乙:我跟×××老师学的。

甲:真的? 太好了! 那你是我的师兄啦! 我也准备拜×××先生为师呢。

认同的方法有以下两种。

1. 求同存异

当双方存在严重的分歧时,应先找到一些大家都无法拒绝的客观事实,取得共识。待气氛缓和,再转入需要沟通的话题。

2. 设身处地

先设身处地为对方着想,当对方觉得你的确为他着想的时候,精神上就会处于松弛状态,就能较为客观地理解和评价你的观点,这样沟通的目的也就容易达到了。有时需要设身处地体察领悟对方特定境遇中的情感,形成感情的认同。如:有个癔病患者,打开伞举在头上,说自己是"蘑菇",整天蹲在角落里,不吃不喝、一动不动。一位医生也打开伞同他蹲在一起。病人问医生,医生也说"我是蘑菇"。由于医生设身处地为病人着想,病人产生了认同感,愿意接受医生的逐步引导和心理治疗。

(三) 调控

调控是指为达到控制说话主动权以实现沟通心理、统一思想的目的而运用的语言技巧。

1. 迂回诱导

对一些难以直说或不便单刀直入的问题,可以采取"曲径通幽"的方法,通过类比、推理等方法来达到心理沟通的目的,这叫迂回诱导。

〔示例〕

老师同早恋的学生谈心。

"你看,这棵桃树,因为春天到了,开始发芽了。多好的春天啊,给万物带来了生机!你看,一个芽,以后就是一朵桃花,再以后,就是一个又大又甜的桃子呀!"

"怎么搞的,这里已开了一朵花,哎,开早了呀! 现在还没到开花的季节,没到开花的时候开的花,是一种不结果的花呀!"

学生听到这里,心里似乎被猛推了一下。老师又说:

"争春,不一定提前表露;早柳提前发芽,但春天刚到,就开始枯萎,落下无情的柳絮;竹笋,春日还把头埋在土里,吸收着丰富的水分和营养,后来拔地而起,直冲云天……"

老师的话讲完了。学生先用惊恐的目光望着老师,继而低下了头。良久,学生终于抬起了希望的双眼……

2. 情绪感染

一个人说高兴的事,对方也愉快;一个人说不幸的事,对方也难过。情绪感染是调控的一种好方法。例如,汉军把项羽的军队围困在垓下时,军师张良教会汉军的士兵唱楚歌,顿时,"四面楚歌",于是楚军军心大乱,纷纷逃跑,不战自溃,逼得霸王别姬,自刎乌江。这是汉军采用情绪感染法调控楚军心理取得极大成功的一个范例。

3. 话题调控

在交谈出现障碍时,及时调控话题是重新达到心理相容的一个好方法。

〔示例〕

小说《人到中年》中有一段对话。

"你呢？你喜欢诗吗？"他问她。

"我？我不懂诗,也很少念诗。"她微笑着略带嘲讽地说,"我们眼科是手术科,一针一剪都严格得很,不能有半点儿幻想的……"

"不,你的工作就是一首最美的诗。"傅家杰打断她的话,热切地说,"你使千千万万人重见光明……"

〔评析〕

傅家杰采取偷换概念的手法调控话题,避免了尴尬,又得到了陆文婷的好感。

训练一

高考前夕,父母对你关怀备至。有一次晚饭后,母亲听见你的房里有乐曲声。一看,你边听音乐边复习功课。她火了。第二天晚饭后,母亲同你开始了沟通……

小组讨论:采取什么办法同母亲沟通比较好？每组编一个小品上台表演,然后全班评议。

训练二

你是老师,正在上数学课。"……那么,同学们,梯形面积的公式 $S=$?"小王同学举手说:"老师,他打我。"于是哄堂大笑。课后,小王胆战心惊地跟你走进办公室。

讨论:如何同小王沟通心理并做好教育工作？

第五节　教师语言与思维

日本作家小林多喜二说:"正如'结构'二字的字面含义是盖房子一样,不管你的目标是多么高尚,材料是多么优良,如果盖得不好,摇摇晃晃,结果毫无用场。"如果缺乏严密的思维作支撑,即使材料丰富、内容充实,也难以达到预期的效果。语言是思维的外在表现形式,思维是语言的内容。换句话说语言是思维的外衣,只有思维清晰的人,其语言表达才可能流畅贯通。教师教育教学语言,应该意在言先,三思而后言,表达内容前要先设计一个基本的思路。只有对问题进行深思熟虑后,才可能娓娓而谈,声情并茂、张弛有序、从容不迫。这就需要教师通过阅读、交流、实践、反思等手段拓宽视野,更新思维;还要在日常教学中有意识地进行思维训练,并反复进行口语展示,提高思维的条理性、开阔性、敏捷性、灵活性、新颖性,形成合乎个人习惯的最佳语言表达方式。

一、思维同语言的关系

(一) 思维同语言的关系非常密切

语言既是交际的工具,也是思维的一种工具。广义的思维,包括形象思维、抽象思维、灵感思维等多种形态。思维同语言是密不可分的,一方面,没有思维就没有语言,思维是语言的内容。我们在聆听对方的话语时,必定会深入对方思维的内容里去,去想对方说的话的真意是什么。语言表达过程,实际上是把思维的结果表述出来的过程,语言要受思维的支配。另一方面,不通过语言,又很难对客观事物进行准确、细致、周密地思维,也就是说语言对思维起着加工、改造的作用。可见,在口语交际过程中,思维的品质和水平,会在很大程度上制约口语交际的效果。我们在训练时,不能只在言语的技巧上下功夫,还要在思维训练上努力。

(二) 从思维到语言的转化很重要

国外的心理学家把从思维到语言的转化过程分为三个阶段:

(1) 构造阶段:明确说些什么;

(2) 转换阶段:将思维结果转换成言语的形式;

(3) 执行阶段:将言语形式的信息说出来。

确定说什么,这是一种思维活动,有时是很复杂的思维活动,常受交际动机、目的、情绪、语境等主客观因素的制约。在确定说什么和实际讲出来的话语之间,进行着快速的几乎难以觉察的转换步骤:思想—句子类型—词汇—语音。在这过程中,任何一环出了问题,都会影响交际的顺利进行。比如,说话时词不达意,那可能是在选择句子类型或词语时做得不够精确,选错了词语。如果有人这样讲:“怎么,你们不知道昆虫是什么？像甲虫、恐龙、老鹰之类的都是。”——显然这人的思维不准确、不周密,把恐龙、老鹰说成“昆虫”。我们有时在话语中间常有停顿现象。这是因为思维一下子出现了空白,不知道该说什么,就用“嗯”“啊”之类的词语做铺垫以换取思考的时间。还有一种是话语内无声的停顿,多在说出短语或语意的转折处出现,这种停顿意在表明下面要说出另外一些词语,给对方以期待信息,表示言语交际的继续。由此可见,从思维到语言的转化十分重要,是一个人口语交际能力强与弱的重要标志。因此,学习口语交际,首先要在这种转化能力上下功夫。

(三) 语言表达能力训练有助于思维能力的发展

语言表达训练一般包括对话训练和独白训练两种。对话交往时,言语要依赖语境,特别需要注意对话的情景,话题的接引与转换,对方话语的补充与暗示等,这对思维的针对性、思维判断力以及思维的灵活性等,都是很好的锻炼。独白语对思维能力提出了更高的要求,因为在进行复述、演讲、介绍、说明等独白语行为时,需要独立地组织并形成自己的思维,在边说边想过程中不断完善思维的结果,而且当中不能有长时间的停顿,话语要清晰、连贯,还要关注听众的反应,才能取得较好的表达效果。独白的过程是紧张而复杂的思维过程,稍有疏漏就会影响表达效果。

二、口语交际中的思维训练

思维训练的办法有很多,只要认真训练,都会对口语交际有帮助。

（一）思维条理性训练

可以先进行"思维路标"训练。

常用的方法有：① 使用插入语。如"首先""其次""再说""总之""可见""总而言之"等。② 使用关联词语。如"因为""所以""但是""然而"等。③ 称代重提或词语重复。如"……一位老师走了进来。这位老师……""锻炼有什么好处？锻炼……锻炼……"再如，"不同的时代有不同的时代精神，时代精神首先和社会状态联系在一起。我们的社会处在社会主义历史阶段，社会主义是共产主义的低级阶段或准备阶段"。

练习：就一个问题说一段话，全班同学听完后评议，指出哪些是条理不清的地方，为什么会条理不清晰。

（二）思维开阔性训练

训练一

选 20 个互不相干的单音节字，通过想象快速把它们组合成一首诗，或者说一段描写景物的话。20 个字全要用上。

径　石　山　鸟　树　蝉　鸣　绕　带　隐
曲　斜　耸　戏　连　峰　余　宏　花　拂

训练二

限时补说训练。下面是一个小学生说的一段话，说到最后不说了，请替他补说出来。

小学生说：上个星期天，我和爸爸、妈妈一起到地里去割高粱。高粱秆有一人多高，高粱穗一尺多长，高粱粒像小豆那样大，五六株放在一起就搬不动了。快到中午了，我们坐在山冈上休息。呱！呱！什么声音？我抬头一看，一群大雁向南飞去。秋风打着叶子，哗啦啦地直往下落，真是……

（三）思维敏捷性训练

训练一

某学校一宿舍住着甲、乙、丙、丁四人。住宿规则规定，每晚由最后一个回宿舍的人关电灯。有一次这个宿舍电灯开了一夜，不知是谁忘了关灯。总务处来查问这件事，丙说："我比乙先进宿舍。"甲说："我进宿舍时看见乙正铺床。"乙说："我进宿舍时丙跟丁都睡了。"丁说："我很疲倦，一上床就睡着了，什么也不知道。"请说说看，是谁忘了关电灯？限时 1 分钟，立即回答推理过程和结果。

训练二

一口气快速说出"体育活动项目"的名称。示例：划船、乒乓球、滑冰、赛跑、踢毽子……

（四）思维灵活性训练

一位作家曾到一所大学去讲演，对学生提出的各种问题，他都给予直率的答复。一位学生送上一张字条写道："既然是真的，就是存在着的；存在着的，就应该给以表现，这就意味着文学作品什么都可以写。"作家问字条是哪位同学写的。台下站起来一位女同学。作家见是位女孩子,她脸上长着个小疮,就说:"你把学生证给我看看好吗?"这位女同学迷惑不解。作家说:"我要看看你的学生证是不是贴着脸上长疮的照片。我想肯定不会的!"

训练要求:

(1) 作家灵活作答的方式比正面回答是不是好一些? 为什么?

(2) 如果你是那位作家,你会怎么回答呢?

(五) 思维新颖性训练

"吃别人嚼过的馍——没味道",重复别人的话,缺乏与众不同的想法、说法,是思维趋于定式的表现。

就以下命题,试着从"我"的角度说说你的见解,要从新角度来阐发。

(1) 知足者常乐。

(2) 近朱者赤,近墨者黑。

第六节　教师语言的表达训练

教师提升语言表达能力,可以通过复述、解说、交谈、演讲等方式进行训练。

有声语言的表达形式可以分为原发型和再现型两类。不凭借文字材料的现想现说属于原发型口语,凭借文字材料的口语表达属于再现型口语。原发型口语的特点是说什么、说多少、怎么说,完全由说者临时决定,自由度高,真切感强。但是,当我们做一个相对完整的表达时,如果没有充分准备,要把话说得准确、清晰、流畅、得体,有时就不太容易。为了推动口语能力的形成与提升,方便训练,我们把凭借文字材料的口语表达作为训练的初级手段。有了文字凭借,难度相对降低,就能够较快取得训练的成效。当我们能较快地对文字材料进行口语化的转换和加工,真切自然地再现出文字材料的话语情态时,经过必要的训练,不凭借文字材料的现想现说的能力就比较容易形成了。

在这里,我们由易到难地进行这两种类型的训练,要求做到:① 语音规范;② 话语简练;③ 条理清晰;④ 善于应变;⑤ 体态得体。

一、凭借文字材料的表达训练

(一) 复述训练

复述文字材料的基本要求为忠实于原材料的内容或要点、准确地体现原材料的中心和重点、理清楚各部分内容的内在联系、适当口语化。

复述分为详细复述、概要复述、扩展复述、变式复述 4 种。

1. 详细复述

详细复述是将原材料的内容重述出来。要求语脉清晰,通俗易懂。详细复述推动书面语向口头语的迁移,也是对思维的条理性和记忆力的一种锻炼。

2. 概要复述

概要复述的要领:整体把握,线索清晰,围绕中心,去掉枝叶,留住主干,反映原貌,缩减篇幅。概要复述类似于写作中的缩写。

〔示例〕

在19世纪80年代的法国,有位美丽动人的姑娘玛蒂尔德。自从玛蒂尔德与公务员罗瓦赛尔结婚以后,她整日向往着高雅豪华的生活。可是,由于经济拮据,地位低下,她感到非常失望和痛苦。有一天,她丈夫带来一张部长邀请他们参加晚会的请柬,她因为没有一件漂亮的衣服去赴会,感到左右为难。最后,只好用丈夫攒下的400法郎积蓄,做了一件非常时髦的衣服,又向她的女友福莱斯蒂埃夫人借了一条钻石项链,才踏进了她梦想已久的上层生活的圈子。晚会上,美丽的服装、光彩夺目的项链,使她的美貌更生光辉。她陶醉于被人赞美和嫉妒的幸福之中。可是,第二天早晨,当她回到家的时候,忽然发现项链丢了。四处寻找,都没有着落。这一不幸使她和丈夫愁苦不堪。她的丈夫罗瓦赛尔只好到处向高利贷者借钱。加上父亲留给他的18 000法郎,一共用了36 000法郎买了一条同样的项链,还给了福莱斯蒂埃夫人。此后,罗瓦赛尔夫妇不得不过着极其艰苦的生活。罗瓦赛尔夫人像穷苦的女人那样包办了一切粗活。他们一个铜板、一个铜板地节省,这样持续了几年,总算还清了债务。但美丽动人的玛蒂尔德,已经变成了一个穷苦人家的劳动妇女了。玛蒂尔德万万没有想到,一个星期天,当她在公园里遇到原来借给她项链的女友福莱斯蒂埃夫人时,方才知道,那丢失的项链是假的,最多只能值500法郎。

〔评析〕

上面是莫泊桑的小说《项链》的概要复述,原文近7 000字。复述仅有500多字,语言可谓简明扼要。原作曾用很大篇幅,描写玛蒂尔德生活悲剧形成的原因,这里只概括成两句话:“她整日向往着高雅豪华的生活。可是,由于经济拮据,地位低下,她感到非常失望和痛苦。”话虽不多,但将故事的来龙去脉交代得清清楚楚。整个复述能准确完整地反映小说的基本内容、主要情节和主题思想。

训练要领:① 要认真仔细地阅读文字材料,做到既有框架记忆,又有细节记忆。必要时,先自言自语地试述一遍。② 复述记叙文要着重讲清过程,围绕过程讲清人物、事件、时间、地点、原因、结果;复述议论文要突出论点、论据、推论过程和结论;复述说明文要讲清事物的形状、方位、结构、性能等特征。③ 避免取舍不当,偏离中心。④ 力求规范、通俗、清晰、流畅。

训练一

详细复述下面的内容,要求在2分钟内读完,然后复述。

一句玩笑话引来的官司

1991年8月,美国青年梅科伊被送上法庭受审,其罪名是去年3月初他讲了一句玩笑话。那一天,这位26岁的青年在休斯敦国际机场登上了西南航空公司一架飞往伯明翰的班机。在飞机上,他对一位空中小姐说,机舱里有一枚炸弹和一支手枪。后来他又带着戏谑的口吻重复了好几遍。机上108名乘客中许多人哈哈大笑。空中小姐知道他是开玩笑的,但仍然向驾驶员做了例行汇报,驾驶员只得又向机场控制塔如实报告。班机在伯明翰机场安全降落以后,航空公司保安人员立即上来把梅科伊抓获。经仔细搜查,机舱内并没有发现炸弹和枪支,但是,鉴于梅科伊这种不负责任的玩笑有可能引起一场空中骚乱,他们认为他的行为不仅是违反社会公德的,而且已构成犯罪。观察家分析,如果梅科伊的罪名成立,法院审理结果可能会判处10年徒刑和50万美元的罚款。

训练二

每人准备一篇1 000字左右的文字材料(记叙文、说明文、议论文均可),上课时,相邻座位的同学相互交换,认真阅读2分钟后,做详细复述和概要复述两种方式的练习,然后相互评价。

3. 扩展复述

扩展复述的要领:

(1) 展开合理想象,不背离原意及基本框架;

(2) 根据中心确定重点扩展的部分;

(3) 根据表达需要运用描述、渲染等手法。

〔示例〕

《鞋》的梗概:

在一次战斗的间隙,一位战士到附近的小镇上修了一双鞋。后来他的一双脚因踩到地雷被炸掉了,住进了医院。他想起修鞋的事,请战友去找到那个鞋摊,付了修鞋钱,那双鞋他不要了。

扩展复述:

每到傍晚,小镇上那位鞋匠收摊前总要向路口张望,望了很久总要纳闷地叹气。他希望那个修鞋的军人能把修好的鞋取走。可是10天、20天过去了,那位军人魁梧的身影一直没有出现。

又是一天傍晚,一位瘦高个军人来到修鞋摊旁,问:"一个多月前,是不是有个大个子军人来您这儿修过一双鞋?"鞋匠点点头,觉得很奇怪,心想怎么换了人拿鞋子? 军人问:"要付多少钱?"鞋匠估摸了一下,说:"修鞋两块钱,搁到今天才拿,外加1块钱保管费,给3块钱!"接着又埋怨道:"都像那个大个子军人,我这儿要堆成鞋山了!"军人丢下修鞋钱,走了。

"鞋子!"鞋匠提起那双鞋,边喊边追了上去,"鞋子不要啦?"

军人止住脚步,沉重地说:"不要了,他用不着鞋子,他的一双脚被地雷……他在医院,要我把修鞋钱送来。"说完,大步走了。

鞋匠呆呆地站在路口,好半天才转过身来……

〔评析〕

这个扩展复述根据原故事的框架展开了合理想象。复述主线鲜明,重点突出,并且运用描述细节、渲染气氛的方法,使没有出场的战士高大的形象出现在我们的面前。

4. 变式复述

在复述时,可以把戏剧变为故事,或将文言文变为白话文。从人称运用角度说,可以把第三人称改为第一人称,给人以亲切感;或把第一人称改为第三人称,使表述比较客观。从顺序角度说,复述议论文可以变换论证结构;复述说明文则可以改变解说的角度;复述记叙性材料,则可以把繁杂的内容变为顺叙,使条理更分明,也可以把顺叙变为倒叙,用悬念引起别人的兴趣,还可以安排插叙,它对展开情节、刻画人物或插入必要说明文字以增强理解很有好处。

训练要领:扩充有理,扩展有度。第一人称"自叙"时,原材料中如有"我"未见未闻的内容,应改为他人转述,其景物描绘也应改为"我"之所见来叙述。变换顺序的复述,要注意衔接、前后的照应。复述议论文要注意其中的内在逻辑联系。

训练一

根据报刊资料做扩展复述练习:

据报载:某地野猪损害庄稼,群众叫苦不迭。为此,乡政府组织民兵驱赶。有位青年想了个办法:用录音机录了些狮虎的吼叫声,然后通过高音喇叭播放,借以吓退野猪。开始几天很有效,时间一长,野猪绕电线杆转转,最后竟把电线杆拱倒,照样偷吃庄稼去了。

训练二

用倒叙方式复述《项链》。

训练三

用扩展复述方法复述《一句玩笑话引来的官司》。

训练四

用第一人称"我"(鞋匠)的表达方式复述《鞋》。

(二) 解说训练

解说是说明事物、解释事理的一种口语表达方式。各行各业,凡是需要说明某一事物,解释某种事理,都离不开"解说"。如教学过程中的"知识介绍""例题讲解""实验分析""答问解疑"是解说,日常生活中的"产品说明""商品介绍"也是解说。此外,"展览解说""导游解说""球赛解说"等更为大家熟知,可见解说与每个人的生活都有密切关系。

解说作为一种口语表达技能,要注意:

(1) 停顿:要用停顿等帮助别人听辨和理解;

(2) 重音:要用语句重音增强表达效果;

(3) 吐字:做到字字清晰,让人听得明明白白;

(4) 语速:说话不宜过快,节奏要有些变化。

按形式分,有简约性解说、细致性解说等;按功能分,有阐明性解说、纲目性解说等;按用语特点分,有平实性解说、形象性解说和谐趣性解说等。下面就几个主要类型做介绍。

1. 简约性解说

简约性解说是指用比较概括、凝练的话表达自己的意思。简约性解说的特点:省略烦琐说明,强制自己只用几句简明扼要的话,就把事物的本质属性说得清清楚楚。解说之前要对陈述内容做一番提炼,并快速确定表达用语,抓住关键。例如:

什么是警句? 警句是发人深思、让人警醒的句子。

什么是偏见? 偏见是偏向一方的见解。

2. 阐明性解说

阐明性解说是对一种见解做言之成理的分析和说明。阐明性解说方法很多,有举例子、做比较、讲特征、做分解等,这些方法综合起来运用,有助于把某种看法阐明清楚。

〔示例〕

企鹅常年在零下 40 至零下 70 摄氏度的温度下生活。可是它并不是最耐寒的鸟。科学家曾就鸟类的耐寒情况做了一次实验:在一个透明、密封、便于观察的箱子里,放进几种特别耐寒的鸟。先把温度调到零下 80 摄氏度,这时南极的企鹅几分钟以后就经受不住了;然后把温度再下调 20 摄氏度,企鹅立刻趴下不动了。这时鸭子却仍然嘎嘎地叫着,并蹒跚着行走,还用扁嘴去拱不能动弹的其他鸟类。由此看来,最耐寒的鸟应该是鸭子。

〔评析〕

这里用的是对比解说,用事实材料支撑自己的观点。事物的异同在横向的比较中突显,事物特征就非常显豁地呈现在人们面前了。

3. 纲目性解说

纲目性解说要领:① 对说明对象有深刻理解;② 对信息做筛滤、选择;③ 把筛选的信息分解为几个方面,每个方面用一两句话去说。这种浓缩的信息,可产生以少胜多的效果。纲目性解说可以分为分列式(各条之间是并列关系)、条目式(条与目之间是总分关系)、层递式(各条之间是递进关系)等。

4. 平实性解说

平实性解说基本不用修饰,直截了当地把事物、事理讲清楚,朴实无华,给人的感觉是可靠和值得信赖。

〔示例〕

握手也有学问。初次相识,或对长辈,除了握手,还应将身子欠一欠,这是有礼貌、有涵养的表现。假如性别相同,年纪轻的应先伸出手;假如性别不同,就要由女方先伸出手才能握手。女方不伸出手,可以欠欠身表示礼貌。握手的紧松和时间的长短要视亲疏而定。假如是冬天,应该摘下右手的手套握手;如果来不及脱,对方就同你握了手,应该说一句表示歉意的话。如果是女人同男人握手,就不一定非脱手套不可了。

〔评析〕

这段话很朴实,很有分寸,没有具体的描绘或修饰,但是它的简朴明快很容易赢得别人的认同。

5. 形象性解说

叶圣陶先生曾说:"解说并不一定要板着面孔说话。"运用形象化的描绘手段,可以让解说变得更具体、生动、感人。

形象性解说，一般在议论、说明和叙述时运用，运用时通常采用比喻、拟人、借代等修辞手法。用人们熟悉的事物做比较即"打比方"，这样人们就会对不熟悉的事物或抽象的道理有具体、深刻的理解。这类解说，有时注入解说者的主观感情，会更有感染力。比如有位教师讲地球内部的构造，就说："地球内部的构造很像鸡蛋，是由三部分组成：表面是地壳，相当于鸡蛋壳；中间是地幔，相当于鸡蛋清；最里面的是地核，相当于鸡蛋黄。"

6. 谐趣性解说

谐趣性解说具有诙谐或幽默的色彩，可以使解说更有吸引力。

〔示例〕

哑剧演员王景愚介绍自己："我就是王景愚，就是表演《吃鸡》的那个王景愚。人说我是多愁善感的喜剧家，实在不敢当，只不过是个'走火入魔'的哑剧迷罢了。你看我这40多公斤的瘦小身躯，却经常负荷着太多的忧虑和烦恼，而这些忧虑和烦恼又多是自找的；我不善于向我敬爱的人表达敬和爱，却善于向憎恶的人表达憎与恶，然而，胆子并不大。我虽很执拗，却又常常否定自己。否定自己既痛苦又快乐，我就生活在痛苦和欢乐交织的网里，总也冲不出去。在事业上人说我是敢于拼搏的强者，而在复杂的人际关系面前，我又是一个心无灵犀、半点不通的弱者。因此，在生活中，我是交替扮演强者和弱者的角色。"

〔评析〕

这篇自我介绍虽然并无太多的喜剧色彩，但是择词用语很俏皮，围绕"多愁善感"说了许多，别有一番情趣，是自谦，也是寓庄于谐的幽默。

训练要领：

(1) 解说前先写好提纲或解说词。

(2) 用比喻做解说要注意本体与喻体之间的某种共性，并注意强调这一点。

(3) 顺序、层次要交代清楚，解说中注入情感要有分寸，不要喧宾夺主、大段抒情。

(4) 纲目性解说并不排斥必要阐释的插入。

(5) "平实"并不是做出来的，作为一种口语交际手段，它应该是真诚品格的流露。

(6) 谐趣要浓淡相宜，不可将重点转移到"趣"上面。

训练一

用简约性解说对常见惯用词做出解释，如：

什么是"绝招"？ 什么是"放烟幕弹"？ 什么是"敲边鼓"？

训练二

反复阅读下面对"水"的解说，并说出大意，指出这则解说的主要特色。

水是什么样的物体？

先说说形态：石块和木块有一定的形状，无论放在桌上或盆里，都不会变形，是固体。水没有一定的形状，放在圆杯子里是圆形，放在方盒子里成为方形，是一种液体。

再看看颜色：有人说水是白的，这话不对。水和豆浆相比，豆浆才是白色的，水什么颜色也没有。如果把筷子分别放在清水和豆浆里,清水里的筷子能看清,豆浆里的筷子却不能看清。这说明水是透明的,豆浆不是透明的。

酒和水都是没有颜色的透明液体,但闻一闻、尝一尝就能区别。酒有一定的气味,水什么气味都没有。

因此,在一般情况下,水是没有颜色、没有气味、透明的液体。

训练三

开一次学习经验座谈会,每人选定 6 种解说方式中的一种,讲讲自己学习某一门功课取得的经验。

二、不凭借文字材料的表达训练

(一) 交谈训练

交谈有如下特点:

(1) 话题灵活:可以随时展开话题,也可随时转换话题;

(2) 听说兼顾:听与说须密切配合,才能保证谈话顺利进行;

(3) 口语化:随想随说,自然明快。

交谈要适应语境,包括适应对象、适应场合和注意把握时机。此外要注意语态和语调。从语态上说,它包含丰富的无声语言信息,恰当的语态是和谐交谈的重要条件。开始的第一句话,如果用亲切委婉的语调说出,就给交谈定下了一个和谐的调子,就给谈话的成功奠定了基础。

交谈的技巧很复杂,共性的方面主要有:

(1) 会听:要用较多的时间听别人说,交谈才会有质量。

(2) 会说:要善于运用讲说的技巧。

(3) 会看:说话时最好是全神贯注地看着对方,让对方感到你的诚意。要察言观色,及时调整谈话的内容和方式。

(4) 会停:交谈开始可以先"原地踏步",暂不切入正题,从题外的话逐步引入;为了反馈和交流的需要,交谈过程中也要会"停"。成功的交谈一般是在平静的、断断续续的过程中进行的。

训练方法:

(1) 话题练习。四人一组就一个热门话题进行交谈,做展开话题的练习。注意:别人兴趣不浓时诱发谈兴;别人表述不全时及时补充;别人谈锋甚健时认真倾听;别人意犹未尽时设疑探究;别人有意回避时不做深究。当然自己也要积极投入交谈。

(2) 打电话练习。打电话是远距离的交谈。请给一位朋友打几次电话,实施如下要则:音量适中,语调有适当的起伏变化;吐字清晰,语速稍慢一些;聚精会神地听,想象对方的表情;答话迅速,注意使用礼貌语言。

(3) 劝说性交谈练习。试着劝说一位近来精神不振的朋友鼓起勇气迎接生活的挑战。谈话时要把自己"摆"进去,在同情、理解对方的基础上,委婉地说出自己的想法。

(4) 沟通性交谈练习。选择一位不太熟悉而又沉默寡言的同学做交谈练习。可以从对方的兴趣爱好谈起，触动其心理的"热点"；可以从对方的烦恼谈起，并给予理解，引起谈兴；可以从自己或别人对对方的看法谈起，启动双向交流。

（5）采访性交谈练习。采访是使采访对象接受提问以达到了解某种情况的目的的过程。采访前要对被访对象有些了解，拟定采访提纲，提出的问题要有可答性，尽量大化小、整化零。进入采访后要以坦诚和热情感染对方，快速建立和谐的人际关系。请做模拟采访，采访班级干部、教师或校长。

训练一

你对下面介绍的屠格涅夫同乞讨者的谈话有何认识？屠格涅夫的话为什么会有这么大的力量？

有一天，俄国作家屠格涅夫正在街上散步，有一个穷人走过来向他乞讨。他把手伸进口袋里，摸了一会儿，然后抱歉地对这个穷人说："兄弟呀！对不起！实在对不起！我没带吃的东西，连钱袋也丢在家里了。"这个穷人听了以后突然紧紧拉住他的手说："谢谢你！谢谢你！"屠格涅夫既惭愧又惊奇地问："你谢我什么？"那人答道："我原来想找点东西吃，吃了以后，就去自杀，没有想到你称我兄弟，给了我活下去的勇气。"屠格涅夫的一句话竟然挽救了一个人的生命！

（二）即兴演讲训练

即兴演讲是临场有感而发的演讲。

即兴演讲有如下特点：

（1）话题集中。话题选取的角度要小，议论求准、求精、求新。

（2）直陈己见。一般是较明朗地表明看法，讲明情况，很少山高水远地绕弯子。

（3）生动活泼。贴近生活，亲切生动，以思想性、知识性和趣味性吸引听众。

即兴演讲并不是无任何准备的演讲。即兴演讲在任何情况下都是可以有些准备的。可以事先做预测性准备，比如参加一个会议或活动，可以先想想如果要我讲话，讲什么、怎么讲？如果是临场性准备，不管演讲前的时间多么短暂，即使只有两三分钟，也是非常宝贵的准备时间。

〔示例〕

在表演艺术家常香玉 50 年舞台生涯的庆祝会上，电影演员谢添来了个"突然袭击"，要作家李准这位"语言大师"，用三句话"说哭常香玉"。在这样喜庆的场合，要用几句话把喜笑颜开的老演员说哭，这确实是高难度的即兴讲话。李准摆摆手，皱皱眉，显得很为难。最后在包括常香玉在内的众人"穷追"之下，李准站起来，他说："香玉，咱们能有今天，真不容易啊！论起来，您还是我的救命恩人哩！——十来岁那年，跟着逃荒的难民到了西安，没吃没喝，眼看人们都快要饿死了，忽然有人喊：'大唱家常香玉放饭了！难民们都去吃吧！'人们一下子都涌去了。我捧着一大碗粥，泪往心里流，想日后见了这个救命恩人，我得给她叩个头！哪里想到，'文化大革命'时，您蒙冤挨整，被押在大卡车上游街，让您坐'飞机'！我站在一边，心里又在流泪——我真想喊一句：让我替替她吧！她是俺的救命恩人哪……"李准没说完,常香玉已捂着脸、转过身,泪水滚滚而下了。

〔评析〕李准讲话前"摆摆手,皱皱眉,显得很为难"的样子,其实是讲话前紧张地做选材、立意的准备。李准精选了两个感人的场面为讲话材料,既赞常香玉的人品,又为她蒙冤受屈表示不平,两个"泪往心里流"的对比性的连缀收到了强烈的效果。

训练即兴演讲,要在构思上下功夫,尤其是开讲前两三分钟的构思。怎么构思?这里介绍几种方法:

(1) 散点连缀。

拿到题目时,脑子里可能会有许多支离破碎的"思维点",这些"思维点"闪现以后就消失了。这时用一张小纸将其以词语、短句的形式记录下来,然后确定一个中心,将这些"思维点"连缀起来,把与题旨无关的全部舍去。当表达网络形成后,就可以开始讲话了。

(2) 模式构思。

很多有经验的即兴演讲者,习惯以一个模式框架作为依傍进行快速的构思。模式框架的种类很多,可以选择运用。例如,美国公共演讲专家理查德(Richard C. Borden)所归纳的"结构精选模式"就是比较实用的一种。理查德认为,即兴演讲应当记住以下几句话,它是4个层次的提示信号:

① 喂,请注意!(开头就激起听众的兴趣)

② 为什么要费口舌?(强调指出听演讲的重要性)

③ 举例子。

④ 怎么办?(具体地讲清大家该做些什么)

这四句话,可作为讲前构思的启发,也可作为演讲的过程中思路线索的提示;可以预防"放野马"式的信口开河,也有助于较好地表达题旨。

〔示例〕

《保障行人生命安全,减少交通事故》两种构思方式。

提示:喂,请注意!

　　　为什么要费口舌?

　　　举例子!

　　　怎么办?

常规式:

今天我要讲的内容是保障行人生命安全,减少交通事故。

交通安全很重要,这不是一个可讲可不讲的问题。……

造成交通事故的原因有如下几点:1……2……3……

下面提几点原则性意见:1……2……3……

精选模式:

上星期四,……特地购买的450具棺材运到了我们的城市。

不讲交通规则,那订购的450具棺材也许正等着我,等着你,等待着我们的亲人。……(通过一个个事例讲清每日每时会使我们送命的潜在因素)

下面我想告诉大家，当……时，应当……；当……时，应当……；当……

〔评析〕

常规式构思方式，能把问题说清，但很难赢得听众的关注和兴趣；而按理查德的精选模式构思，表达效果比较好。他以"耸人听闻"的悬念作开头诱导听众注意，用警醒的议论"钩"住听众的感知神经，衔接紧凑，既通俗又洗练，句句切中要害，颇能打动人心。

（3）扩句成篇。

扩句成篇是"立片言之居要"的即兴演讲技法。演讲时，开门见山地用直言肯定句式提出自己的见解或主张，适当做几句阐发后，接着从正、反两方面发表议论。或从"为什么""怎么做"发表议论，并以适当的事例、名言做佐证，这样就会成为一次较好的即兴演讲。构思须确定一个"意核"（即中心意思），然后做"意核"分解。这样才能言之有物、言之有序，句句话都"粘"在演讲的题旨上。

〔示例〕

为青年服务，首先要爱青年伙伴，注意发现他们身上的闪光点。我遇到过这么一位青年伙伴：我去看亚太地区足球赛中国对科威特那场，刚进体育场，前边一个青年一眼把我认出来了。他叼着烟，穿一身挺紧的衣服，说："哎呀，快看，姜昆来了！"我忙说："你歇会儿，歇会儿，干吗呀！咱们来看球对不对？别影响大伙看球嘛！"可是他照样同我说话，弄得很多人围着我。幸亏球赛开始了，才为我解了围。我开始讨厌，最后又喜欢他了。我怎么喜欢他啦？

李富胜扑了一个点球以后，我们攻进对方一个球——一比零！这个高兴啊！那小伙子一蹦多高；当然我也蹦了，但没他蹦得高！他一会喊"中国万岁"，一会喊"足球万岁""李富胜万岁"，回头说："怎么样，姜昆，今晚写段相声就写咱们的球赛。今晚我陪你上夜班了，香烟我供着，我一个人全带了！"（大笑）那个兴奋劲儿，甭提了。当然，作为一个足球爱好者应该有这种兴奋，这是对祖国的荣誉感嘛……对足球的希望就是对祖国的希望啊！我们找到了共同点，我们共振了……（据姜昆演讲录音整理）

〔评析〕

相声演员姜昆这段讲话的中心意思是开头那句话。有了这句话，后面的展开就有了依傍。他讲了两个方面，即如何发现青年身上的闪光点（通过对比），并具体指出他身上的"亮点"之所在。最后与开头呼应，一段话虽"形"散，但"神"不散，并且很有感染力。

（4）借题发挥。

"借题发挥"是指借现场之"题"，比如某种场合所显示的特点，包括议论焦点、观众心态、会场布置、有新意的插话等，一旦抓住就快速地确定一个题旨，边说边想，构成朴实自然的即兴演讲。

〔示例〕

电影演员赵子岳在北京监狱向服刑人员所作的即兴演讲

各位干警、各位失足的孩子们：今天我和你们一起参加除夕之夜的活动。离开家的时候，我的儿子和我的孙子都一再挽留我。原因是什么呢？他们说，你今天已经81岁了，应该在咱们家里过个团圆年。我说不行。因为咱们家里只有一个儿子、两个孙子，可是在

那里,在大墙里头有许许多多青年。我就这样来了,不但我来了,我的老伴也来了。(掌声)

我和你们一道来辞旧迎新。我们辞旧迎新就是总结过去,展望未来;你们辞旧迎新应该是树立新的"我",甩掉旧的"我"。首先要正视旧的"我",然后要痛恨旧的"我",只有这样,新的"我"才能树立起来。我今年来看你们,说不定明年这个时候我还来看你们,可是我希望明年再来的时候,你们都有一个新的"我"!

〔评析〕

演员赵子岳的即兴演讲是借特定时间(除夕)、特定地点(监狱)之"题",围绕着"辞旧迎新"构成的一篇讲话,是借"境"发挥(此外还有借"事"发挥、借"物"发挥等),一段不长的讲话,撒得开、聚得拢,切境切旨,也十分感人。

训练要领:

(1) 注意以积极的姿态对待即兴演讲。要有直陈己见的勇气,要相信自己的讲话会对大家有所启发。必须消除自卑心理。

(2) 即兴演讲时不要过于"避"或"让"。先讲较易展开话题,后讲则要另辟蹊径,难度反而加大了。参加会议或活动,可以经常问自己:此时此地让我做即兴演讲,我该怎么说? 注意培养"即兴意识"。

(3) 即兴演讲不可能有充分准备,在边说边想的过程中,"灵感"一来就要抓住,有时可以突破一点来个逆向求新,往往能言人所未言,发人所未发,但不可"跑"得过远。

(4) 即兴演讲非单纯的技巧问题,其水平一定程度上取决于一个人的心理素质、思想深度和知识的广度,取决于认识能力和表达能力的高低。平时要做有心人,尤其要注意知识的积累。"巧妇难为无米之炊",平时要博学慎思,勤于笔录,有了自己的"材料库",临场才能有话可说,而且说得有深度,有吸引力。

训练一

请用"散点连缀"的构思方式稍做准备做即兴演讲。

参考题:

(1) 如果你毕业后,被分配到一所学校任教,在"欢迎新教师座谈会"上,校长请你即兴演讲,你怎么说?

(2) 如果你到一所学校实习,听一位教师说,有些孩子出于好奇,偷偷地抽香烟,请你以《向小烟民们进一言》为话题,对初中生做一次即兴演讲。

训练二

请以理查德的"结构精选模式"迅速构思,做即兴演讲的练习。

参考题:

(1) 社会是没有围墙的大学。

(2) 要学会打扮自己吗?

(3) 如果我是咱们学校的校长。

(4) 让我们也潇洒走一回。

训练三

请以"扩句成篇"的方法,迅速构思,做即兴演讲的练习。

参考题：

① 女人不是"弱者"的代名词。

② 偏见比无知离真理更远。

③ 逆境出人才。

④ 失败者,请挺起你的胸膛。

训练四

请以"借题发挥"的方法,做即兴演讲的练习。

参考题：请针对下面几件事,确定中心,迅速构思,发表两篇即兴演讲。

① 海口市拍卖电话号码,一个"908888"号码以 30 万元人民币顺利成交。

几乎与此同时,天津市科学会堂拍卖科技成果,冷场持续一个多小时,56 个科技成果,在一个半小时中只卖出 3 个,总价值仅 4 万余元,不抵一个电话号码的七分之一。

② 1990 年 3 月 7 日,比利时布鲁塞尔一个警察局接到报告,在一幢标明"不能居住"的房屋里发现一具枯骨。司法部查证,死者名罗莎莉,女性,死在此屋已有 13 年。

同样是在布鲁塞尔,某公园一棵树干上贴有一张"寻狗启事"："本人不慎丢失爱犬一条,一岁两个月,毛棕黄色,走失一个多月了,好不可怜! 如有见者请电话联系;或领爱犬前来,本人面谢 4 万法郎,不胜感激。"

第七节　教师语言的传播机制

一、拉斯维尔传播模式

传播(communication)一词是由英语翻译过来的,原意为通信、传达、交流、交通等,普遍用于公共关系学中,特指"组织与公众进行信息分享,信息交流的关系、过程或手段"。

美国学者 H. 拉斯维尔 1948 年在《传播行为在社会中的结构与作用》一文中曾概括了传播的过程(图 5-2)：

谁(who)

说了什么(says what)

通过什么途径(in which channel)

向谁说(to whom)

有什么效果(with what effect)

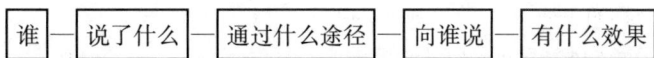

| 谁 | — | 说了什么 | — | 通过什么途径 | — | 向谁说 | — | 有什么效果 |

图 5-2　传播的过程

这就是传播理论中有名的拉斯维尔传播模式。这个传播理论不仅强调传播方式,更重要的是强调从受传方来考虑传播的效果,因而讲究最佳的传播途径和方法,追求最佳的传播效果。

　　语言交流与传播极为相近。如果我们把语言交流看成主体的问题,强调主体的素质、能力,对受传者考虑太少,语言的交流成为不顾对象的主体单向表达,那么在教学中,就会体现为填鸭式的教师语言。把传播理论引入教师语言中,正确认识教师语言交流的特点,可以纠正不重语言表达效果的错误倾向。语言交流是一个双向参与的过程,是表达与吸收的相互结合。衡量语言交流质量的高低,就是看交流效果。要让受传者即学生接收语言信息,传者即教师就要选择最佳传播方式,也就是如何表达。如何表达既有方法技巧的问题,又有通过什么手段来表达的问题。要把方法技巧与手段结合起来,最终实现最佳表达效果。这样我们才能真正准确地理解教师语言表达的特点、规律,才能更好地提高教师语言的表达效率。

　　教师的教学教育活动也是一种传播行为,而且教师的传播都是有意识的主体传播,学生在接受时有无意识和有意识之分,教师的传播是否成功取决于学生是否处于有意识的状态。因此,教师应充分调动学生的积极性、主动性。正是由于某些教师没有意识到传播中师生的差异,于是出现了满堂灌的填鸭式教学方式,使学生处于被动的学习状态,达不到预期的教学效果。

二、教师语言传播模式

　　根据拉斯维尔传播模式,可以建立起相应的教师语言的传播模式(图5-3):

图5-3　教师语言的传播模式

　　在这个教师语言模式中,教师(主体传播者)、学生(客体受传者)、教育内容(传播内容)都是明确的、已知的条件,而采用什么途径(手段或载体)、方法(技巧)以及达到的效果是不明确的。具体而言,途径是指表达的形式,如口述、播放录音、体态动作等,方法是指表达的艺术技巧,如含蓄法、形象法、幽默法等。途径和方法直接决定着有什么样的表达效果。

　　教师语言表达是一种广义语言的传播过程。教师在进行有声语言表达的同时,还可以利用无声语言辅助表达形式。教师在说话的时候,其体态动作、时间空间和服饰物体也参与了表达。任何一个语言因素出了问题都会影响整个语言的表达效果,如体态动作不准确、时间空间错位都会削弱有声语言的表达效果。因此,教师的说话与无声语言是密不可分的,离开了无声语言的说话是不完整的语言表达。据此,我们将教师语言传播机制概括如下(图5-4):

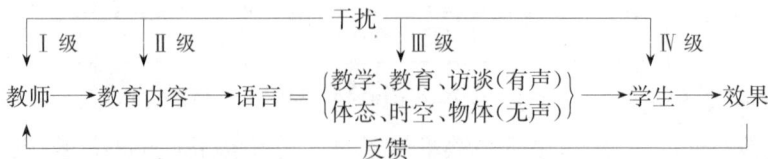

图5-4　教师语言传播机制

Ⅰ、Ⅱ级干扰是教师自身的干扰,受教师自身素质的制约;Ⅲ级干扰是指语言表达过程中受有声语言和无声语言(外界客观因素)的干扰;Ⅳ级干扰是学生自身的干扰,受学生自身素质的制约。教育内容经过语言阶段,完成了由书面知识向口语的转换。这种转换不是书面语的声音化,而是对书面语的再创造,融入了教师的智慧、才能、情感,是一种具有感染力和良好表达效果的语言形式。语言阶段是教师对教育内容的艺术化处理阶段。学生阶段主要受学生理解力的影响,要受学生智力和现有素质的制约。因此,学生的理解力决定了教师语言表达的效果,这种效果又反馈给教师,影响教师调整继续表达的方式方法。

三、教师语言传播的条件、障碍与效果等

(一) 师生契约关系

学生来到学校学习,教师就必须把学习内容认真巧妙地传播给学生,否则学生就会不满,这就是一种契约关系。反过来,学生也必须明白自己的任务是学习,要积极参与教师的教学教育活动。可见,契约关系对师生双方都同样有约束力。

师生关系是教师和学生在教育、教学过程中结成的相互关系,是人与人之间的关系在教育领域中的具体反映。它既受制于一定的社会关系,也受制于教学、教育规律,所以不同的社会条件都会给该社会的师生关系留下一定的烙印。因此,契约关系也会受到一定社会条件的制约。我国的教育是社会主义性质的教育,师生关系是相互促进的民主、平等的新型关系。

(二) 教师语言传播的主体条件

教师自身的素质高低是影响表达效果的重要因素。教师语言有效传播的主体条件有以下两种。

1. 公平

教师要公平对待学生,不能歧视学生。为了追求升学率,不少教师对优等生总是悉心关照,对差生却非常冷淡,破坏了语言传播的效果。

2. 内行

教师要有丰富的专业知识,让学生信服,相信教师讲授的知识都是正确和有价值的。教师应不断地进取,努力提高业务水平,成为该学科的内行。

(三) 教师语言传播的障碍

教师语言在传播中,会遇到各种各样的障碍。教师应规避障碍,完成有效的语言传播。传播障碍主要有以下几个方面。

1. 师生自身的障碍

教师专业水平和教师语言表达能力会直接影响教学的效果。学生文化素质和智力也会影响学习的质量。因此,教师必须针对学生的不同情况,因材施教。同时,教师必须努力克服自身的缺陷,去适应学生。

2. 传播条件的障碍

不同的语言表达形式有不同的适应条件,违背条件则会使语言传播受阻,达不到语言表达的目的。如体态语言受光线和距离的制约,太暗太远则看不清楚;物体语言要受经济条件的制约,经济条件不好,就不能购买丰富又实用的教学用品;有声语言受到距离远近的影响等。

3. 传播环境的障碍

教师语言在传播过程中,环境各因素会发生变化,影响传播的效果。教师必须适时调整传播的方法,避免传播环境的干扰。比如突然停电,学生突然生病,教室外面吵闹,教师不小心摔倒等,都会对传播效果产生消极作用。

（四）教师语言传播的效果

教师语言传播要追求最好的效果,但是不管师生双方如何努力、尽心尽责,语言交流都不可能达到尽善尽美,与最初的期望总是有出入的,这是口语传播的特点。

传播效果与期望不一致是客观的,但这种不一致究竟达到何种程度却取决于传播者与受传者双方的努力,公共关系学的一个重要任务就是如何尽量减少传播效果与期望的不一致性,充分发挥传播的沟通感情、交流信息、促进合作的组织管理作用。

四、教师语言传播的原则

公关传播中整个语言活动包含了各种不断变化着的要素、关系和环境,始终处于动态之中。因此整个语言传播活动要因人、因时、因地制宜,随时适应环境变化,并做出相应的调整。教师语言传播也是一个动态的过程,这个过程并不是杂乱的,而是有规律的,这个规律就体现在教师语言传播的原则上。

（一）因人而异

我们知道每个学生有每个学生的特点,有的热情开朗,有的沉默寡言;有的风趣幽默,有的朴实无华。教师在与学生交谈时要考虑学生的实际情况,说话要有艺术性;但如果艺术性太强,学生也无法理解。

（二）因事而异

教师要根据不同的教学内容采取不同的传播形式,因事而异。列夫·托尔斯泰在讲到思想内容与语言表达形式的关系时说:"正像人们借以传达思想和经验的语言是使人们结为一体的手段,艺术的作用也正是这样。不过艺术这种交际手段和语言有所不同:人们用语言互相传达思想,而人们用艺术互相传达感情。"可见内容与形式是统一的。

教师在教学中也会遇到这样的问题。有的课文内容讲起来生动形象,妙趣横生,学生易于理解消化;有的课文内容不好讲,难发挥,课堂上死气沉沉。这就说明,内容对艺术方法有制约作用。不同的内容要求用与之相适应的语言来传播,不根据内容来设计教师语言传播的形式,就没有好的效果。

(三) 随机应变

教师语言传播是一个动态的过程,教师要根据变化,不断地调整语言表达的方法。随机应变是指教师在跟同一人就同一个内容交流时要善于因势利导,让谈话顺利进行。比如,学生听讲的情绪有了变化;学生的眼神告诉你,他们听不明白;教室外面的噪声干扰等,这就要求教师不能拘泥于原来设计的教学语言,而应当及时调整讲话的内容,或改变话语的语调高度与重音强度,添加另外一些话语"佐料",以吸引学生的注意力。

教师的语言不仅要因人而异,还要因教材内容而异,因环境场合而异,因时间变化而异。这说明了随机应变的重要性。

(四) 相互配合

在语言传播中,每一方都力求影响另一方,每一方都既是传播者,又是受传者。语言活动是在各自不同的背景和经历的双方都介入了传播活动,并作为整体传播活动的背景而起作用的。因此,这里是互为情景。说话的双方都能直接向对方做同等机会的反应,并且不断地相互更替和变换自己的角色位置,各自不断发出信息,以期唤起对方的共鸣或反应。师生之间要求相互合作配合,某一方不配合,交流就不能或者很难进行。在师生交流中,教师有时为了活跃气氛,故意引出一个风趣的话题,但是学生不配合,教师就无法锦上添花。例如,教师问学生"吃醋"一词是贬义还是褒义,若学生说"褒义",教师则可以说,"看来你非常喜欢吃醋啰",自然引发学生的兴趣,否则不但没有情趣还会很尴尬。因此,师生交流中的相互配合是非常重要的。

五、教师语言传播的特征

(一) 声情并茂

如果上课时声音铿锵有力,并能随教学内容的变化而起伏变化,时而低沉,时而激奋,时而亲切,时而凝重,上课的效果肯定不错。美国 D. 萨尔诺夫指出:"如同叉子、筷子产生前就有手指,咕噜、尖叫、狂吼、喟喟及嬉笑都先于言语。尼安德塔人一辈子也不必分析句子,但凭着声音与语调的抑扬顿挫,他一样能吓阻敌人,也同样能打动尼安德塔少女的心扉。"可见声音在语言传播中起着重要的作用。

声音不但要美,而且要有情感。只有带有激情的美的声音才能真正吸引学生,教师语言的传播要善于通过声音的高昂、呼吸的急促,或者通过音调的低沉、节奏的缓慢,甚至调动喉音仿声造就各种气氛,或是慷慨激昂、激情振奋,或是悲痛深沉、压抑窒息等,创造一个良好的充满激情的声音效果。

(二) 标准规范

教师这一职业具有示范性特点。教师对学生有潜移默化的影响,语言的影响更大。

教师要使用标准或比较标准的普通话,普通话是教师语言的基础;教师语言的标准化、规范化不仅针对有声语言,而且也针对无声语言,包括无声语言中的体态语言、时空语言和物体语言等。老师站要有站相,坐要有坐相,这是体态语言标准的体现。

（三）科学准确

教师语言一定要科学、准确地传播人类的文化,揭示人类社会和自然发展的规律。教师的语言既要求准确,又要求科学。在科学的基础上讲求准确,科学的东西表达不准确,就会失去科学的价值;准确若没有科学性也就不能叫准确。教师所讲的概念、原理、规则、结论等,都必须符合各门学科的科学性要求,做到准确无误,完整、周密。不能向学生传播无用信息,更不能传播错误信息。

教师语言传播的科学性不仅体现在内容上,还体现在语言表达的技巧上,也就是说教师语言传播的方法手段也要科学合理,根据不同的情况采用不同的方法。因此,教师应学会语言表达的技巧,科学的内容也只有通过科学的方法才能表达得更为科学。

例如一位教师在讲《氓》这首《诗经》中著名的诗篇时,就按教案写的话去念:"诗人在这首诗中系统地、具体地、详细地给我们介绍了一个遭遇不幸的妇女与那个坏男人相识、恋爱、结婚以至后来被虐待、被遗弃的完整过程。"一口气下来,学生听了下句忘了上句,教学效果不会好。一位有经验的教师运用长句化简的技巧,把这句话讲得鲜明易懂。他这样讲:"诗人在这里,叙述了一个遭遇不幸的妇女的故事。先写了她同那个坏男人相识、恋爱,接着写他们结婚成家,最后写她怎样被虐待,甚至遗弃的事。整个过程写得详细、具体、系统、完整。"这样,把复杂单句或复句,分层次地讲述出来,能把较复杂的内容讲得明晰、鲜明。

（四）目的鲜明

教师要依据教育目的来计划和安排工作,在教学教育时要围绕教育目的来调控教学教育活动,要根据教育目的来评价分析教学教育效果。

教师的语言传播始终都要围绕教育目的来确定,说什么,怎样说,不能偏离这个目的,否则只会该讲的没有讲,不该讲的却讲了不少。教师语言传播要目的明确,否则就会变得盲目和混乱。

（五）语言优美

古人说:"言之无文,行而不远。"(《左传》)讲的就是语言的文采。古人尚且如此,何况今人。众所周知,教师具有较高的文化素养及较高的审美能力,应尽力追求这种语言表达的美的境界。语言优美主要有以下四个特征。

1. 形象生动

打动、吸引学生的最好办法是运用形象生动的语言。心理学家的研究表明,人们最容易记住的是形象生动的东西。

2. 幽默风趣

幽默风趣的教师语言具有很强的趣味性,能使学生在欢笑中得到美的感受,是活跃课堂气氛的灵丹妙药。

3. 模糊含蓄

模糊含蓄是从表意的间接性来看的。人与人之间的交流,不是所有的话都要说明确的。由于某些原因,有些话不能明说。教师可用含蓄委婉的聊天、故事、笑语、轶闻、寓言等来表达某种意思的讲话,引发学生的联想,产生暗示,这样学生容易理解和接受。教师必须学会这种方法,做到含蓄而不晦涩,模糊而不混浊。这是语言技巧的最高表现。

4. 耐人寻味

教师语言还要给学生以启发性,要使学生始终处于积极的思维活动中,启迪他们不断地去探索新的东西,从中领悟到知识的真谛。

六、教师语音传播的特征

(一) 转瞬即逝

学生通过听觉器官来接收信息,理解掌握信息内容。声音是转瞬即逝、不能再现的(不能绝对地再现,但可以借助现代录音设备加以保存和重放)。语言的这个特点也可以概括为时限性,有人又称为"存留短暂"。文字的出现克服了口语的弱点;书面语的出现,打破了时空的限制。

(二) 临时组合

口语是现想现说的话,并没有经过精心的准备,每句话都是临时组合的,组合的时间短暂。口语与书面语相比更容易出现错误,如语病,甚至观点都可能出现毛病。因此,口语的表达不够规范、严密。我们经常看到,有人讲话时语病不断,听众哈哈大笑,其道理就在于此。从这个角度来看,口语中出现语病是可以理解的,甚至是合情合理的。但是这并不是说可以放任这种错误,对于为人师表的教师来说,要尽可能减少或避免这种错误。

参考文献

［1］雷玲.听名师讲课语文卷［M］.2 版.上海：华东师范大学出版社,2016.

［2］黎昌友,雷蕾.教师口语［M］.北京：语文出版社,2018.

［3］马显彬.教师语言学教程［M］.广州：中山大学出版社,2000.

［4］倪宝元.语言学与语文教育［M］.上海：上海教育出版社,1995.

［5］宋连生,孙中柱,崔和平等.公关艺术论［M］.北京：教育科学出版社,1989.

［6］宋其蕤,冯显灿.教学言语学［M］.广州：广东教育出版社,1999.

［7］王道俊,郭文安.教育学［M］.7 版.北京：人民教育出版社,2016.

［8］张巨龄.语文·情趣·教学［M］.沈阳：辽宁教育出版社,1988.

［9］国家语委普通话与文字应用培训测试中心.普通话水平测试实施纲要：2021 年版［M］.北京：语文出版社,2022.

教学资源服务指南

扫描下方二维码，关注微信公众号"高教社极简通识"，学生可学习名校通识课，教师可学习教师培训课程、免费申请课件和样书、观看直播回放等。

名校通识课

点击导航栏中的"名校通识"，点击子菜单中的"课程专栏"，即可选择相应课程进行学习。

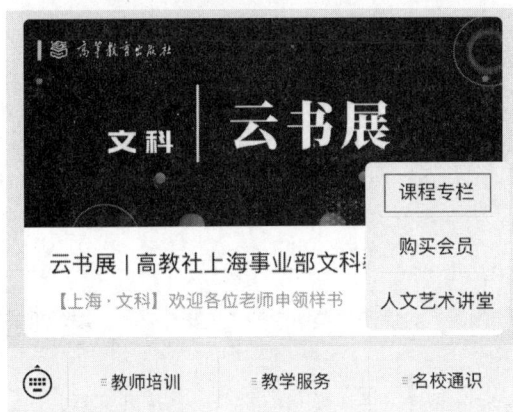

教师培训

点击导航栏中的"教师培训"，点击子菜单中的"培训课程"，即可选择相应课程进行学习。

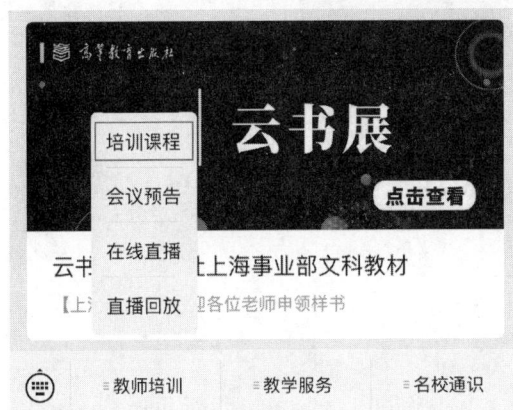

教学资源服务指南

课件申请

点击导航栏中的"教学服务",点击子菜单中的"课件申请",填写相关信息即可申请课件。

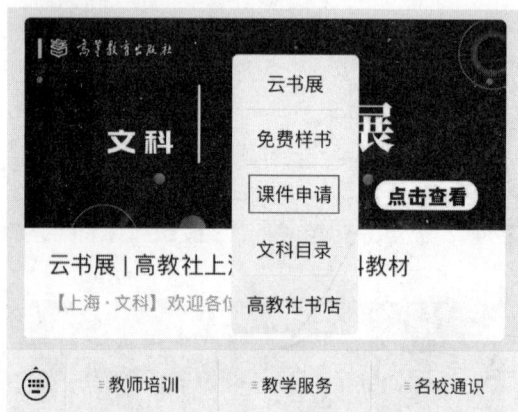

样书申请

点击导航栏中的"教学服务",点击子菜单中的"免费样书",填写相关信息即可免费申请样书。

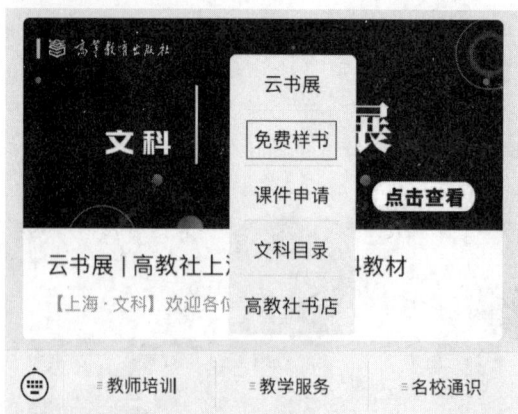